城市之困

未来城市生活的变革与创新

Survival of the City

〔美〕爱德华·格莱泽
(Edward Glaeser)
〔美〕大卫·卡特勒
(David Cutler) 著

〔美〕袁海旺 译

中国出版集团
中译出版社

图书在版编目（CIP）数据

城市之困 /（美）爱德华·格莱泽，（美）大卫·卡特勒著；（美）袁海旺译 . -- 北京：中译出版社，2023.5

书名原文：SURVIVAL OF THE CITY：LIVING AND THRIVING IN AN AGE OF ISOLATION

ISBN 978–7–5001–7381–6

Ⅰ . ①城… Ⅱ . ①爱… ②大… ③袁… Ⅲ . ①城市学 Ⅳ . ① C912.81

中国国家版本馆 CIP 数据核字（2023）第 068972 号

Copyright © 2021 by Edward Glaeser and David Cutler
Simplified Chinese translation copyright © 2023
by China Translation & Publishing House
ALL RIGHTS RESERVED

著作权合同登记号：图字 01-2023-1538

城市之困
CHENGSHI ZHI KUN

著　　者：	［美］爱德华·格莱泽（Edward Glaeser）　［美］大卫·卡特勒（David Cutler）
译　　者：	［美］袁海旺
策划编辑：	范　伟　费可心
责任编辑：	张孟桥
营销编辑：	白雪圆　喻林芳　　　版权支持：马燕琦　王立萌
封面设计：	远顾设计工作室

出版发行：中译出版社
地　　址：北京市西城区新街口外大街 28 号普天德胜大厦主楼 4 层
电　　话：（010）68002494（编辑部）
邮　　编：100088
电子邮箱：book@ctph.com.cn
网　　址：http://www.ctph.com.cn

印　　刷：北京盛通印刷股份有限公司
经　　销：新华书店
规　　格：710 mm×1000 mm　1/16
印　　张：23.5
字　　数：316 千字
版　　次：2023 年 5 月第 1 版
印　　次：2023 年 5 月第 1 次印刷

ISBN 978–7–5001–7381–6　　　定价：78.00 元

版权所有　侵权必究
中　译　出　版　社

| 目 录 |

第一章	被围困的城市	001
第二章	后疫情时代的全球化	029
第三章	城市的排水系统与健康	065
第四章	如何与大流行病共存	103
第五章	医疗保障能否为我们保驾护航	139
第六章	大流行病对机器人是否构成威胁	181
第七章	城市的未来将走向何处	221
第八章	疫情下的城市边境	259
第九章	城市化带来的冲突	293
第十章	充满希望的未来	341

致 谢

第一章

被围困的城市

城市会消亡。坐落在克里特岛的克诺索斯城,是希腊神话中弥诺陶洛斯牛头人的故乡,曾经不可一世,却毁于地震和外来侵略。城市常会衰落。今天的克利夫兰、匹兹堡和利物浦的规模,都比它们在20世纪30年代小得多。谁也无法永保城市荣昌。

一座城市的衰落不堪忍睹。衰落可能起于一座工厂的关闭。接着,这个厂的一些工人会在当地商店减少消费支出;而教育程度最高,且最有机会在其他地方找到工作的那些工人,则会离开这座城市。税基下降导致城市提高税收并削减公共安全、教育和娱乐等方面的开支。犯罪率陡增,新的商业投资望而却步,更多的市民弃城而去。经济困难导致社会混乱,而社会问题又会引发更多的经济问题。

在过去的半个世纪里,去工业化是导致城市衰退的主因。譬如像底特律和格拉斯哥这样在昔日极具影响力的大城市,工厂的工作岗位外流严重。这种危机的发生,归因于制造业的转变:大规模、自给自足、高度自动化的制造业工厂,不再依赖城市密度为其发展提供的优势。然而,对城市的生存造成更大威胁的,还是不可控制的大流行性疾病。这是因为，密集的社交距离会引发传染病流行，而这种人与人之间的密度，恰恰是城市特征的决定性因素。

如果说，人与人近距离接触是城市的特征，那么，自从2020年3月开始的保持社交距离的措施，更加快了全球去城市化的进程。"安图"（SafeGraph）网络公司① 提供的手机使用数据显示：2020年3月14日至3月24日，美国人进行娱乐和购物的次数下降了40%。

由空气传播的流行病不仅威胁着城市的健康，而且威胁着为大多数现代城市居民提供就业机会的城市服务经济。机械化导致工厂纷纷离开富裕的大都市。而后，对于学历不高的人来说，微笑着把咖啡递给顾客，就成为了他们的经济来源。这样的就业似乎很有保障，因为再全球化，也无法把一杯热腾腾的拿铁从中国送到伦敦的苏活区。

当那个咖啡店服务员的微笑成为危险，而不是快乐之源的时候，那么工作岗位就会瞬间消失。在2020年疫情大流行之前，有3 200万美国人，即就业劳动力的20%，从事零售、休闲和酒店业的工作。美国1/5的休闲和酒店业工作岗位在2019年11月至2020年11月消失殆尽。从2019年第三季度至2020年第三季度，英国膳宿和食品服务业的就业人数下降了14%以上，而在这些行业中依然保住工作岗位的人，也有22%的人以不同的形式暂时离岗。无论是对城市还是全球经济来说，世界上所有面对面服

---

① "安图"（SafeGraph）网络公司：美国一家为企业事业单位提供数据追踪管理服务的公司。——编者注（以下无特殊标注均为编者注）

务工作的永久消失，产生的结果是灾难性的。

具有讽刺意味的是，2020年前，我们面对流行病风险时曾信心满满，认为我们能够取得成功，这主要归因于我们战胜了之前的瘟疫。早期移民在城乡接合部落户，其健康状况不如他们从事狩猎或采集的祖先。部分原因是，人口稠密地区死于传染病的情况更为常见。长期以来，城市人口死亡留下的空缺，要靠来自农村的移民补充。但到了1940年，疫苗接种、下水道的建设和抗生素的生产，使城市居民的预期寿命赶上了农村居民的预期寿命。到2020年，城市居民的寿命开始超越农村居民的寿命，而且这种死亡率的差距还在进一步扩大。这种情况至少在大规模传染病再次出现之前都是如此。

不幸的是，除非政府更加认真地对大流行病进行防范，否则新冠疫情的出现不太可能只是一次性的事件。随着全球流动性的增长，实际或潜在的流行病变得更加普遍。1900—1980年，美国只遭受过少数疫情暴发的威胁，如1918年的流感大流行、1957年的亚洲流感和1968年的香港流感等。其中第一次疫情暴发的情况十分糟糕，但随着时间的推移，我们对它的记忆也逐渐地模糊起来。自1980年以来，美国又经历了一系列病毒引起的疫情，如1980年流行至今的艾滋病（HIV/AIDS）、2009年流行的H1N1流感、2015—2016年的寨卡病毒①，以及从2020年流行至今的新冠病毒。而由于冠状病毒引发的疫情还包括2012年的SARS和MERS。2013—2016年和2018—2020年出现的埃博拉病毒；1998—2000年和2004—2005年还出现的马尔堡病毒，它

---

① 寨卡病毒：属黄病毒科，是一种通过蚊虫进行传播的虫媒病毒。

城市之困

们都差一点就在全球传播开来。因此,全球性疾病大流行将会接连不断。这也会导致一部分员工无法再回到他们在市中心的办公室。

2020年,传染病明显地威胁到城市的生活,而其他威胁也接踵而至。给城市带来困境的潘多拉魔盒已经打开:房价不合理地高企、中产阶级化引起了暴力冲突、社会流动性长期停滞在低水平上、警察暴力执法并对少数族裔区别对待招致人民义愤填膺。这些看似互不相干的问题都出自一个源头,即我们的城市只保护内部的人,而外来的人只能自认倒霉。

由于一系列法规难以让经济适用房在其他区域建造,致使中产阶级人士迁入少数族裔社区。这些限制新建房屋的法规,旨在保护现有住户的高房价及他们对高房价抱持的优越感。然而,这些法规却把也想拥有城市未来的年轻人和穷人全部排除在外。城市犯罪减少了,富人可以安全地享受午夜漫步,但警察遇到做同样事情的低收入少数族裔,则会阻止并对他们进行搜查。如果一个警察的行为过于粗暴,那么工会会为他挺身而出,但那些弱势青年却没有类似的组织来保护他们。建立在郊区的学校和私立学校,能让富裕的家长对许多大城市学区长期存在的功能性障碍问题视而不见。

2020年前,我们的城市作为富人的飞地①得以蓬勃发展,却未能完成将贫困儿童转变为富裕的成人这一伟大使命。我们的城市,甚至是我们的国家,必须再次对圈外人开放、必须减少和重

---

① 飞地:一种特殊的人文地理现象,指隶属于某一行政区管辖但不与本地毗邻的土地。

第一章 被围困的城市

写商业和土地使用法规、必须加强学校的建设。警察必须在预防犯罪的同时尊重每一位公民。我们必须终止疫情，只有这样，城市的企业家才能在城区，即便是最贫穷的社区，重新制造就业的机会。

将一个为内部人构建的系统改造成一台为外来人赋权的机器，需要数年甚至数十年的努力才能完成。问题是，我们的注意力会暂时投向对城市构成威胁的那些因素，然后会随着其他问题的出现而迅即转移。2011年占领华尔街运动，为的是暴露经济大萧条带来的社会不公。乔治·弗洛伊德①被杀，导致数百万美国人对警察长期持续虐待非裔美国男女感到愤怒和羞耻。城市要想再次繁荣，就要像解决传染病大流行那样，努力解决持续的贫困和种族不公正的问题。然而，要想解决其中任何一个问题，都需要持续的集体努力，而不是让愤怒短暂地爆发。为了保护我们的城市的正常运转，我们不仅要对付数月的抗议活动，还要花费数年来学习、实施和执行管理城市的各种技巧。

人们进行社会隔离、通过Zoom对话软件远程办公、参与抗议警察暴力执法的活动等已经快一年了，其间，城市却变得比新冠疫情之前更加脆弱。到了2020年5月，美国具有高学历的劳动人口中，有70%已经转为远程工作。到了11月，他们当中依然有40%还在远程办公。许多人开始不解，为何在疫情之前他们没有对远程办公如此乐此不疲呢？我们会在此书第七章里讲到，即使我们回到面对面工作的局面（我们坚信这一天终会到

---

① 乔治·弗洛伊德：男，非裔美国公民。2020年5月，因美国警察暴力执法致其死亡，终年46岁。

来），公司和职员也不愿囿于一个工作地点了。由于市中心的房价高昂、上下班长途跋涉、政治恶意泛滥，那些受教育程度较好的 Zoom① 用户，也许会重新考虑他们还会不会把自己的一生交付给城市。不幸的是，科技未能给那些受教育程度低的人们提供同样的退路。2020 年 5 月，在没有完成中学学业的人群中，远程办公的比例远低于 5%。

密度是魔鬼

　　这本书用很大一部分篇幅来谈论疾病。但是，该书并非医书，而是一部讨论城市规模和人口密度带来的诸多问题的著述，也是一部讨论如何努力把城市弊端限制在可控范围内的书籍。瘟疫通过全球贸易和旅行的网络结构从一个城市传播到一个城市，又利用城市拥挤的空间造成人传人。瘟疫是密度带给人类最可怕的魔鬼。但是，交通拥挤、犯罪、高房价也常常伴随着城市的生活。这些城市之疾已经在城市泛滥，让城市越来越不适宜居住。

　　不平等的鸿沟，千百年来都是城市生活中的组成部分。柏拉图在其《理想国》一书中说道，"任何城市，即便规模再小，事实上也会一分为二：一边是贫穷，一边是富有，而两者之间纷争不断、水火不容"。要消除城市密度带来的弊端，就需要停止纷争。而达到这样一种"停火"的状态是有可能的，因为，城市建设不是零和游戏。在大多数城市里，穷人和富人都可以从以下这些方面获益：建造更多的房屋、改良学校、更加人性化地执法、

---

① Zoom：一款多人手机云视频会议软件，目前总部位于加州。

提供更广泛的医疗保健服务以提高对未来疾病大流行防范的能力等。

大难临头能够造成多大后果，总要视既有社会力量的强弱而定。公元541年，黑死病在君士坦丁堡社会不稳的时候袭击了该城，先是引起政治骚乱，继而给农村带来数百年的贫困。与其相反的是，19世纪大批城镇居民病死于霍乱和黄热病等瘟疫，却没能阻滞纽约、巴黎和伦敦的发展。部分原因是，那里人们众志成城、领导得力，让这些城市在疫情面前表现出极大的韧性。他们发扬集体精神，投资大型基础设施，如纽约的克罗顿渡槽和巴黎的排污系统等。这些基础设施让纽约和巴黎这样的大城市更加安全。当年的纽约，之所以能够轻松面对2001年9月11日可怕的恐怖袭击，是因为全城居民万众一心地投入重建的努力之中。

然而，2021年的纽约和20年前的纽约不可同日而语，它变得更加脆弱。20世纪70年代该市面临破产时，市民表现出的那种实用的共识已经荡然无存。2011年，特别是纽约市依然笼罩在9·11的阴影中，示威者占领了该市的祖科蒂公园。占领运动和警方的应对撕裂了这座看似和谐的都市。无独有偶，从波士顿到柏林，很多世界大都市的公共广场也被这个运动的参与者占领。

此后，分歧愈加扩大，让城市变得更加不堪一击。在因新冠疫情封城两个月后，一名明尼阿波利斯市的警察，在光天化日之下杀死了一名非裔美国人：他把膝盖压在该男子脖子上长达八分钟之久令其窒息。警察对少数族裔进行有差别执法的这一可怕行径，让人们义愤填膺。也许几个月的封城增加了人们的焦虑。结果是，愤怒和焦虑顿时在该城的大街小巷爆发，其烈度自1960年以来很是少见。有些地方，由于市政领导人或出于对示威者的

城市之困

恐惧，或出于对他们的同情，任由整个街区陷入无法无天的境地，以至于出现了像西雅图市的"国会山自治区"这样的区名。全球的市民开始检视他们各自城镇是如何应对种族不平等的，结果发现它们的应对政策和措施都有所缺失。

有效地应对这些不平等问题需要财政资源，而财源因这场新冠肺炎的大流行愈发拮据。自1970年以来，地方财政情况极不稳定。就业者和购物者的减少，让地方税收捉襟见肘。学校还要为保障安全教学承担额外的财政支出。公共交通车票的收入减少，而且短时间内很难得以改善。地方政府无法像联邦政府那样印钞或成百亿美元地去借贷。

与此同时，人们的思想像20世纪60年代那样开明，想为那些起点低的人们多谋些利益。而被甩下的那些人们一心想着改变社会。我们对如此这般的冲动抱持着理解和同情的态度，因为我们城市的不平等的确糟糕透了。然而，市政府若也像那个年代那样劫富济贫，商家就会打包走人。抗议者想撤除警务资金，可是，一旦犯罪率开始上升，富裕的城镇居民便会拔营起寨，搬到更加安全的郊区。结果，最倒霉的还是那些贫穷和没有保障的人。

如果疾病、犯罪或衰落的公共服务让我们觉得城市太不安全的话，我们会搬迁到不属于城市的世界里。富人会住到他们奢侈的休闲之所，与穷人接触得越少越好。中等收入的人们则会聚集在他们认可的冷漠的避风港里。而穷人只能在被遗弃的空间里生活。不同阶层之间，能够远程互相接触的就尽量远程。穷人和富人之间接触减少了，经济机会也会随之减少。随着城市税基的降低，经济条件差的区域得到的公共服务也会锐减。譬如：学校的教育质量会降低，警察队伍缩编会导致更多的暴力执法和犯罪。暴力增加了，饱受犯罪之苦的，仍然一如既往的是那些贫穷的少数族裔街区。

用飞地代替城市的结果还是贫困。即使对富人来讲，空间的隔离很少能够带来长久的安全。罗马帝国末年，酷热难耐的贵族们躲到卡普里岛避暑，却因染病死亡并最终难逃帝国都城陷落的厄运。今时今日，新冠肺炎首批暴发点之一是纽约州的新罗谢尔，一个距曼哈顿只有半小时车程的郊区。2020年12月，美国新冠疫情最严重的地区，就包括比弗利山庄、帕洛斯维德斯庄园和汉考克公园等富裕的飞地，它们均位于洛杉矶城区或附近。

有个办法能让城市重新强大起来，但难以一蹴而就。首先要承认，城市要想吸引工作岗位并带来税收，只能把钱花在帮助穷人的公共服务上面。因此，答案不仅仅是税收和公共支出。钱要花到刀刃上，让城市的功能得到全面增强。必须让纳税人相信，政府会精打细算并尊重他们的意愿。只有脚踏实地、放眼全美、胸怀世界，才能让城市强大起来。我们还必须承认没有解决所有问题的万能答案，只有虚心学习才能获得改变的能力。

幸运的是，尽管经历大风大浪的冲击，城市还是经久不衰的。总的来说，16世纪的大都市，如：北京、伦敦、东京和伊斯坦布尔等，依然屹立在今日世界大都市之林。城市结构上的优势是无法复制的。众多的人口和阵容庞大的公司创造了大量的就业机会，服务行业更是如此。同样的机会在人口密度低的地方是不存在的。城市还有博物馆、公园、各式建筑以及餐馆等。

几个月的封城和示威给我们最重要的启示当然是：人与人在现实空间中进行接触是难能可贵的。一旦解封，人们会蜂拥而出，急于与他人接触，至于健康风险，谁还在乎。看到白人警察杀死一个美国黑人，人们聚在一起泄愤，把健康风险置于脑后。城市给人最大的恩赐，就是能够让我们紧密地联系在一起，一起学习、一起交友、一起联络和一起欢乐。假如城市能够得到更好的保护，摆脱各种魔鬼的纠缠，那么，人类就绝不会放弃这样的恩赐。

我们是谁？我们为什么写这本书？

我们是哈佛大学的两位经济学家，是30年的好友和同事。我们都住在郊区，且已为人父母。我们的生活对自己来讲，依然比较有趣，可对于大多数人来说生活也许索然寡味。我们既不是又酷又时髦的城里人，也不是什么文化斗士。但我们都热爱城市并担心其未来。我们之所以在2020年5月着手写这本书，是因为我们感到迫切需要将经济学的工具，带入有关城市面临疫情的大流行是存还是亡的激烈辩论中。

新冠疫情没有把所有从事城市建设的人杀死。绝大多数市民成功地战胜了病毒。然而，很多新冠肺炎康复者难以逃脱长期的后遗症折磨，如呼吸道疾病、心血管疾病以及其他各类的并发症。我们担心同样的情况也会发生在城市身上。大多数城市生活终将恢复如常，但并不是所有城市都能那么幸运。有些城市即使挺过了疫情，伤害恐怕也永远难以消除。我们写书的目的就是希望能有更好的政策制定出来，把新冠疫情给城市和居民带来的伤害控制在最小范围内。

我们两人虽然多年来合著过不少不同领域的论文，如种族隔离、肥胖症、吸烟以及阿片类药物①等。然而，我们来自两个不同的子领域：卫生经济学和城市经济学。我们一个（卡特勒）的核心专长是卫生系统的运作以及在该系统中的公共角色。另一个（格莱泽）的核心专长是城市的经济生活和围绕我们城市生活的公共政策。我们认为，在这个关键时刻，这两个专业对理解政策制定是至关重要的。

过去，我们的政治观点也十分相左。我们当中卡特勒曾在克林顿政府和奥巴马总统竞选团队中任职，几十年来一直参与民主党卫生政策的制定工作。格莱泽则是传统的东海岸共和党人，早在林-曼努埃尔·米兰达让亚历山大·汉密尔顿成为流行偶像之前，他就崇拜后者，并通常与任何政党的市政府都有合作。在这本书讨论的一些政策上，我们都做出了妥协，我们认为这是一件好事。美国人和世人都应该牢记，推动政策进步几乎离不开妥协，而且没有一个人能够拿得出解决所有问题的答案。

妥协不意味着平庸，更不意味着中庸。1944年6月6日那天，即使在发起史上最具雄心的诺曼底登陆攻势时，英美之间也不是没有妥协过。我们都渴望让世界上的每个城市强大起来，对此我们的态度都是激进的。然而，在传统的政治频谱上，我们并非激进地或左或右。

我们认为，要保住城市的生活，三个因素缺一不可。首先，必须有个服务于城市的共同力量，也就是说，要有一个更有责任心、更有能力的政府以及公民社会的平衡力量。其次，城市必须使

---

① 阿片类药物：主要是从罂粟中提取的生物碱及体内外的衍生物，可与中枢特异性受体相互作用，用来缓解疼痛。

自由畅行无阻。最后，政府、企业以及我们所有人都要不断地虚心学习。

能够提供服务的共同力量

有个格言说"散兵坑里没有无神论者"。意思是，人们面临巨大压力的时候，会相信一种超然的力量以求安慰。我们可以借用这个格言，把它改成"城市里没有自由主义者"。数百万人挤在一个密集阵般的地块儿，会产生许多问题，而这些问题唯需一些公共管理的手段方能化解。在2020年大选期间，亲政府和反政府的民众将美国的农村与城市撕裂开来，反映出这样一个事实，即城市居民比人口密度较低的美国居民更需要政府的管理。

世界各国政府应该有花费巨额资金的意愿，尽可能保证不让疫情的流行变为常态。我们中的卡特勒估计，待到新冠疫情结束时，美国的经济损失将达到16万亿美元。损失如此巨大，花上数百亿来避免未来疫情的暴发还是值得的，关键是，这钱要能花在刀刃上。

什么才能产生有效和负责的政府，也就是所谓"能够提供服务的共同力量"呢？要让公共和私人行动产生预期的效果，就必须有个明确的目标和领导层，而这个领导层必须得到授权并对工作的成败担责。这个领导层必须让我们对所关心的问题掌握一定的评判标准，譬如警察对社区的尊重程度。为取得成功，领导层必须掌握足够的人力和物力资源。

我们把灾难性地应对新冠疫情的许多国家政府和飞速开发出疫苗的辉瑞和莫德纳公司做一比较吧。全球对疫苗的需求为这两个公司提出了明确的目标。他们的首席执行官们成功了会得到荣誉和金钱的报偿，失败了会有失去颜面和前途的危机。这些公司无须国会或市政府的批准就可以自主地雇用和解雇科研人员，也可以瞬间扩充或改造他们的实验室。

政治领袖也是可以推动变革的。19世纪卫生健康取得至关重要的改善，皆因公众一起付出了巨大的努力，譬如修建污水管道和高架水渠等。以前被赋予权力的市长和富有使命感的医生，在建成这些社区工程项目中起到了带头作用。有钱的纳税人在财政上给予积极的支持，明确地把资金花在完成公众使命上。相比之下，美国的国家健康计划，通常旨在为老年人和穷人提供医疗费用的保险，而不是最有效地提高全民的健康水平。美国采取像联邦医疗保险和联邦医疗补助这样偏重法律的措施，以达到医疗保健的目的。可这些医疗保健的解决方案，几乎没有任何保障公共卫生的执行能力。这种结构解释了为什么美国虽然是迄今为止全球在医疗保健上支出最多的国家，却在2020年新冠暴发之时，又是死亡人数最多的国家之一。此皆因为，美国公共健康保险计划的使命从未得以修改，以利于维护公共健康或防止疾病的传染。

美国的市政府于19世纪得以扩张，而国家政府则在20世纪增长最快。在某些地方，例如英国，国家的公共职能取代了地方的公共职能。英国国民保健署是一个国家级的庞大组织。而美国的联邦政府，虽在监管、收税和支出方面发挥着巨大的作用，其雇员却不多。即使在今天，美国近2/3的公职人员都在地方政府工作。工作在联邦政府的只有13%，而且其中大部分人都在邮政部门和军队里。然而，联邦的行政部门虽小，其职能并未受限，

城市之困

美国社会保险计划的巨额支出就说明了它巨大的能量。

通常有了明确的目标会让市政府不那么意识形态化。市政府通常由中间派的行政人员，而非政党意识更强的市议会议员主导。一位共和党人、纽约市前市长菲奥雷洛·拉瓜迪亚有句名言："净化街道是不分共和党和民主党的"。在与轴心国作战的时候，美国在国家层面也同样实用地不分党派。亚瑟·范登伯格，这位由孤立主义者变成国际主义者的共和党参议员，就曾宣称："政治止步于（美国两岸的）水边"。

与此相反，如果政府（特别是国家政府）的功能就是把钱从一部分公民转移到另外一部分公民手里的话，意识形态就会在政治中占据上风。对这种分配方式乐此不疲的人就会主张大政府。而反对这种分配方式的人则会主张低税收。美国政治的这种状况从 1980 年延续至今。在这样的政治辩论中，我们经常是站在对立面的。但我们都认为，要想推动国家前进，我们政府的行政部门必须有效地运作，把部分精力放在保护我们的城市方面。只有运用国家的力量，才可以面对 21 世纪的危险，正像 19 世纪需要地方政府的力量去战胜霍乱疫情那样。只有国家政府可以调动各种资源，对下一个疫情提前进行研究并做好准备，并且能够在疫情来临的时候泰然应对。

因为疾病首先会影响健康状况不佳的人群，又因为我们都是相互依赖的，这就需要制定政策来加强照顾社会最薄弱的环节，即那些最容易传播疾病的人群；这需要为穷人提供更好的卫生保健，并制定更好的政策来应对包括肥胖症和阿片类药物成瘾等与健康相关的行为。

要想让国家政府更加有效地运行，我们必须首先就共同目

第一章　被围困的城市

标达成集体共识,如预防疫情暴发和延长国民的预期寿命等。然后,我们必须根据国家领导人实现这些目标的能力对他们进行评判,就像我们正在做的:解雇冬天里清除街道积雪不及时的市长。

抗击全球流行病不仅需要各个国家的治国能力,还需要一个跨国的实体组织来监测全球,警惕新疫情的来袭并迅速关闭传播死亡的旅行通道。在全球范围内,即使是治理最好的国家,也遭到了新冠疫情的严重打击。这个联合抗役的多国机构,必须十分团结。同样,重振旗鼓的国际卫生组织,必须监测任何新传染病的出现,并制定有关规则来应对疾病的风险、报告其流行情况、监控人们的旅行。

为降低全球疫情大流行的风险,富裕国家应该愿意做出更多的贡献,以确保改善世界上最贫穷城市的卫生条件。也要让被援助的国家做出一定的贡献,就是禁止人们过度地接触类似蝙蝠、猪或其他可以传播病毒的动物,也可以是限制过度使用可能引发下一个超级细菌出现的抗生素的行为。在极端情况下,这个团结的卫生组织成员国,可以排斥那些放任极不安全行为的国家,威胁对那些不负责任的国家进行贸易和旅行方面的制裁,这样既可以促使它们去执行有关卫生的法规,又可以防止这些国家把疾病传播开来。

州和地方政府也必须强大起来,而强大起来的政府必须为百姓服务,而不是去压迫他们。在乔治·弗洛伊德被杀之后,"削减警费支出"的呼声越来越高。然而,撤资后的警察部门既不可能为社区提供更多的安全,也不可能对社区的居民更加尊重。解决问题的答案不是削减警费经费,而是明确警察的使命,使其在降低犯罪率的同时更好地维护公民的权利。一个有色人种的年轻女性从学校安全回家的权利,与一个年轻男子免受警察骚扰的权利一样宝贵。撤资警察会影响这个女孩的安全,警察部门不改革也会影响这个男孩的安全。

20世纪90年代的美国,执法趋于严苛。我们实行了如"三次犯罪就让你进去"那样严厉的惩罚规则,那是因为,那些本不应该生活在监狱外的人们犯下可怕的罪行。而那些严苛的政策让惩罚犯罪做得"有些过头而不明智"。大量监禁年轻人不仅缺乏人性,做法也十分愚蠢。一个明智的社会,应该惩罚那些真正危害社会的罪犯。

当我们着手改革刑事司法时,我们必须听取罗伯特·海因莱因和米尔顿·弗里德曼的建言:"天下没有免费的午餐。"想要警务做得更好,我们也要更多地付出,而不是更少,但可以把问责作为交换条件。

公共问责还需要一种不同形式的共同力量,即:可以平衡和增强公共权力的非政府联盟。正如亚历克西斯·德·托克维尔在近两个世纪前评论的那样,"在民主国家中,所有公民都是独立而脆弱的","因此,如果不学会自愿互助,他们都会陷入无能为力的状态。"对美国来说幸运的是:"不分年龄大小、社会地位高低,性情好坏,所有美国人都会不断地团结在一起。"托克维尔对美国公民社会的乐观评估,即使在1830年也确实夸大其词了。2021年的美国,感觉更像是一个分裂而不是团结的国家:放眼全美,社会在日益两极分化。然而,托克维尔那句"单靠他们自己将一事无成",依然掷地有声。

能够促成合作是城市最了不起的资产之一。在21世纪里,需要更多协同的私人努力才能形成合作的力量。这一点，当我们要想保证公共的力量不会蜕变成公共暴政的时候，更是如此。一个足以预防流行病暴发的政府，其全部意义就在于赋予每个个人掌握自己命运的权利。城市需要有效的政府和授权的个人自由。而这个理念与当今党派政治的意识形态是水火不容的。

让自由飞翔

德国人有句话叫"Stadtluft macht frei"，意思是，"城市的空气让你自由"。这句话在中世纪具有法律的现实意义：任何贵族都不能重新奴役一个在城市里已经生活了一年零一天的农奴。这句话也反映了一个更加接地气的真理：灯红酒绿、雇主密布的城市，是给人们提供各种可能的地方。进入 20 世纪，城市的空气，对于从沙皇统治的俄国或种族隔离的美国南部来到纽约的人而言，就意味着自由。潘多拉魔盒里既有苦难也有希望。

今天，城市里的年轻人看到的希望越来越渺茫。他们对城市里生活不平等、机会明显地减少而感到愤怒。和穷人相比，富人似乎得到了一切。城市永远是个不平等的所在。但只有当城市被视为增长引擎时，人们才能够容忍这种不平等。穷人必须看得到城市生活给他们带来的好处，也必须感觉到城市生活带给他们光明未来的可能性是唾手可得的。当未来暗淡无光的时候，绝望的人们会响应煽动者的号召，参与到最直截了当的再分配行动中去。

有一些明智而有效的方法可以促进社会向上流动，包括改良学前教育、给予在职穷人税收补贴以及改善职业培训等。除了这些，我们还可以做得更多些。然而，给飞黄腾达的企业免除商业租金、给富家子弟免除学生债务都是毫无意义的。

从某种意义上说，许多人对劫富济贫情有独钟，这代表了一种认识，即我们的城市已经成为一盘作弊的赌局：有利于内部人而非外来人。几十年来，我们积累了一些规则和制度，这些规则和制度有利于老年人而非年轻人，有利于房主而非租客，有利于局内人而非局外人。因此，很久以前买了房的人，可以保证享有漂亮的景致和公园，但新来的人不仅买不起房，就是租房都很困难，因为房价和租金高不可攀。许多学校被教师工会主导，一些警察部门由最差的警官管理。并不是个人不好（当然坏人总是有的），而是系统失灵。有太多的城市吃着特权阶层的老本儿，而不赋予弱势群体向上流动的能力。要赋能，就要改善教育、减少创业的障碍。在贫困人群中更应如此。

中产阶级化（中产阶级迁入传统的工人居住区定居并改变其文化）通常被当作问题来看待，但它确实是苦恼城市的诸多问题的一个症状。各个阶层的市民都是人为限制空间增长政策的受害者。洛杉矶是许多中产阶级化斗争的发源地，这尤其让人悲伤，因为这座庞大的城市曾经带给了美藉拉丁裔无数的机会。洛杉矶人口密度并不高，能够轻易建起更多的住房，特别是那些占地不多的高层建筑。但洛杉矶通过本地区域划分的政策，严格限制新建筑的数量，加州大部分沿海地区和世界各国许多地价更加昂贵的地方也是如此。由于新的空地短缺，所以争夺旧有空地的冲突便愈演愈烈。如果城市允许扩展的话，那么所有人都会拥有他们居住的空间，租金也会降低。

我们的城市必须采取更多措施，让外来者能够创业、安家置房和学习新的技能。要做到这一点，就必须减少那些一无是处的政策，因为这些政策仅仅是为保护既有房主免受滋扰或现有企业免受竞争而制定的。当今，要解决不公平竞争的问题，正确答案不是再创建一个同样低效的系统，以利于不同阶层的内部人员，而是要向所有人开放我们的城市。

许多企业在2020年被迫关门，因而，加速准入审批比以往任何时候都更有必要。在新冠疫情之前，房租高昂的那些城市里，房东们为把人们和企业吸引回来，而且能够也愿意降低租金。较低的租金就有可能吸引那些新成立且生气勃勃的公司，而这些公司也曾被天价租金的城市吓走。有些富人会觉得城外的生活更适合他们的需求。因此，我们大都市的城区价格会便宜些，环境也会差一点儿，可那又有什么关系呢。这些城区毕竟会变得更加年轻，而年轻的市民需要一个更加频繁地为他们梦想的实现大开绿灯的政府。

多年来，城市零售空间一直在转变：从销售商品的商店变成销售体验的地方。书店纷纷变成了咖啡店。而这一改变也随着疫情的到来而停止，过往繁华一时的商业街空店铺到处可见。可这些宝贵的地产岂能闲置？疫情一旦结束，富有创意的城市企业家将说服房东，低租金总比无租金好。

虽然人口密集的市中心对商业房地产的需求可能会下降，但对城市住宅的需求似乎仍将保持强劲。人们仍然想要住房，许多人渴望城市社区带给他们的刺激。如果对住宅的需求强于对办公空间的需求，那么将商业空间转变为住宅的长期过程将会加快。这一切都需要改变，而改变则需要自由。

城市之困

虚心学习

更好的城市教育，是将贫困儿童转变为中产阶级成年人最重要的公共工具。然而，仅仅在学校上花更多的钱，不大可能给市中心带来繁荣。许多城市学区，给学生投入的人均费用已经远远超过郊区的学校，而他们的成绩依然不尽如人意。我们并不反对在学校教育上多花钱。我们特别赞成把资金投入集体的人力资本上来。不过，如果我们首先集中研究一下投资在什么地方管用的话，这些投资才会更加有效。

我们书中讨论的一些城市问题，如城市住房的高成本，是有明确解决方案的，如允许建设更多的房屋等。而其他的问题，如许多城市学校的糟糕表现，是没有明确的解决方案的。这本书的第三个主题是城市必须成为学习的机器。我们必须承认我们的无知并尽力去填补知识的空缺。

新西兰在疫情大流行期间的出色表现，既反映了其作为一个孤岛的优越地理位置，也反映了总理杰辛达·阿德恩和卫生总干事阿什莉·布鲁姆菲尔德对学习的执着。新西兰为保障其国民安全采取了两个决策，一是最初的严格封城锁国，这样做并没有什么特殊。二是对无症状者进行广泛的检测，在此基础上决定是否重新开放。这一做法是独一无二且出奇的成功。

美国有些州，如佛罗里达和得克萨斯，重新开放时却对人群感染的普遍程度一无所知，而新西兰只有在人口级检测后，确知疾病已经真正消失的前提下才重新开放。美国的错误不在于重新开放的决定本身，而在于未能对疾病的严重程度进行仔细考量就做出重新开放的决定。真正的科学并不意味着知道所有的答案，而是意味着谦虚地认识到学海无涯，然后去掌握不断学习所需的工具。毕竟，科学家不犯点儿错误，也无法提出极富想象力的假说来。

新冠疫情暴发初期凸显人们的笨拙的想法：把科学家看成是永无过失的人。领导公众抗击新冠的美国科学家，2020 年 3 月 8 日告诉美国人，"戴着口罩逛来逛去是没有道理的"。集科学和政治于一体的世界卫生组织的发言人也亮出这样一个观点："人们本能地认为应该限制旅行，可世界卫生组织通常不会给出这样的建议。"说者并非信口开河，但事实证明他们错了。尽管违心，我俩也提出过一些错误主张和预测。

科学问题的答案不在单个科学家手中，所以我们才会从事科学研究和探索。我们做实验、搞随机对照试验，不仅是为了开发疫苗，也为了评估警察佩戴随身摄像头对他们会产生什么影响。这些科学的措施是 21 世纪政府管理的有效工具。我们生活在一个复杂的星球上，我们的城市是复杂的有机体。我们必须有不断学习的需求。

章节介绍

这本书分成十章，包括前边的序言和后边的结论，中间八章是本书的主体。前四章主要探讨城市的"身心"健康。后四章讨论疫情大流行带来的经济和社会挑战。所有章节都有我们对问题的诊断和制定补救政策的建议。

疫情在城市之间、城市之内和人与人之间流行。第二章讨论传染病在大都市之间的传播。几千年来，城市一直是码头和港口的所在地，迎来送往那些承载着思想、货物和细菌的船只。从比雷埃夫斯港进入该市的瘟疫，使雅典的黄金时代黯然失色。公元541年，当引起中世纪欧洲黑死病的鼠疫杆菌出现在君士坦丁堡时，罗马帝国在整个地中海重建其秩序的希望随之破灭。

这一章介绍了流行病的早期历史以及通过隔离与这些流行病作斗争的努力。中世纪的隔离为我们今天限制国际旅行措施提供了最早的模式。我们在第二章的最后，提出了关于卫生健康的一种模式，以便我们在下次疫情来袭的时候做得更好。

第三章讨论疾病在城市中的传播，重点关注19世纪的大瘟疫，尤其是霍乱。这些疾病加强了贫富之间的联系，并确保下水道和沟渠不仅通达纽约华盛顿广场优雅的联排别墅，而且也能通达不远的贫穷的鲍厄里公寓。这些工程投资不菲，但回报也是可观的。全世界都对确保发展中国家城市变得更安全抱有浓厚的兴趣，例如使他们变得更加卫生，能够更加有效地抵御对抗生素具有耐药性的超级细菌等。富裕国家应该有意愿在这些城市投资，以换取未来更加安全的生存条件。

最终，疫情大流行的结果取决于每一个个体与疾病进行斗争的情况。新冠病毒对老年人和肥胖者产生的威胁更大。其他疾病不成比例地导致吸烟、使用非法药物或从事不安全性行为的人死亡。第四章讨论了决定城市健康的行为及其招致疫情大流行的原因。

城市化和工业化为大规模生产食品创造了条件，也培养了人们久坐不动的生活习惯。这些条件和习惯是高肥胖率的导火索。尽管如此，受过良好教育的美国城市居民比美国农村居民要健康得多。例如，阿片类药物的盛行主要始于低密度地区，因为那里的人们感觉身体疼痛的现象更为普遍。而近年来，死于阿片类药物的城市居民多了起来。部分原因是非法毒品在城市的销路更好。在本章里，我们将讨论对不健康产品需要实施的针对性干预措施，例如对欺骗性营销采取更严厉的处罚等。我们还将讨论健康行为与学校教育的关系。这种联系有助于证明重新强调教育机会的合理性。

第五章集中讨论卫生系统。美国在医疗保健上投入资金如此之巨，怎么就没有控制传染病传播的能力呢？我们的医疗功能无法发挥作用，其根源在于其专注个人而非公众健康，专注治病而非促进保健。这样一个系统反过来又说明这样一个事实：美国人偏爱最低限度职能的政府，这样一个政府只管发钱，却没有执行能力。形形色色的健康保险公司在慢性病上花费了数万亿美元，却对传染病视而不见。我们的卫生系统需要预测未来的流行病并制订计划来战胜之。

第六章将重点关注疫情大流行带来的短期经济后果。过去的瘟疫造成人类死亡，但对经济的损害却微乎其微。黑死病实际上让幸存者更加富有了，因为曾经勉强过活的农民得到了更多的土地，因而增加了财富。1918年和1919年期间的流感，冲击剧烈却来去匆匆，结果是经济得以迅速复苏。即使产业工人身体不适，工业产品通常仍然可以安全运输。

相比之下，现代城市中的服务业经济，更易受到空气传播的病毒疾病影响。口罩可防止感染，但感染风险的增加仍然剥夺了人们出去喝杯茶的乐趣。即使允许人们去酒吧、咖啡馆和餐馆享受，但假如流行病毒通过空气传播，也会有很多人不愿出门。对

城市之困

于这样的困境并没有明显的解决途径。我们可以向失业者提供短期补贴以减轻他们的经济困难,但我们无法拯救每一家被疫情摧毁的小企业。这些面对面的服务业工作对普通人的就业至关重要,因此,确保大流行不再发生也更加必要。我们也必须让人们在疫情后更加容易地创业。为了获得蓬勃发展所需的更多自由,商业法规应该接受成本效益分析,各国城市应该尝试建立支持创业的制度,提供类似一站式颁发许可证的服务。

在第七章里,我们讨论的话题是疫情大流行带来的长期后果,特别是人们转向远程工作的趋势。40年来,阿尔文·托夫勒这样的未来学家一直认为,电子互动将使面对面的会议变得没有必要,并导致大规模人口从城市外流。他们错了40年,谁知,忽一日他们又正确了。Zoom不是已经代替面对面的会议室了吗?

这也证明,历史仅仅被打断了而不是发生了转折。比较简单的工作,譬如呼叫中心的工作,可以远程完成。但有证据表明,远程工作的人比面对面工作的人学到的东西少得多。最近的研究表明,与想在现场工作的人相比,报名参加远程工作的人没有那么投入,生产力也较低。到2020年底,包括建筑师、航空工程师和环境科学家在内的远程工作的招聘尚未恢复。而油漆工、邮递员和股票文员等非远程工作的新招聘已基本恢复。对于许多工作来讲,即使是需要高度脑力劳动的,面对面也会提高生产力。走廊和公共空间中的计划外互动,通常是工作取得进展的关键。同样重要的是,远程工作难以像在一个屋檐下工作那样让人愉快。

到头来,城市会依然强大,因为只有在城市里,人们挚爱的人际关系才能发挥到极致。但是,具有创造力的公司即使坚持面对面互动的工作氛围,也喜欢扎根在城市,但它们也不会钉死在某一个特定的城市。从纽约或旧金山搬迁到到迈阿密或奥斯汀从来没有像现在这样易如反掌。公司的流动性意味着城市之间要经历一番厮杀,才可以把能对加强当地经济做出贡献的人才从全球吸引过来。如此惨烈的竞争,反过来又限制了城市提高地方税以帮助贫困人口的能力。

第八章讨论城市的社会力量。新一波的内部冲突削弱了城市力量,使应对疫情大流行的工作愈加困难。公共交通系统不愿强制人们执行有关戴口罩的规定,部分原因是他们害怕视频在网上被疯传,例如在费城拍摄的一个视频,显示白人警察强行将一名非裔美国人从公共汽车上拖下来。在这一章,我们将关注洛杉矶中产阶级化导致的纷争,这一纷争昭示了争夺城市空间背后更广泛的意义。中产阶级化虽长期存在,但解决起来并不困难,既然城市空间不足,创造更多的空间就是了。要在需求旺盛的地方创造更多的空间,只需废除限制高层和密集建筑物的土地使用规定就可以了。

然而,除了对城市空间的限制之外,城市冲突还有其他根源。其中许多是内部人和外来人之间的纷争。在第九章中,我们的讨论聚焦两种冲突:警方执法和学校教育。他们不像中产阶级化纷争那样,用立法就可以简单地解决。警察的暴力执法引起2020年夏天"黑人的命也是命"的抗议活动。解决警察暴力执法需要行政改革,而非诸如撤资那样简单的法律解决方案。我们需要警察的保护,但我们也需要尊重所有的人。解决办法有赖于一个扎实的改革计划,这个计划要有两个政策目标:公共安全以及对侵害民权的行为问责。这一双重任务要求我们就犯罪和社区满

城市之困

意度对警务进行评估。然后,我们必须让市政府和警局对这两种结果担责。我们要求警察做得更多的时候,资金会增加,而不是相反。

城市教育的前途比较模糊。随着时间的推移,警察部门已被证明具有相当大的可塑性。警务方式和犯罪率常常瞬息万变;学校的变化可没那么快。一种可能的解决办法是允许外部人员通过竞争来提供职业培训,或在放学后,或在周末,或在假期。职业技能可以衡量,因此为绩效付费也很容易。为确保这些课程带来就业,城市需要简化商业许可的手续。鉴于新冠过后大批企业需要重生,这一点尤其来得必要。

作为本书的结尾,我们在最后一章里总结了有关政策的结论,并表达了我们的乐观看法。从苏格拉底和柏拉图在雅典一个街角斗嘴那一天起,城市就成为通过协作的创造力产生奇迹的地方。城市创造奇迹的年代无须结束,也不能结束。但是,我们必须发挥我们的聪明才智和实用主义精神来努力工作,保证让城市对外来者更加开放,对魔鬼的抵抗力更强大。诸如传染病和可怕的不平等这样的魔鬼,是与城市的密度如影随形的。

| 第二章 |

后疫情时代的全球化

第一次有记载的城市瘟疫发生在公元前 430 年的雅典。根据修昔底德的说法，这种流行病"始于上埃及的埃塞俄比亚，然后蔓延到埃及本身和利比亚以及波斯王国的大部分领土"，进而通过海路到达雅典。当时，雅典是地中海无可争议的贸易之都，是世界上最大的城市之一，也是欧洲最国际化的大都市。伯里克利曾自豪地宣称："我们的城市向世界开放"，事实的确如此。

雅典正与斯巴达交战。在敌人重装步兵进攻面前，整个地区的人们都躲在城墙后躲避。可是，这些屏障却无法阻止疾病从海上入侵。瘟疫在接下来的 4 年里肆虐，造成了多达 1/4 的雅典人死亡，其病死率可能是新冠疫情的 25 倍。如果没有这场瘟疫，雅典可能会赢得伯罗奔尼撒战争[①]。事实上，这个城邦在公元前 404 年缴械投降了。

自从住进城市，人们就开始与传染病为敌。最初的农业和畜

---

① 伯罗奔尼撒战争：是以雅典为首的提洛同盟和以斯巴达为首的伯罗奔尼联盟之前的一场战争，最终斯巴达胜利，也导致了希腊的民主时代结束，从此由盛转衰。

城市之困

牧定居者的死亡率，似乎高于早期的狩猎者和采集者。与动物为伍让人们接触到诸如昏睡病、破伤风、肺结核等各种疾病。

然而，尽管城市危机四伏，几千年来人们依然蜂拥而至。城市在战争期间比农村安全，许多雅典农民倒在追逐他们的伯罗奔尼撒士兵面前。经商者来到作为商业和知识中心的城市提供了工作和机会，但全球贸易和旅行也为病原体提供了传播的途径。

本章主要讨论传染病易于从海港和空港攻破城市，并通过拥挤的街道长驱直入的问题。苏格拉底与柏拉图交谈的那一小段物理距离，就能让瘟疫传遍雅典。但本章也强调，通过集体的努力，城市的这种脆弱性是可以克服的。在现代世界里，这种集体行动必须是全球性的。

防止疫情大流行最原始的办法就是隔离：隔离病人；如果病人太多，隔离尚且健康的人。雅典人并没有努力推行隔离措施，但威尼斯人、法国人和无数其他的人却这样做了。只有在完全阻止潜在感染者进入城市的情况下，隔离才会有效；然而，千里之堤溃于蚁穴，一点漏洞便会导致疫情流行。

相较于2020年成为常态的保持社交距离，实行隔离制度要容易得多。把疾病封锁在一个明确圈定的地点，远比让每个人保持社交距离来得容易。但是，历史上隔离失败的例子也不胜枚举。原因不外乎当官的不愿给商人带来不便，或者疾病通过不听话的蚊子或老鼠而趁虚而入。只有得力的政府才实施过有效的隔离措施。

隔离这种模式为保护我们的城市提供了一条可行的途径。但隔离需要对新的疫情进行更有效的监控，并具有立即禁止全球旅行的能力。世界卫生组织太软弱，无法以其目前的建制发挥这一作用。所以，我们需要一个权力更大的组织，至少最初由较少的国家组成。我们需要的是一个正确的模式，不是联合国。本章结尾将讨论怎样建立这样一个系统。我们先从古老的城市交易谈起：城市固然有死于传染病的风险，但作为补偿，它们也赐予人们最好的礼物，即由人与人互动带来的欢乐，财富，以及人们的创造力。

地中海的网络结构与杀死伯里克利的瘟疫

被时而称为史学之父的希罗多德于公元前448年前后抵达雅典。他出生于亚洲希腊殖民地哈利卡纳苏斯，曾在东地中海相互连接的国度里漫游。在他的历史叙述里充满了民间传说，这可能是他在推罗、巴比伦、埃及和黑海的旅途中搜集到的。他最终来到雅典，并在那里用他书写历史的笔挣钱吃饭。他用颂词奉承那个城邦及其战胜波斯人的战争。普鲁塔克对他不以为然，说"他拍雅典人的马屁，从他们那里得到一大笔钱"。历史的写作技巧就这样诞生了。

希罗多德的游历，既揭示了全球化的曙光，也说明了雅典的魅力，可以吸引来自遥远地方的人才。伯里克利的情人，美丽而睿智的名妓阿斯帕西亚，出生于亚洲。阿那克萨哥斯与希罗多德一样，也来自安纳托利亚，而且来时满脑子都是他那个学派的哲学，启发了年轻的苏格拉底。数学家西奥多罗斯从北非迁徙到雅典。普罗泰戈拉斯是雅典的色雷斯人移民，在被称为智者的专业哲学导师中出类拔萃，至少柏拉图是这样说的。

公元前5世纪，雅典是地中海世界的文化中心。像所有大城

城市之困

市一样，雅典拥有足够的规模和财富来支持高度专业化的职业，比如教授哲学和撰写油腔滑调的地方历史。人才来来往往，能让前雅典人把希腊文化成长的种子从西班牙播撒到印度。

希罗多德响应伯里克利的殖民号召，前往位于意大利南部的雅典前哨图里。普罗泰戈拉将要写出图里的法律。伟大的悲剧家埃斯库罗斯离开雅典，死在西西里岛。生活在一个世纪后的亚里士多德，是雅典输出的最著名的知识分子。他来到城里在柏拉图学院学习后，回到了北方，在那里辅导亚历山大大帝的学习。他的思想影响力将雅典的势力推进到印度河流域纵深，然后通过布满圆顶屋的巴格达返回，又塑造了历程曲折的西方思想。

我们记忆犹新的是跨越雅典人地中海网络的思想。然而，这个网络的首要目的不是思想，而是商业。在罗马人筑路的时代到来之前，大型商埠只能靠水路生存。船是唯一可行的长途运输工具。像多数大城市一样，雅典十分依赖进口食品。根据德摩斯托尼的报告，在公元前4世纪，仅克里米亚就向该市运送了480万升谷物。同时，雅典也像克里米亚出口了橄榄油、华丽的彩绘花瓶以及征收的银币贡品。

5世纪中叶，随着雅典实力的增强，这个城邦试图将其网络转变为帝国。德利安联盟最初是一个松散的反波斯联邦，其"盟友原本是独立的国家，后来在大会上做出了结盟的决定"。雅典在联盟中的权力和影响力增强以后，在希腊占主导地位的陆上强权斯巴达给予了反击。432年，斯巴达人要求雅典人放弃对其附庸国的控制权。伯里克利回应说，"向他们屈服就意味着被奴役"，战争便开始了。

伯里克利的策略似乎万无一失。他用城墙保护着他的人民，城墙与他们能够建造的任何东西一样强大。他还派出无与伦比的雅典海军随意发动突袭和掠夺("不过,他们的海军对我们不足为惧")。斯巴达人来袭并杀进了雅典腹地,但伯里克利正确地预见到斯巴达人无法突破雅典的城防。他派出海军也是对的,因为它"可以几乎所向披靡地骚扰伯罗奔尼撒半岛的沿海国家"。

面对斯巴达的重装步兵,雅典城可以固若金汤,但病毒和细菌却能长驱而入。雅典城内挤满了来自斯巴达进攻造成的难民,而雷埃夫斯港却向大海开放。瘟疫进入雅典后开始肆虐。雅典将军修昔底德当时正在城里,感染了这种疾病。但他幸存了下来并将这场疫情记入史册。伯里克利就没那么幸运了,不但他死了,他的亲生儿子们也一个个地殒命。

没有人知道这次瘟疫究竟是腺鼠疫、斑疹伤寒、天花、麻疹还是其他什么疾病。症状包括高烧、腹泻、头疼、肌肉酸痛及脓疱疹。几乎所有的雅典人都未能幸免。难民遭受的打击"尤为严重",因为"没有住房,他们在炎热的季节里住在通风不良的棚屋里,像苍蝇一样一批批死去",修昔底德如是说。就像新冠疫情的情况一样,这种疾病不成比例地传播给了医护人员,他们"因为照顾病人而感染了这种疾病,像绵羊一样一群群死去"。医护的努力几乎无济于事,因为瘟疫"毫无差别地杀死每一个人,即使是那些受到最精心治疗、得到饮食照料的人也没有放过"。与新冠疫情不同的是,即使"与身体纤弱的人相比,那些天生体质强壮的人在抵抗疾病方面也好不到哪去。"

修昔底德用其最经典的语句描述了瘟疫是如何摧毁雅典城秩序的:"人们不知道接下来会发生什么,对宗教或法律的每一条规则都漠不关心"。结果,"这场瘟疫让雅典陷入前所未有的无法无

城市之困

天的状态"。

这场疫情,虽然杀死了成千上万的雅典人,但对斯巴达人居住的人口密度较低的农村,危害却微乎其微。这种神秘的疾病"从未影响伯罗奔尼撒半岛,或者说影响并没有那么严重;遭受疫情重击的,除了雅典外还有步其后尘的其他人口密集的城镇"。每一种瘟疫都在人口更加稠密的地方易于传播。这也是为什么传染病不成比例地威胁着城市,至少起初是如此。

可以肯定的是,无论是瘟疫还是军事失败,都没有给雅典文化创造力画上句号。柏拉图出生在瘟疫即将结束的雅典城,而且活了80年。他与年长的苏格拉底的谈话,提供了一个面对面互动能够改变历史进程的范例。然而,雅典再也没有回到伯里克利统治下的那个巅峰。正如伟大的疾病史学家威廉·麦克尼尔所言:"雅典社会遭受这场疫情打击之后,再也没有回复元气。"

雅典之前的城市瘟疫

修昔底德的著述把雅典的瘟疫生动地呈现给我们,但早在公元前430年,传染病就开始困扰人类的居住点了。学术研究人员试图通过古人类的骨骼和其他证据来了解健康的历史。他们认为,从狩猎采集到农业定居的转变,导致传染病大幅上升。

最早的人科动物并非天生无疾。一些生物,如虱子、蛲虫和沙门氏菌,似乎在我们成为人类之前就已经如影随形。即使我们人类在驯养动物之前从事小规模狩猎的时候,昏睡病和旋毛虫病等疾病也会从动物身上传播给我们。

大约12 000年前,农业革命让人们定居下来从而提高了人口密度，同时也为家畜把疾病传染给人类创造了机会。近距离接触生猪早就充满了风险。杰出的早期疾病人类学家乔治·阿梅拉戈斯强调，"家畜的产品，如奶、毛和皮等。可以传播炭疽、Q型流感、布鲁氏菌病和肺结核等疾病"。

城市的到来意味着人类和动物将会拥挤在一起，彼此靠近，同时也离彼此的排泄物不远。有关前雅典瘟疫的记录是有限的，但《出埃及记》表明，3 000多年前的埃及城发生了一件可怕的事情。一些圣经学者将那本书中的事件追溯到公元前12世纪，这意味着，发生在埃及的十次瘟疫与青铜时代文明的瓦解发生在同一时期。一场瘟疫袭击了围攻特洛伊的希腊军队，造成所谓的伊利亚特事件，这一事件可能发生在同一时期。有学者称，梵文原始资料提到过同一时期发生在巴比伦的瘟疫。

这些零碎的证据使一些人怀疑，青铜时代文明本身的崩溃，原因是早期的流行病蔓延到东地中海相连的城市。如果疾病在这场灾难性事件中发挥了重要作用，那么我们就有了城市传染病对人类造成严重破坏的第一个例子。第二个更致命的例子发生的时间，恰恰是在雅典瘟疫发生的一千年之后。

黑死病的到来

在那场杀死伯里克利的瘟疫暴发后的500年里，地中海地区似乎总体上没有大的疫情流行过。内陆的罗马共和国幅员辽阔，具有禁止参议员从事商业活动的反贸易精神，它花了几个世纪的时间征服了近邻。越来越多的谷物运来首都，不是通过复杂的贸易网络，而是来自被征服的西班牙和埃及领土的贡品。

城市之困

从现在的角度看，我们无法对公元前 400 年到公元 100 年那些相对健康的世纪而喝彩。也许是罗马的渡槽或与外人有限的接触起了作用，也许纯属运气。不管是什么原因，瘟疫的消失使罗马共和国得以扩张其疆界。马吕斯、庞培和朱利叶斯·凯撒率领罗马军队穿越地中海，将共和国打造成一个帝国。

罗马是一个军事强国，但这个城邦也是艺术和知识的中心。万神殿的建筑、维吉尔的诗歌、西塞罗的演讲和普林尼的自然历史是人类创造力的典范。也许罗马的天才比不上古希腊的智慧，尽管如此，坐落在台伯河上的这座城市，一直放射着永续的光彩，彰显着被城市相互连接在一起的人类思想的潜能。城市提供了让人们可以近距离接触的方便，把维吉尔与诸如霍勒斯和普罗佩蒂乌斯等其他诗人，以及文化经理人梅塞纳斯联系在一起，后者是他们的主要赞助人。

随着罗马帝国的扩张和罗马的贸易网络深入亚洲，大流行病又回到了欧洲。公元 166 年，"汉代的历史书籍记载了罗马臣民到达中国领土的情况"。虽然"这次新的相遇应该标志着新的国际交往的开始，不仅是商品贸易，也是思想和信息的交流"，但它"也预示某些更加不祥的事情就要发生"。

公元 165—180 年，来自亚洲的安东尼瘟疫，也许是麻疹，也许是天花，可能杀死了 10%—14% 的罗马人口。而几乎在同一时期，当时的中国也似乎受到一种流行病的侵袭。公元 250 年，疫情在罗马第二次大流行，并有可能导致罗马信奉了基督教。因为，"与同时代的异教徒相比，基督徒的一个优势是喜欢照顾病人，即使在瘟疫时期，这对他们来说也是一项必要的宗教义务"，并且"即使面对突然和使人恐惧的死亡，他们的信仰教义也使他们的生活变得更有意义"。

安东尼瘟疫发生在"五贤帝"①时代，当时罗马似乎管理得特别好。因此，瘟疫虽然致命，但并没有破坏社会的稳定。第二次瘟疫发生在更加不确定的时期，并加剧了3世纪的政治混乱，直到戴克里先和君士坦丁的统治时期才结束，而这一时期是漫长的，而且成功和残暴掺杂在一起。戴克里先开始了帝国的分裂进程，君士坦丁建立了东部首都君士坦丁堡。这座城市也被称为拜占庭，即使在罗马城沦陷后的1 000年里，依然作为罗马帝国的城市核心而屹立不倒。

艾萨克·阿西莫夫在《基地》系列里，描写了摇摇欲坠的银河帝国的智慧，是如何保存在一个遥远的，挤满学者和商人的行星上的情形。在5世纪，君士坦丁堡似乎已经准备好为罗马扮演这样一个角色。当西哥特人和汪达尔人洗劫母城的时候，君士坦丁堡建造了又高又厚的城墙，用以保护它的人民，直到1 000年后穆罕默德二世带着他的大炮来到这里才把它轰开。城墙"建造得非常及时"，因为，尽管阿提拉渴望征服东西罗马，但"匈奴人却没有耐心、技能和纪律来进行持久的攻城战"。

古典世界的知识保存在君士坦丁堡的大学中，这就像一所现代的大学，挤满了数十名口若悬河，说着希腊语和拉丁语的全职教授。正如吉本所说，即使"意大利空置的王位被遗弃给无法无天的野蛮人"，东方帝国的皇帝们还是颁布了新的法律和法规。就像阿西莫夫的基地一样，君士坦丁堡保护着帝国智慧使其安然无恙，等待迸发的时机以便收复西方的失地。正因如此，欧洲的

---

① 五贤帝：又称五贤君，是在公元96—180年统治罗马帝国的五位皇帝。

城市之困

黑暗时代只延续了几十年，而不是几百年。

帝国的复苏似乎发生在公元 533 年。第一代野蛮征服者，如 455 年洗劫过罗马的汪达尔酋长盖萨里克，已经逝去，取而代之的是其争权夺利的后人。

查士丁尼派军阀贝利撒留打败汪达尔人，重新建立罗马对意大利半岛部分地区的控制。贝利撒留将西罗马帝国昔日的财富带回君士坦丁堡，例如"黄金和国王的嫔妃们惯乘的马车"，还有犹太人的宝物等，这些宝藏是"维斯帕芗的儿子提图斯与其他一些人占领耶路撒冷后带回罗马的"。但贝利撒留的好景不长。

意大利发生了内讧，皇室表亲之间再次发生争斗，查士丁尼又一次派遣贝利撒留去征战。拜占庭将军与哥特人又鏖战了 3 年。他于公元 540 年占领了哥特人的首都拉文纳并返回君士坦丁堡，但他的胜利却变成了灾难。那个时代的观察家普罗科皮乌斯写道，"瘟疫在这个时期暴发了，几乎毁灭了全人类"。普罗科皮乌斯像修昔底德一样深受雅典人的影响，也用阿提克希腊语（雅典方言）写作。普罗科皮乌斯和修昔底德异口同声地把这种疾病的来源锁定在非洲："疫情始于居住在贝卢西亚的埃及人，然后从那里传播到整个世界。"而现代科学文献表明，那场灾难起源于中亚。

与早期的雅典瘟疫不同，我们对查士丁尼瘟疫有一定的医学知识，这是因为在中世纪早期的墓地中发现了脱氧核糖核酸（DNA）。查士丁尼的瘟疫似乎是鼠疫杆菌，又名黑死病，这是这个人类大敌的第一次有记录的亮相。这个连环杀手好像是从毒性较小的一个细菌祖先进化而来，而这个细菌祖先曾经感染过青铜时代的欧亚人。一般认为，鼠疫杆菌最早出现在中亚，并沿着丝绸之路传播到欧洲。

第一波鼠疫杆菌在欧洲、亚洲，还有非洲的部分地区，至少肆虐了一个世纪。鼠疫杆菌主要通过跳蚤传播给人类，跳蚤叮人的时候将人的血液吐回人体。细菌一旦进入人体，就会侵入淋巴系统并在淋巴结里定居进而繁殖，然后散布全身。淋巴结肿大后被称为腹股沟淋巴结炎，所以，这种鼠疫亦叫"腺鼠疫"。寒战、体虚和内出血等症状会在一周内出现。皮肤和其他组织变黑并坏死，因此得名黑死病。在现代医学出现之前，感染鼠疫的人大约有一半会死去，而在某些特定的情况下死亡率可能会高得多。

在5 000年前去世的一名20岁瑞典农村女孩的牙齿中，发现了鼠疫杆菌的DNA。该证据使一组科学家得出结论，鼠疫杆菌存在于青铜时代的"东欧大型定居点"，由于人口密度高且与动物接近，"这些地方的生活条件与以前的人口相比是前所未有的"史前农业密度可能引发了更早的瘟疫浪潮，然后"促成了新石器时代的衰落"，并"为后来的人们从草原迁移到欧洲铺平了道路"。

如果对古代遗骸的法医鉴定是正确的话，那么，密度与致命的疾病共舞的时间就可以追溯到5 000年前了。像犁那样的技术进步，导致人口增长、城市化和贸易繁荣。细菌也随之而来，并从动物跳到人类身上。如果疫情大流行严重，文明就会崩溃，人类就会被打回到低密度生活的原形。或许这就是5 000年前乌克兰和罗马尼亚的那些农业"大定居点"所发生的事情，但我们对公元541年查士丁尼城遭受的破坏有更完善的历史记录。

普罗科皮乌斯对瘟疫的描述令人痛心："有人立即死去，有人煎熬了几天后丧命。甚至有人身上长出像扁豆一样大的黑色脓疱，不到一天就去世了。还有一些人无缘无故地呕血不久就病逝了。"这个疾病在拜占庭肆虐了四个月，"其间，据说一天的死亡人数就达到了 5 000 人，还有人说是 10 000 人或者更多"。

普罗科皮乌斯与修昔底德相呼应，"到处是一片混乱和无序"，但君士坦丁堡的公众对此做出的反应比先前的雅典要好。查士丁尼的一个机构不断"捐出皇帝的钱"并"埋葬无人领取的尸体"。一边，修昔底德描述了一座决心进行最后一搏的城市，另一边，普罗科皮乌斯写道："那些过去常常醉心于追求可耻和卑鄙生活方式的人，开始摆脱往日那些邪恶的行为，转而积极地履行宗教的职责。担心下地狱受到惩罚的恐惧，给那些'认为自己马上就要死去的人'带来奇异的变化。"

2020 年春，纽约市空无一人。1500 年前，君士坦丁堡也是如此，因为拜占庭人似乎也采取了保持社交距离的措施。普罗科皮乌斯写道："在拜占庭的街道上，能够看到行人实属不易。而那些有幸依然健康的人，都坐在他们的房间里，要么照顾病人，要么为死者哀悼"。不幸的是，与其他人保持社会距离，并不能确保免受跳蚤的叮咬。

瘟疫并没有彻底打消查士丁尼重新征服意大利的企图。他在公元 544 年又将贝利撒留派遣出去，但只拨给他区 4 000 人，只有 10 年前进攻北非时他带去的人数的 1/4。将军战且酣。君士坦丁堡本可以在拉文纳继续存续两个世纪，但它毕竟不是罗马治世的再现。拜占庭在意大利的代表成了当地的好战者，陷入与伦巴第人和法兰克人的纷争，成为中世纪早期欧洲的乱源之一。

两个世纪以来，瘟疫来了又去，去了又来。据估计，第一波黑死病杀死多达 5 000 万人，无可挽回地削弱了罗马和波斯帝国，为阿拉伯在七、八世纪征服亚洲和北非开辟了道路。疾病和战争的浪潮撕碎了罗马帝国的城市,并导致欧洲,特别是欧洲农村,贫困了数百年。

如此解释古典世界的消亡,是为了让读者看到疫情流行会导致世界走向末日。一个繁荣的城邦,首先被疾病削弱,然后因为政治动乱而分崩离析。外部掠夺者攻下较弱的一半,并用更弱的王国取而代之。较强的那一半幸存下来并准备重新建立控制权,但瘟疫又打断其重新征服的企图,进一步削弱这个仅存的文明前哨。人们撤退到与世隔绝的农场,却在那里遭到流寇的蹂躏。这些流寇最终安定下来,自诩为贵族,给他们的强盗行径披上了尊严的外衣。

不同程度的社交距离

今天,黑死病通常是可以治疗的,抗生素可以治愈大多数病例。但亚历山大·弗莱明是在1928年才发现青霉素的。保持社交距离是中世纪唯一可行的应对措施。新冠疫情在2020年的大部分时间里也是如此。

将病人与健康人隔离开来是应对传染病大流行的合理措施,但不同类的保持社交距离措施会带来不同的成本和效果。保持社交距离最古老的形式是只将病人从社区中带走。《利未记》第十三章第46节可能是人类最古老的公共卫生警告:"灾病在他身上的日子,他便是不洁净的,他既是不洁净的,就要独居营外"。1898年的《印度麻风病人法案》授权"任何警察""在没有逮捕令的情况下,可以逮捕任何在他看来是患麻风病的贫民"。地方法官和麻风病检查人员办理相应手续之后，该官员可以把"患麻风病的贫民"送到"麻风病人收容所收押，直至委员会或地区法官下令才可释放出去"。该法案在2016年才被全面废除。

现代社会中，鲜有愿意像中世纪那样放逐麻风病人的。此外，把人流放可能也是无效的。一个世纪前，纽约市有个被称为"伤寒玛丽"的女人叫玛丽·马伦。因为暴发的疾病和死亡事件与她烹调的食物有关，她被强制隔离。第一次隔离后，最终又被有条件地释放了，条件是"承诺放弃她的厨师职业"以及"不接触别人的食物"。然而"她彻底地违背了她的承诺，继续在酒店、餐馆和养老院做饭"。腺鼠疫暴发期间，只要跳蚤和老鼠还在，流放病人的做法就没有任何好处而言。对于人传人的疾病来说，如果疾病可以在出现症状之前传播，那么，将明显患病的人流放并不能保护尚且健康的人们，新冠疫情就是如此。

保持社交距离的第二种形式是让每个家庭自我隔离，就像在普罗科皮乌斯叙述的"坐在家里"的拜占庭人那样。新冠疫情中，千百万自我隔离的人们已经承受了巨大成本。对于穷人来说，家庭隔离的负面影响更为严重，他们挤在狭小的房屋里无法舒适地生活，而且必须工作才能生存，而他们的工作场地，人与人的距离都是很近的。到2020年5月，只有13%拥有高中或以下学历的美国人能够远程工作。

在富裕的国家里，由于经济实力强、技术水平高，可以让人们在实行自我隔离的同时，仍能获得食物和其他必需品。6世纪的君士坦丁堡没有亚马逊金牌会员服务。没有充足的卡路里可以储存，长时间的冬眠是不可能的。但在历史的长河里，城市居民大部分时间都没有这样的储存。

对于大多数前现代社会的瘟疫来说，家庭隔离代价高且无效。和别人保持距离并不能保证与跳蚤和老鼠拉开距离；黄热病可以通过蚊子传播到被隔离的家庭。霍乱从排水系统渗出，袭击躲在家中的人们。正如我们稍后将要讨论的那样，整个传染病理论在 19 世纪受到质疑，部分原因是保持社交距离对预防黄热病和霍乱的作用微乎其微。

第三种和第四种保持社交距离的措施更有效、个人成本更低，且拉开的隔离是物理上的空间而不是人。第三种，也是更常见的策略，是在社区周围建立隔离屏障，以期阻止疾病进入。第四种策略是在瘟疫源头周围建立屏障，阻止疾病传播。在本章的最后，我们将讨论在未来任何流行病的源头周围，设置这样一个警戒线的可行性。

对于长期接受自主性教育的人来说，从地方和社区的角度来思考问题是很不自然的。我们期望社会政策和产品能够满足各自的特殊需求，而不是满足超越个人的社区。但是，传染病使社区变得至关重要。渗入一个社区的任何疾病都可能感染社区内任何人，这意味着制定良好政策的时候，必须更加关注社区。我们将反复讨论这个主题。

检疫的发明：杜布罗夫尼克和威尼斯

查士丁尼瘟疫导致贸易崩塌，城市萎缩成小镇。罗马人口从凯撒大帝时期的百万降到千年后的 30 万。人们退缩到一个个自给自足的乡间孤岛，疫情随之消退。可以肯定地说，中世纪农奴的身体健康堪忧，营养极差，且卫生条件更加糟糕。传染性疾病很多，但都没有演变成大的疫情。欧洲中世纪的农民对这些传染病一点儿也不陌生。

贸易活动在地中海及布鲁日和吕贝克等北部城市逐渐出现。欧洲城镇之间的联系加深，并通过君士坦丁堡延伸到丝绸之路。到了 13 世纪，欧洲已经置身一个贸易网络，可以将奢侈的面料和香料运送到很远的地方。威尼斯和达尔马提亚的杜布罗夫尼克等城市是该网路的关键节点。但是，一个可以移动成捆羊毛的网络，也可以把携带鼠疫杆菌的老鼠和跳蚤捎带出去。

杜布罗夫尼克风景如画，其红色屋顶和坚固的城墙，作为《权力的游戏》电视剧中君临城的标志，为千百万观众熟知。然而，历史上的杜布罗夫尼克城遭受的冲击，要比虚构中火龙带给他们的冲击大得多。在后来半个多世纪里，这个冲击成功地把东西罗马联系在一起。杜布罗夫尼克崛起于查士丁尼瘟疫以后，是对拜占庭帝国大部分领土攻城略地的结果。来自一个古老罗马城市的难民，在早期斯拉夫人入侵之前，逃离出来并建立起一个避难所，由山脉和水道作为其保护屏障。欧洲在 750 年后的几个世纪中复苏，当时已经改称拉古萨的杜布罗夫尼克随之发展成为一个港口。这座城市直到 1205 年一直处于拜占庭松散的控制之下，是古罗马帝国与意大利大地上不断发展的城市之间的联系纽带。

威尼斯海盗在第四次十字军东征期间终结了拉古萨的独立。从某种意义上讲，威尼斯是拉古萨的加强版、扮演着连接东西方的最佳角色，也是东地中海最大的贸易强国。1204 年，威尼斯人与十字军携手攻下君士坦丁堡，并征服了罗马帝国的残余势力。威尼斯人及其十字军的盟友，攻占了基督教世界最大的城市并夺取了拜占庭的宝藏，譬如他们带回来的 4 匹青铜马，就安置在威尼斯市圣马可区的前边，为其增色不少。

拉古萨和达尔马提亚海岸的其余部分也成了他们的战利品。在 153 年里，拉古萨人，差不多像德利安联盟的城市向雅典进贡那样，也不得不向他们的威尼斯领主进贡。然而，拉古萨和威尼斯一样，是当时世界上治理最好的城市之一。拉古萨强大的组织机构，使其成为第一个西方的城市，面对流行病疫情，能够组织起协调一致的公共卫生应对行动。

黑死病沉寂了 500 年之后，在 14 世纪初重现亚洲。鼠疫耶尔森菌随后在中国的旧城中肆虐，沿着丝绸之路扑向君士坦丁堡并侵入拉古萨。携带这种疾病的跳蚤可以附着在老鼠身上传播，也可以随着像羊毛这样的织物直接传播，羊毛是中世纪商贸交易的大宗商品。在第二次黑死病大流行的头几年，欧洲可能有 1/4 的人口死亡。仅在 1348 年，拉古萨就失去了 10% 到 50% 的人口。瘟疫在 1357 年、1361 年和 1371 年再次袭击了这座港口城市。

但拉古萨人已经学会了如何保护自己。1363 年 5 月，当"关于意大利普利亚和马尔凯地区流行病暴发的消息"传来时，拉古萨的领导人决定"禁止来自这些地区的旅行者进入该市"，"同样地，也不允许拉古萨人前往这些地区"。人们知道了疾病源头的时候，特定地区的旅行禁令就可以发挥作用，尽管美国从 2020 年 1 月 31 日那天开始禁止中国人入境时，新冠疫情已经四处传开了。

旅行禁令实施 14 年后，拉古萨人采取了进一步的措施，即通过了第一个检疫条例："Veniens de locispesiferis non intret Ragusium vel Districtum"。该拉丁语的意思是，"来自鼠疫地区的旅行者不得进入拉古萨或其周边地区"。根据该规则设立了两个隔离点：

圣马克的嶙峋小岛和察夫塔特镇。禁止拉古萨人访问这些地区，更不允许他们携入食物。而且，通过巨额罚款来执行该禁令。

今天，人们早已对检疫习以为常，因而很容易忽视其初创时期的辉煌以及偶尔带来的好运。拉古萨人发现，瘟疫既可由病人也可由看上去健康的人带来。他们猜测，长时间的隔离会使瘟疫自生自灭。事实证明，两周就可以了，因为鼠疫的潜伏期通常在7天内。他们至少懂得让瘟疫受害者远离主要的人口聚居区。他们还实施了一套有效且易于执行的惩罚程序。英格兰到1663年才产生它的第一个检疫条例。

检疫的一个模式是把来访者用灌满水的护城河圈起来，这一方法被后世模仿了几百年。来自病原港口的船在进入马赛之前，必须在拉托诺岛上隔离一段时间。美国埃利斯岛一直都被用来隔离检疫移民，直到1954年才被弃用。在《教父》电影续集里，虚构的维托·柯里昂被诊断出患有天花后，移民官让他在该岛上度过了孤独的40天。

检疫隔离在完全开放和完全关闭贸易通道之间，提供了一个折中的方案。1377年之前，拉古萨把所有来访者拒之门外，但这也意味着中断了所有的商业活动。检疫可在减少疾病传播的同时，在某种程度上可以继续贸易。

入境的船舶及其贸易伙伴总是希望从速行事。隔离可以保障集体的利益，而加强联系又会让个人获益。个人利益和集体利益之间的这种分歧今天仍然十分显著。在新冠疫情期间，许多国家，甚至美国各州，都要求旅客在入境时进行自我检疫。但自我检疫很难执行，况且很多人无视规则是大概率的事情。

拉古萨人不仅建立了欧洲的第一个检疫区，而且组织了保护城市的集体力量，即选出公共卫生官员并赋予他们执行各种规则的权力。1390 年，该市任命了 officiales contra venientes de locis pestiferis（应对来自疫区之人的官员）。1397 年后，这些卫生官员每年选举一次；1426 年后，他们无偿任职。拉古萨和威尼斯一样，是个贵族共和国，其领导人，包括负责抗疫的那些人，几乎都是世袭贵族。威尼斯在 1486 年效仿拉古萨，"到 16 世纪中叶，意大利北部所有主要城市，都设立了永久性的官职，负责公共卫生事务"。

拉古萨最终将登陆的旅客的隔离时间延长至 40 天。意大利语表示 40 的"quaranta"于是就成了检疫"quarantine"的词根。选择 40 天作为检疫的期限并非基于科学认知，而是来自《圣经》的典故：毕竟，耶稣在旷野流浪了 40 天、摩西在西奈山的云层中度过了 40 天、挪亚在他的方舟上行驶了 40 天，而以色列人在旷野上漂泊了 40 年。这些保持社会隔离的模式，似乎将检疫置于坚实的精神层面上了。

威尼斯人以耶稣的门徒及好友拉撒路的名字，来命名他们用来隔离的岛屿，称其为拉扎雷托。在漫长的历史长河里，这座岛屿不仅容纳了来访威尼斯的人，也容纳了生病的威尼斯人。威尼斯人在 15 世纪就采取了社会疏离的措施，不仅检疫来访者，还把自己的病人送到他们的"拉扎雷托"。有时，"城市内一个区一个区地被隔离了"。就像在 2020 年那样，人们的行动受到法令的限制，"妇女和儿童"被"限制在家中"或"被禁止离开教区"。至于通过如此严苛而区别对待的限制措施是否拯救了生命，那就不得而知了。

说到威尼斯，人们必然会联想到医生通过使用防护用具来保持社交距离。防疫医师的喙形杯罩式口罩是当今威尼斯狂欢节的一大亮点。然而，人们往往把该面具的发明归功于查尔斯·德·洛姆。他是17世纪早期的法国宫廷医生，显然十分聪明，居然能够琢磨出一个防护设备来。医疗专业人员佩戴后，可以增加在疫情大流行中幸存下来的机会。

威尼斯通过其派驻"在地中海的领事每日通报的信息网络"，以及通过"彻底盘查到达威尼斯港口海岸的水手"等手段，将他们的检疫系统更具针对性。不管哪里暴发鼠疫，威尼斯当局都想了解该疫情的情况，并立即对暴露于鼠疫的船只进行隔离。进入21世纪，要想建立起成功的缓冲地带，就需要有一个更加复杂的早期预警系统。

本书反复出现的主题是，减缓疾病的传播需要医学知识和有效的政府措施。实施隔离很困难，因为私人利益与社会利益不一致。一位15世纪的拉古萨商人，希望尽快将他的货物运进城市，而不想在岩石林立的岛上待上个把月。17世纪的威尼斯病人宁愿待在家里，也不愿被送往瘟疫防控医院。很多美国人宁愿选择在8月份参加南达科他州的斯特吉斯摩托车拉力赛，也不想躲避在什么地方。威尼斯和拉古萨能够隔离得如此成功，恰恰是因为它们的政府在那个时候是最有效的。说实在的，在许多方面，这两个政府看起来都比美国或英国政府在新冠肺炎暴发时的表现要好。能力较弱的政府，更难实施检疫和社会疏离的措施。

为什么欧洲能在黑死病中幸存下来？

黑死病杀死了数百万欧洲人，但并没有终止欧洲的复兴。它以可怕的方式，增加了幸存的欧洲人人均拥有土地的数量，使他们变得更加富裕起来。这个问题我们将在第六章展开讨论。第一轮鼠疫耶尔森菌的暴发与第二轮的暴发最大区别之处，就在于每次暴发后发生的政治事件有所不同，这进一步说明，民间社会力量决定着灾害影响的大小。

一系列入侵造成社会动荡并击垮了西罗马的欧洲，第一轮黑死病便接踵而至。查士丁尼的秩序或许可以重建，但它的前程却风雨飘摇。此外，帝国的超城市化以及高度集中的统治模式，让帝国在给都城带来混乱的流行病面前变得特别脆弱。

第二轮鼠疫耶尔森菌袭来的时候，欧洲正处于分散、以防御为导向，且政治处于长期稳定的平衡状态。各个王朝稳固，封建秩序已经建立了几个世纪。汹涌而至的第二次黑死病没有倾覆这只已经稳定下来的大船。

公元550—1450年，欧洲人把过多的时间用在相互争斗上。他们开发了军事技术，如城堡，并从他人手里借来技术，如可能经丝绸之路来自中国的火药等。当苏莱曼大帝的奥斯曼军队于1529年抵达维也纳时，他们碰到了高墙，还有一支由西班牙火枪手和德国长枪兵组成的高度组织化的防御力量。

欧洲大陆的防御固若金汤，即使大疫过后，人口骤减，他们依然可以借助城堡抵御外敌。1300年—1400年，尽管死了数百万人，欧洲的边界几乎没有什么变化。瘟疫带来的后果纵然可怕，但欧洲的稳定意味着它的经济依然可以继续增长。把两轮黑死病拿来作比较，不禁让我们疑惑，2021年的世界，更像不稳定的540年呢，还是稳定的1350年？

在我们的印象里，欧洲人在1492年前的大部分时间里，都饱受输入疾病的蹂躏。修昔底德将雅典的瘟疫归罪于埃塞俄比亚。鼠疫耶尔森菌可能来自中亚,尽管有些人认为它起源于古老的欧洲。这种观点反映了欧洲历史学家对欧洲事件的偏重。也许6世纪的欧洲人通过一些被遗忘已久的贸易路线,将瘟疫传播到中非。可是,欧洲人从来不会记录这段历史。

但是,多亏了一位方济各会的传教士,给我们留下一份书面记录,详述了西班牙人是如何把一种可怕的流行病一股脑地传染给阿兹特克人的。"天花袭击印第安人后便猛烈暴发,蔓延整个大地,以至于在大多数省份里,都有超过一半的人口死去"。新西班牙(墨西哥)虽然"人满为患",但在西班牙人到来之前却"从未见过"天花。人们没有免疫力,而他们同常比较健康的习惯,比如集体洗澡,更助长了这种疾病的传播。

1633 年,朝圣者威廉布拉德福德注意到,天花对马萨诸塞州的美洲原住民造成了巨大损失:"他们感染了这种疾病,一个接一个地倒下。结果,人们都无法互相扶助,他们无法生火做饭、无法取水解渴、也无法埋葬死者"。有人估计,多达 90% 的土著人口死于来自欧洲的疾病,这让少数早期殖民者更容易在北美定居。殖民者使大部分非城市化的北美人口,暴露于已经在欧洲城市传播了几个世纪的各种疾病。

隔离失败之时:黄热病狂虐费城

18 世纪和 19 世纪期间,是个前全球化的时代。新的流行病随着快船传播,让欧洲人一次又一次地采取了隔离措施。正如我们的现代旅行限制几乎没有将新冠疫情排除在美国和英国国土之外一样，那些早期的隔离措施，既没有阻住黄热病也没有挡住霍乱。费城黄热病的教训告诫我们不要过度依赖旅行禁令。它还提醒我们，其他方面的投资，如该市的公共供水系统，却可以在流行病突破警戒线后帮助人们生存下来。

帆船把各大洲连接起来。随之，更多的疾病也在全球蔓延开来。横渡大西洋的欧洲人又将美洲的疾病带回了欧洲。梅毒似乎就是一个典型的例子。由于非洲成为三角贸易路线的一部分，黄热病等非洲疾病也掺和了进来。黄热病是一种虫媒病毒，由受感染的蚊虫而不是空气中的飞沫传播。该病毒和携带其病毒的埃及伊蚊，都被认为来自非洲。尽管自1937年以来就存在一种有效的疫苗，但这种疾病每年仍杀死成千上万的人。

几个世纪以来，贩运奴隶的船舶，通过可怕的中部航道，把水桶和作为货物的人从非洲运送到美洲。木桶为埃及伊蚊栖息提供了绝佳的环境。因此，这些致命的昆虫大摇大摆地横渡大西洋，还经常在中途杀死它们的船伴。黄热病在美国热带地区流行，并从1691年到1761年定期向北传播到美国城市。然而，在此后的30个年头里，这种可怕的疾病不仅离开了美国，还远离了加勒比大部分地区。

历史学家比利·史密斯在其《死亡之船》一书中，讲述了一个黄热病杀回美国而导致大批城镇居民死亡的故事。他说，18世纪的伦敦咖啡馆，是知识分子保持联系的地方：位于圣马丁巷的老斯洛特咖啡馆为塞缪尔·约翰逊博士、托马斯·盖恩斯伯勒、约翰·德莱顿，甚至是早期的洲际旅行家本杰明·富兰克林等提供喝咖啡和获取信息的场所。在老斯洛特咖啡馆里，早期废奴主义者们还举办了一场引人注目的会议，他们空想出一个乌托邦方案。而这个方案，为这些空想家以及远在美国生活的成千上万的人带来可怕的灾难。

根据这个空想，在非洲的博拉马岛，也就是几内亚比绍的部分领土，为获得解放的黑奴建立一个殖民地。英国人将把该岛买下，并雇用当地的非洲人来帮助种植农作物。这个殖民地最终将被建成一个有利可图、完全没有强迫劳动的种植园。看上去，这一定是个绝妙的方案，它诞生于伦敦的一个雨雾蒙蒙的下午，唯有老斯洛特咖啡馆的咖啡和空想家们的梦想让其透出一丝温热。

这些人乘3艘船前往博拉马并在那里登陆。当地人最初发动了袭击，杀死了7名男子并绑架了8名妇女和儿童，但抱有理想主义的殖民者们前赴后继并最终买下这片土地。被掳去的妇女和儿童也大都被放了回来。可不幸的是，蚊子比非洲人更加致命，墓地里已无法埋下更多的死人。定居点随着黄热病的肆虐不断缩小，他们的汉基号船又横渡大西洋来到美洲，首先把热病带到加勒比地区，随后又带到了费城。

1793年—1805年横行一时的黄热病疫情，给新建立的美利坚带来第一个重大的健康危机。这个疾病的暴发标志着围绕该病性质进行激烈辩论的开始，这场争论在一个世纪里，把医学界最优秀的思想家们分裂成两个营垒。

有两种关于流行病的理论。瘴气理论强调疾病来自"糟糕的空气"，即瘴气，而这样的空气是由恶劣的环境条件造成的，包括恶臭的水源和受污染的大气。瘴气理论家呼吁修建渡槽、消除污物。传染理论则注重人与人接触的风险，强调隔离的重要性。事后看来，传染病学家的理论，从科学的角度看是正确的。但瘴气学派的政策建议常常是完全合理的。污物虽然不会引起鼠疫，但清除了污物也就除掉了老鼠，那么减少污物的政策肯定就是有益的。

著名的本杰明·拉什博士是《独立宣言》的签署人、大陆军外科医生、宾夕法尼亚大学教授和"美国精神病学之父"。他是美国早期最杰出的瘴气理论支持者。拉什年轻的时候曾治疗过黄热病患者，当 1793 年黄热病在费城暴发的时候，他已熟知该病的症状。他把家人送到了城外的安全地带。其他两万名费城人也为躲避疫情，逃离到乡下。拉什留下来与疾病作斗争，但尽管他使出了浑身解数，黄热病还是杀死了该市 1/10 的人口。

拉什是 18 世纪美国杰出的医生，但他在黄热病流行期间犯的错误与他的取得的成功同样让人瞠目结舌。拉什居然相信非裔美国人不易感染黄热病。他说，"现在在我们城市流行的恶性热病，黑人在任何情况下都没感染过"。因此，拉什强调"雇用黑人来护理和照顾感染这种发烧的人是安全和适当的"。费城的非裔美国人社区热烈响应他的号召，为了公共利益，投入到抗役的洪流中。不幸的是，拉什大错特错，英勇的非裔美国人护理人员成批地死去。

拉什医疗黄热病的方法包括大量放血，让患者服用大剂量的汞。第一次放血的尝试没起作用，但他还是让血从更多的人那里放出来。他又错了，然而有趣的是，他对疾病传染的观察则对错参半。拉什对传染理论不以为然。1804 年，他写道："我们反复尝试将病人与健康人分开却无法阻止黄热病的传播"。他还写道，"黄热病经常在我们城市中彼此相距遥远的 6 个地方同时暴发。"因此，"说黄热病具有传染性""不仅是错误的而且也是非常荒谬的"。其实，黄热病"只能在被腐烂动植物散发出的恶臭污染的

城市之困

大气中传播"。出于这个原因,他认为隔离不仅是"不必要和无效的",而且也是极其邪恶的。

拉什不是不讲究科学。他的结论来自他对费城黄热病传播的大量观察。对他来说,该病似乎没有传染性,当然,它根本不会通过人类密切接触来传播。

在这场围绕黄热病的辩论中,是美国第一任财政部长亚历山大·汉密尔顿,成为拉什的劲敌,与其形成鲜明的对比。来自加勒比的汉密尔顿,根据自己的经验,提倡使用该地盛行的"树皮和酒的疗法",即使用奎宁树皮和稀释的马德拉酒的治疗方法。假如费城暴发了疟疾,那么使用奎宁治疗是没有问题的。可奎宁对黄热病没有任何疗效。马德拉酒除了可以提神外也没有什么医用价值。

隔离会失败,要么因为漏洞百出,要么因为实施得太晚,就像美国,开始实施旅行禁令的时候,密切接触过新冠肺炎病毒的旅行者早已充斥各条大街。费城的隔离措施和隔离区的失败,两个原因可能都有。蚊子可以在水面上飞行数百米,因此黄热病隔离所需的距离要比鼠疫隔离所需的距离大得多。1793年受感染的蚊子是不是从检疫的船上传播到陆地,我们不得而知,但这种可能性是有的。

更要命的是,当该市准备在1793年决定实施隔离时,蚊子已经在全市范围内扎下根来。该城行动太迟了,蚊子已经找到了很多人类宿主。当霜冻阻止这些害虫飞行的时候,由它们传播的流行病也就暂告一段落,但这并不意味着疾病已经结束。到了春天,即使船只被检疫,疾病也经常死灰复燃。黄热病和寨卡病毒都可以从受感染的埃及伊蚊传染给它们在春天孵化出来的后代。

结果费城遭受疫情多年的折磨。从某种意义上说,拉什是正确的,这片土地已成为传染病的源头。

到了1901年,沃尔特·里德终于探得黄热病的真正奥秘。里德是美国陆军黄热病委员会的主席,该委员会成立的目的是对黄热病展开调查,因为这种疾病在美西战争期间和之后给美军造成了可怕的损失。里德本人正在测试一个他认为是古巴医生卡洛斯芬莱的假设,后者在1881年提出了蚊子携带传染病的想法。

虽然本杰明·拉什对黄热病的理解是错误的,但他提出的更加宽泛的政策则影响巨大。事实上,费城之所以能够成为美国供水系统的先驱,正是因为本杰明·拉什误解了黄热病的病因。更好的卫生条件,意味着消除了容易滋生蚊虫的积水。瘴气学派强调城市清洁。即使清洁并不是防止传染病的万全之策,他们的建议也总是有些道理的。

尽管瘴气理论盛极一时,隔离检疫依然通行,部分原因是无可奈何,因为实在没有其他可行的办法。在美国南部,黄热病季节性暴发已是既成事实。在暖冬地带,受感染的蚊子,不仅它们的后代,就是它们本身也可以存活到春天。在黄热病暴发期间,偏远的社区实施"强制隔离",禁止任何人进入其管辖范围,从而扰乱了整个南方的商业活动。这种地方隔离措施代价高昂,导致刚刚与联邦政府发生过内战的南方人,要求联邦政府对隔离政策进行更多的管制。

费城把隔离和阻止人员流动的政策在实施中呈现的局限性暴露无遗。疫情一露苗头,就得立即实行隔离,而且必须严格。实施不到位,甚至晚上十天半个月,都会让隔离的效果荡然无存。令人担忧的是,在现代世界里,也许将永远无法依靠阻止人员流动来抵御未来的疫情。

费城的尝试在悲观中给人们带来一丝希望。科学失误（瘴气理论）和常识（干净的水是好的），两者相加的结果，让该市投资了公共供水系统，使其能够更有力地抵御未来可能暴发的流行病。我们生活的当今世界，永远无法确定能否阻止下一次疫情再次暴发。因此，我们需要尽可能健全的卫生系统和尽可能强健的体魄，这样才能在未来抵御新的传染病的来袭。

在16世纪和21世纪里使用防疫线来限制疾病传播的做法

隔离区可以预防疾病并把健康的社区隔离开来。而那些由地方各自为政的强制隔离措施，设置了一个个迷宫般的障碍，切断了从一个健康社区到另一个健康社区的安全旅行通道。成本低得多的隔离方式，应该是将疾病封闭在隔离区内，而不是把它挡在外边。但这样做，既需要建立强大的预警系统，又需要有能力建立一堵无形的高墙，把人们封闭在被疾病侵袭的城市里。

1523年，瘟疫在马耳他的比尔古城出现时，派警卫去阻止任何人离开。这种疾病似乎一直被封锁在了城墙之内。300年后，为了应对拿破仑时代后期暴发的瘟疫，马耳他人试图通过封锁他们的大城市来重复这一做法。然而，这一次他们的行动慢了一拍，没能阻止住疾病的传播。

英格兰德比郡的伊姆村实施自愿隔离的英雄壮举标榜历史。1665年的伦敦大瘟疫暴发期间，跳蚤随着衣物，从伦敦寄到伊姆村里一个裁缝的手里。随着死神的降临，两位神职人员，一位是受过剑桥教育的英国国教教徒，另一位是信众更多的清教教徒。他们勇敢地敦促村民们将自己与外界隔离开来。他们与附近的德文郡伯爵做出安排，由他们运送食物，而村民则通过"醋池或溪流付款，以防止疾病的传播"。瘟疫夺去英国国教牧师妻子的生命。根据一些说法，伊姆村的"330人中有259人失去了生命"，却让村外更多的人幸免于难。

瘟疫暴发期间要实施自我隔离，得需要自我牺牲的精神，而这种精神力量是人们听了很多清教教义的宣讲后自然获得的。而在大多数情况下，封锁一个地区需要用强力压制，因为城镇居民会拼命逃离。1793年黄热病流行期间，通往费城的道路和桥梁被费城以外的人们封堵，以便遏制该疾病的传播。即使如此，还是有两万费城人逃出城外。

隔离区给要进入该区域的人设立再进入的等待期限，而防疫线是为防止潜在患病者溜出疫区而设立的屏障。国界是最自然的防疫线。1770年，玛丽亚·特蕾莎皇后封锁了与奥斯曼帝国的边界以阻止瘟疫的蔓延。1821年，黎塞留公爵沿着比利牛斯山脉封锁了法国和西班牙之间的边界，以防止黄热病从巴塞罗那向北传播，防疫线这一术语，在那次行动中首次使用。在新冠传播时期，各国也可以轻松地实施国际旅行禁令，这样做至少可以阻止新冠病毒新的变种在全球传播。

对人员流动的非自愿限制更加困难。2020年，中国第一时间采取措施有效遏制了病毒在国内的传播。但中国政府远比西方政府更加具有权威。同样，铁托元帅通过强制接种疫苗和遏制措施，阻止了天花在南斯拉夫的传播。铁托并不受一系列民主程序的约束。

城市之困

建立维护全球健康安全的多国机构

我们可否想象一个能够在 21 世纪阻止流行病传播的预警系统？挑战在于，提前封城既要把可怕疾病已经到来的消息广而告之，又要在整个城市周围设置防疫线来展现封锁的决心。开放社会擅长传播信息，采取行动的自由却受到限制。如果要让封城奏效，我们需在这两个制度中取长补短。我们谨在这里提出四个可能会有所帮助的想法。

首先，创建一个国际规范，要求并奖励有关新疾病的信息共享。可以从医疗标准入手。如果每家医院都根据规范与国际社会建立某种联系，而且这些成员国的医院都按照要求对信息共享做出承诺，那么掩盖新疾病的趋势也许会得到抵制。

其次，信息共享协议应得到国际组织的认可并通过签订的条约获得大家的一致同意。每家医院都应至少配备一名受过培训的官员，可以将任何新的传染病的出现报告到全球监测系统中。全世界的科学家都可以监测该系统。例如在美国，各州的法律规定，某些传染疾病要通知给州政府；各州再将有关数据转给联邦疾病控制和预防中心。这样一来，有关任何新传染病的信息都会传播给有关当局。国际上也可以如法炮制。

再次，各国需要做好迅速关闭国际旅行线路的准备，不仅要关注直接传染源，还要关注间接传染源。建立一个有效的系统，有助于在全球的监测系统报告新的疫情，然后立即筛查出来自疫区的国际旅行者。该系统将对疫情实施积极的监控，有时候甚至可以把为高风险行为开绿灯的国家排除在外。与流行病易发地区的互动越多而不是越少，犯错的概率才会越低。

最后，各国需要建立把受疫情影响的地区隔离开的制度，但实行时必须尊重基本人权和尊严。需要事先设计法律结构，并提供保障措施，疫情一旦暴发，就可以迅速实施。只有足够早地发现疫情的流行，这种隔离措施才有意义，但至少，各国可以在疫情出现之前就能采取相应的措施。

为了实施这些政策，需要在世界范围内建立一种新形式的全球卫生联盟。不幸的是，负责监测流行病传播的国际机构世界卫生组织（WHO）不能胜任这项任务。世界卫生组织成立于1948年，是联合国的一部分。总的来说，世卫的工作人员是卫生专业人员。多年来，它取得了巨大的成就，领导了消灭天花的斗争，并推动了儿童疫苗的接种。它目前正在致力于改善全世界获得优质医疗保健的机会。

然而，世卫组织应对疫情暴发的能力不足。

2014年，世卫组织迟报了埃博拉病毒。那年春天，西非暴发了埃博拉病毒疫情。世卫组织直到6个月后才采取公开行动。世卫组织当时是为了努力延缓疫情对世界较贫穷地区的经济的冲击。

有几个因素限制了世卫组织阻止疫情大流行的能力。应把与疾病作斗争视为技术问题。科学家需要判断新疾病的毒性，计算其可能的传播范围，并传播相关知识。世卫组织既把自己视为一个技术机构，又把自己当成一个讨论和辩论重大世界卫生问题的政治机构。政治和科学很难相容。

相比之下，诸如美国疾病控制和预防中心和美国国立卫生研究院、具有维护公共卫生职责的德国罗伯特科赫研究所和英国

城市之困

国家卫生研究所等技术机构,它们能够在科学的基础上运行是得到公认的。他们的决定是由遵循严格标准的技术专家做出的,因此得到了科学的认可。他们的资金并不取决于他们做出的具体决定。当然,如果他们没有做好自己的工作,利益相关者就会推动削减他们的资金,这也是显而易见的。因此,他们拥有其他政治机构所不具有的信誉。

世卫组织也没有调查权。该组织必须依赖当事国家提供的信息并接受该国可能对访问设置的种种门槛。

只要接受世卫组织的章程,每个联合国成员国都享有世卫组织的成员资格,因此,世卫组织具有与联合国大会同样臃肿的结构。与联合国一样,世卫组织几乎没有实权。世界面临疫情大流行的威胁规模之大,非要一个看起来更有实权的伙伴关系体而不是联合国那样的全球伙伴。

北约也许是技术导向的大国联盟中成功的例子。它的宗旨是"通过政治和军事手段保障其成员的自由和安全"。然后将共同使命转化为战略概念,即集体防御、危机管理和安全合作。而秘书长通常是政治家,但军事领导人也会身居要职。

除了任务分散和行动范围有限之外,世界卫生组织的资金严重不足,并且需要不断地化缘。世卫组织每年的预算约为25亿美元,这些资金,必须兼顾全球流行病和所有其他有关健康的事项。美国一家大医院的预算都比这个要多。其结果是,把应该花在大规模免疫上的资金,挪用到预防疫情大流行上了。北约的年度预算与世界卫生组织的预算大致相同,而其任务要小得多。即使是资金严重不足的疾病控制和预防中心,其预算也是世界卫生组织的3倍。美国食品药品监督管理局的预算是其两倍。

最后一个问题是，世界卫生组织的决策过程，并非为快速行动而设计。世卫组织理事会34名成员，来自全球6个地区，主要运转的决定都是由代表所有成员国的世界卫生大会作出。这样的共识机构，其运作通常基于"最小公约数"，联合国就是一个典型的例子。

有趣的是，它也是以协商一致的模式运作。即使在各个委员会中，所有的决定都必须一致作出。这可能不是改造后的世界卫生机构的最佳模式。不同之处在于，它的主要决定早已提前作出，譬如，一个国家受到攻击怎么办？它的宪章宣称，攻击一个国家就等于攻击所有国家。因此，潜在的侵略者要想发动军事攻击，它的反应如何，它们是明白无误的。

一个更好的国际流行病组织必须从少数几个从属于该组织的国家开始，以保持其目标和治理的清晰。这个组织必须把其注意力集中在防止传染病在全球传播这一目标上。一定要讲究科学；必须暴露所有助长流行病的做法。该组织必须具有不受约束的调查能力。未能控制风险的国家必然承担后果。该组织必须有足够的资源。第二次世界大战后，西方创建了某种机构以实现集体防务。全球流行的疫情对人类构成同样的威胁，因此也需要大家作出同样的承诺。

即使有了这样一个机构，流行病仍可能发生。风险永远不会为零。在本章中，我们关注了城市脆弱性的第一个来源。城市是全球网络上的节点，它们为任何新的疾病提供了入境口岸。由于这种脆弱性涉及跨国联系，因而无法由城市自己解决，毕竟，市长议会无权谈判管理跨国人员流动的条约。建立一个维护全球健康安全的多国机构则会为城市更加安全地抵御外来的疾病感染提

城市之困

供了一条途径。

接下来,我们要讨论第二个脆弱性的来源,即传染病很容易在人口密集的城市和贫民窟传播。在19世纪的西方,各个城市的政府依靠自己的力量设法减少了疾病的传染源。在贫穷的世界大都市中,这种脆弱性依然存在。当今世界,像印度贫民窟或中国海鲜批发市场这样的地方很容易滋生疾病并传播到世界各地,因此,富裕国家必须帮助贫穷的城市加强自我保护的能力。

第三章

城市的排水系统与健康

2020年春,世界既孤立又团结。每家每户都与自家人聚在一起,而且尽可能避开外人。然而,整个世界都面临着同样的流行病。卡拉马祖和坎帕拉的母亲们,都为带孩子去看病是否会感染新的疾病而发愁。硅谷的软件工程师和西贡街头的小贩都戴上了口罩。毫无疑问,这种流行病对穷人更致命且经济损失也严重得多。我们将反复讨论这个主题。然而,最终没人会幸免于瘟疫的侵袭。无论贫富,每个人都面临恐惧、混乱和不适。

即使像大海啸这样的自然灾害,地理范围也是有限的。大多数战争仅限于少数参战国。即使是在第二次世界大战期间,南美洲和撒哈拉以南的非洲几乎也没有受到影响。但是像新冠疫情这样的流行病,则威胁着地球上的每一个人。疾病在全球蔓延,这一危险提醒我们,大家都是相互关联的,即使没有其他联系,我们却可以让彼此病倒。

如果在地球上最贫穷的地方出现的疾病会危及地球上最富裕的地方,那么富裕国家即使纯粹出于利己目的,也有理由出资以减少发展中国家的疾病。用西方援助的资金来改善撒哈拉以南非

城市之困

洲和印度的下水道不仅是人道的，也是符合西方自身利益的。新冠疫情造成了数万亿美元的损失。今天花费几十亿美元来降低发展中国家城市的疾病流行，未来就可避免为应对大流行病付出更大的代价。

我们在前一章提出了这样一个问题：是否可以在新瘟疫出现时切断国家与国家、社区与社区间的联系？与2020年初相比，我们也许能够在限制全球旅行方面做得更好，但我们永远无法消除新病毒悄悄地出现并溜进世界各个角落的风险。假如某一个国家，如美国或英国，试图永久限制前往疫情风险较高的国家，那么，疫情依然可以进入那些明显低风险但又敞开国门的国家。美国要是不彻底把自己封闭起来，是无法与外界隔离的。可那样做的结果，将意味着佛罗里达和加利福尼亚等度假胜地的工作岗位会大大减少，美国人也再难出国旅行。而且，要把货物运进美国也会大费周章。

包括霍乱和斑疹伤寒等，21世纪里袭扰世界上贫穷城市的这些传染病中，许多与19世纪里困扰西方城市的相同，但今天死于这些疾病的人数要少得多了。由于有了抗生素和口服补液疗法，我们的医学应急能力得以改善。然而，允许疾病出现并相信抗生素可以减少其危害的公共卫生思维，会导致具有抗药性的超级细菌的产生，这或许会导致世界上所有人口死亡。

我们将在本章关注19世纪的疾病，尤其是霍乱。我们同时还要关注为维护城市的健康而做出的努力。集体修建渡槽和下水道，可以说是20世纪之前政府工作所取得的最重要的成就。建设这种基础设施需要足够强大的机构来管理重大的工程并获得大量的融资。由于私人利益往往与社会利益背道而驰，城市的健康,也需要公共机构执行卫生法规去维护。这些机构需要获得足够的信任,这样,人们才能够容忍对违规的人实施应有的惩罚。

富裕国家也会从当今贫穷国家的卫生法规中受益,例如将人类与蝙蝠和猴子分开的规则。但是,较富裕的国家如何才能劝说巴西限制其农业的发展,不要侵入热带雨林蝙蝠出没的地区呢?抑或是,怎样才可以诱导亚洲国家关闭其海鲜批发市场呢?如果高收入国家要增加对贫困地区的公共卫生援助,那么,这种援助可能得和执行减少病毒传播的规则绑定。违规者得承受违规的代价,即被排除在旅行网络之外。

在19世纪的城市里,传染病的传播让美国富裕的城市居民意识到,他们需要关心较贫穷的邻居。在21世纪里,我们不仅与都市市民联系在一起,而且也与整个世界联系在一起。因此,我们就要加强干预的力度。如果我们想保持健康,就要确保世界各地的每个人都保持健康。关于这个问题,我们将在下一章进行讨论。

霍乱的来临

在19世纪初,有效的政府意味着大炮而不是渡槽。在接下来的100年里,公共部门越来越多地承担起限制瘟疫的责任,这是统治史上的一个转折。在1815年之前,君主主要因获得领土并保护臣民免遭征服而受到称赞。政府逐渐地开始为人民提供积极的东西。人们依然对拿破仑念念不忘,主要是因为他南征北战的辉煌战绩及其遭遇的灾难性滑铁卢。他的侄子拿破仑三世虽然战功赫赫。可后来的皇帝在1853年后对巴黎街道和下水道进行了现代化改造，让他的军功相形见绌。

我们称为罗登的弗朗西斯·罗登－黑斯廷斯，是1815年前军事化政府时代公共服务的缩影。他的曾祖父曾参加过早期英国政府对爱尔兰的征服，而罗登在唐郡长大。罗登通过购买军队委员会的手段，跟随他的先辈进入公共服务领域。他在邦克山战役期间领导了第三次也是最后一次英军的攻势，并可能亲自处决了约瑟夫·沃伦，让其成为美国自由之战的第一位烈士。然而，罗登在印度的冒险比在美国殖民地的冒险更加出名。

罗登于1813年前往印度，很快就卷入战争，先是与尼泊尔人交战，后又鏖战马拉塔帝国，后者坚决支持信奉印度教的印度。罗登集结了11万大军，到1817年11月上旬，他已经雄赳赳气昂昂地开进本德尔坎德山区。1817年11月13日，罗登报告说："在加尔各答和南部各省造成如此严重破坏的可怕流行病，也在军营中暴发了"。他知道，这是"一种霍乱病毒"，十分致命，感染上的人"如果不能立即得到救治，肯定会在三五小时内死亡"。

要了解这次霍乱疫情的暴发，我们必须暂时放下罗登的日记，先来看看英国殖民政府中一位资历较浅的成员撰写的报告。从他扮演的比较仁慈的角色，可以看出英国这个国家从仗剑打打杀杀，到利用污水系统去保护他人的转变轨迹。在1820年，将军和医生孰重孰轻，从罗登和詹姆斯·詹姆森死后的待遇，便一目了然：罗登将军被大张旗鼓地埋葬在一个美丽的马耳他花园中，而詹姆斯·詹姆森医生的遗体，却被埋在加尔各答一个沼泽般杂草丛生的墓地里。他的纪念柱上写着："纪念医学委员会秘书、外科医生詹姆斯·詹姆森先生。他于1823年1月20日去世,享年35岁,因其才华和学识而受到普遍尊重,并因每一项社会美德而受到赞誉"。詹姆森英年早逝,可能死于霍乱,身后撇下他23岁的爱尔兰妻子。

而他今天之所以为人所知,主要是因为他于1820年写的《关于流行性霍乱病的报告》。这位年轻的医生向印度各地的医疗专业人员发出了238份问卷,询问他们对这种疾病的体验。就像任何严肃的社会科学家一样,詹姆森对调查的低回复率感到遗憾。而事实上,他通过通信的方式收到42%受访人认真的答复,考虑到霍乱疫情的蔓延,以及1819年印度道路交通的状况,这个结果是相当不错的。

詹姆森认为,在1817年之前,霍乱一直是"孟加拉国的地方性流行病",仅发生于"一年中特定的时段""仅限于特定的地区""通常致死率不是很高",而且"它袭击的主要对象只限于下层阶级的居民;他们的体质因贫穷、粗糙的饮食、在阳光下艰苦地劳作而变得虚弱"。像霍乱这样的疾病,显然已经在恒河三角洲附近存在很长时间了。1543年,葡萄牙商人报告说,远在印度的果阿前哨暴发了霍乱。但詹姆森的温和描述表明,这种早期形式的孟加拉国霍乱,可能与1817年后摧毁印度的可怕霍乱弧菌不太一样。

詹姆森的描述抓住了这次新疫情的可怕之处:"那个月(8月)的28日,向政府提交了报告,这种疾病突然在位于恒河三角洲人口稠密的小镇杰索尔暴发并流行起来;该疾病不分青红皂白地攻击所有阶层的人;每天杀死20—30人。与此同时,居民们对这个莫名其妙且极其危险的疾病感到惊诧和恐惧,他们成群结队地逃离这个地方,因为逃离是他们躲避即将来临的死神的唯

城市之困

一手段"。詹姆森指出："这种疾病明显是在河水中随波逐流"，这可能意味着，这种疾病要么存在于水中，要么经由水路的旅客携带而来。

霍乱像死神一样光顾了印度人口稠密的地区，特别是农村。詹姆森写道："9月中旬之后，这种严格意义上的流行病，向四周蔓延开来；短短几周内，就从最东边的普尔尼玛、迪那加波和锡尔赫特一路传播到远在边界的巴拉索尔和克塔克；并从恒河的河口到达几乎和它与朱姆纳河交界处海拔一样高的地方"。一个月内，这种疾病似乎已经传播了500多英里，对一个把慢吞吞的牛车和船作为交通工具的地方来说，这个传播速度是相当惊人的。

像历史上大多数观察瘟疫的科学家一样，詹姆森对霍乱的传播大惑不解。他说："它立刻在各个偏远的地方同时暴发，没有表现出对任何一个地块或地区的偏好，也没有在其流行的链条中显现出任何规律"。恒河以东基本上没有受到影响，但达卡和巴特那却遭到灭顶之灾。这种疾病可能在传播过程中发生了变异，有时危害性降低，有时变得更加致命。詹姆森指出，"阿拉哈巴德（现在的安拉阿巴德）出现了一种新的瘟疫病株"，显然是在常规的传播中产生的。

这种疾病的新变种"起初并没有造成太大的伤害，但是，抵达黑斯廷斯侯爵亲自指挥下正在扎营的大陆军中央师后，情况就大不一样了"。侯爵是弗朗西斯·罗登的正式头衔。在罗登的将士中，"这种疾病以其最致命、最骇人听闻方式发威"。疾病和战争就这样纠缠在一起，一次又一次地出现在整个人类的历史长河中。

罗登和詹姆森都描述了这种疾病是如何从贫穷的印度人传

播到营养充足的欧洲人的。这与新冠病毒从高薪的生物技术研究人员或意大利度假者传播到贫穷的服务员和清洁工的过程正好相反。詹姆森写道,"然而,它以惯常的阴险方式在下层随军家属中徘徊了几天之后,仿佛在一瞬间获得新的活力,立即暴发,势不可当","老人和年轻人,欧洲人和土著人,战士和随军家属,都被它光顾;在其淫威下,几个小时内他们就不分彼此,一个个倒下。"到后来,霍乱"破坏性的传播速度超越了迄今为止已知的最致命的疾病"。

罗登的一些士兵们抱怨他们的供水问题:"有一种观点认为,水箱里的水,也是我们在这里唯一可以饮用的水,可能不卫生,加剧了疾病的蔓延"。他们的抱怨是正确的。而罗登却没有把握,他说:"我认为这个假设没有任何意义"。尽管如此,他还是开始把1 000名病人抬到帕胡吉河的水域。第二天,他报告说:"行军很可怕","自昨天傍晚日落以来,已有500多人死亡",其中包括他自己的10名仆人。

11月16日,霍乱的致命性开始降低。罗登解释了死亡速度放缓的原因:因为在首先感染了那些"易受感染"的人之后,这种疾病"对那些体质对其不大接受的人们减弱了,进而降低了传播速度"。霍乱和新冠疫情一样,容易感染有基础病的人。罗登写道,"这个疾病似乎更容易侵袭那些由于疾病或贫穷而体质虚弱的人们"。

大军终于在11月19日来到一条"宽阔而清澈的溪流","部队和随军家属有充分的理由感到欢欣鼓舞"。他们的乐观是有道理的。第二天,"迄今为止,发生了一个有利的变化,即与以往相比,很少有新的病人被送往医院,而且传染力似乎也没有那么强了"。从那时起,"瘟疫的强度减弱了"。罗登挺过了那恐怖的一周,并战胜了马拉塔人。他的成功开启英国对印度 130 年的统治。而在这 130 年的大部分时间里,这个次大陆经历了彻头彻尾的公共卫生灾难。在西方世界的城市里,医生会从军阀手中接过民事领导权,可是旧的剥削性体系依然在殖民地延续下去。

霍乱在 19 世纪反复地发生,杀死大约 3 500 万印度人。19 世纪 90 年代开始的第三次腺鼠疫流行期间,又有数百万印度人死亡。1918 年—1919 年,大流感在英国直接控制的印度部分地区造成超过 1 200 万人死亡,而诸侯国里死亡的人数更多。鼠疫和流感都是从其他地方传入印度的,可能经由英国来的船舶,但印度也输出了诸如霍乱之类的疾病,导致大批美国人和欧洲人死亡。在相互联系的世界里,一处发生瘟疫,其他各处都会遭殃。

随着疾病从恒河转移到伦敦和芝加哥,19 世纪的全球化与 21 世纪的全球化一样,给全世界人们的健康带来挑战。然而在西欧和美国,在卫生保健上大规模的投资和在医药研究方面的突破大大抵消了瘟疫的伤害。面对疫情,贫穷国家较偏远的地方纵然可以偏安一隅,然而人口密集,人与人接触频繁的印度依然容易感染新的疾病。可是英国统治者没有兴趣大规模地投资保护当地人的公共项目。

19 世纪居住在德里郊区公务员住宅区的英国精英们,获得干净的饮水并享有排放污水的下水道系统。20 世纪的英国人可以迁入一个种姓隔离、现代化、欧化的印度首都新德里。但在较贫穷的印度人居住的旧德里,"直到 1928 年,粪便和垃圾还被倾倒在城区里、沟渠里和靠近城镇的坑洼地里"。当时的德里和当下发展中国家城市所需要的,是对清洁水和下水道进行能够改变游戏规则的投资，这些投资主要是为了帮助富裕世界应对霍乱的侵袭。增加一些零星的，几乎微不足道的支出来购置新水箱或建造开放式下水道，无法保护 19 世纪的德里免受传染病的祸害，也无法保护 21 世纪的世界贫困大都市避免传染病的袭扰。一不小心，我们就连富裕国家里的人都保护不了。

霍乱西进

1817 年—1923 年，霍乱在全世界暴发了 6 次。1817 年，这种细菌在明显变异后传播到印度尼西亚和近东。第一次流行大概因为 1824 年那个异常寒冷的冬天而结束。

第二次大流行始于 1826 年，还是发源于恒河三角洲，登陆后穿越阿富汗山脉，并于 1829 年到达俄国。隔离和防疫线的措施沙皇实施得太晚且不均衡，因此无法阻止病魔夺走沙皇 10 万臣民的性命。政治信任早已荡然无存，导致阴谋论盛行，人们在暗地里议论说，这种疾病是医生和政府散播的。在瘟疫肆虐的城市里，起初的抗议演变成后来的骚乱，像极了 2020 年的美国城市。从未接受过俄国统治合法性的波兰人于 1830 年 11 月在华沙起义。

与罗登一样，罗曼诺夫王朝的沙皇们是传统主义者，是通过征服取得领主权力的，既没有意愿也没有能力去生产清洁的饮水。然而，他们却对放出军队去镇压臣民而乐此不疲。枪炮的硝烟结束了俄国因霍乱引起的骚乱和华沙的叛乱，但疾病却如影随形地跟着随沙皇的军队继续西行。

1831 年，英国对俄国的船只实施隔离，但沙皇的军队已经将

城市之困

霍乱传播到整个波罗的海地区，到 1831 年 10 月 8 日，这种疾病已经蔓延到汉堡。两周后，它通过隔离措施特别宽松的桑德兰市港口进入英格兰。

300 年来，英国人修建了纵横交错的道路和运河。300 年来，英国水手们以国王、国家和商业的名义探索了新大陆并征服了遥远的土地。然而，英格兰却还缺少应有的公共卫生基础设施来保护其免受洲际传播的致命细菌的侵袭。到了 1831 年，各国政府在隔离方面已有 400 多年的经验，但桑德兰"没有采取有效的预防措施，来自外国港口的船只来往于威尔河上，显然与以往任何绝对安全时期一样不受任何限制"。英国为自己的粗心付出了可怕的代价。从 1831—1832 年，超过 20 000 名英国人死于霍乱。伦敦失去了 5 000 多人。格拉斯哥损失了 3 000 多。

3 月 15 日，霍乱首次出现在法国的加来港，据推测是由躲避法国隔离的英国走私者携带的。24 日那天，该疾病袭击了巴黎。当时有消息来源报道，仅在 1832 年 4 月，法国就有超过 3.8 万人感染了霍乱，超过 1.6 万人死亡。同一消息来源说霍乱于 1832 年一共杀死了 9.4666 万法国人，这意味着，其死亡率是 2020 年法国新冠肺炎死亡率的 3 倍多。每 50 名巴黎人中就有 1 人死亡，在两个中心区，死亡率竟然超过 5%。

德国诗人海因里希·海涅目睹了这场恐怖疫情肆虐的一幕。就像在罗登的军队中一样，"霍乱显然首先袭击了贫困阶层"。就像 2020 年更富有的曼哈顿人一样，"富人带着医生和药物逃走了，躲避到对健康更加安全的环境"。奥诺雷·德·巴尔扎克、大仲马和乔治·桑的巴黎，闪耀着艺术的光芒，但同时对"金钱也变成防止死亡的保护措施"感到强烈不满。流行病袭击已经陷入内乱的城市会造成更大的伤害。巴黎人于 1830 年推翻了一位君主,又在春天霍乱肆虐之后的夏天再次设置了路障。维克多·雨果在其《悲惨世界》中生动地描绘了这次失败的起义。

纽约市对霍乱的应对

霍乱在 1832 年春天到达了新大陆。隔离区本可以保护北美免受这种疾病的侵袭,但同样,不给力的政府未能执行这些规定。加拿大的检疫站"只是将明显生病的人和看起来健康的人分开","立即允许后者继续入境"。美国的隔离措施比加拿大也好不到哪去。

我们的同事、著名的疾病历史学家查尔斯·罗森伯格写道,到 1832 年夏,纽约市郊外的道路"四通八达,塞满了拥挤的公共马车、涂装马车、私家车和骑马者,所有人都在惊慌失措地逃离城市。就像我们想象中的庞贝城居民,在红色熔岩倾泻而下时,仓皇逃离他们的房屋"。与 2020 年一样,只剩下"别无选择的穷人住在拥挤和肮脏的房间里,他们首当其冲地成为霍乱的受害者"。1832 年的霍乱疫情导致 3 500 多名纽约人死亡,占该市 22 万人口的 1.5% 以上。这一死亡率可能低于同年的巴黎,却是纽约市 2020 年新冠疫情死亡率的 5 倍。

在我们琢磨新冠肺炎疫情会对富裕国家的城市造成什么影响的同时,绝不应认为大流行会阻止贫穷国家特大城市的人口增长。19 世纪的美国城市比今天低收入国家的城市死亡率要大得多,但数以百万计的人们依然蜂拥而入。即使传染病不成比例地杀死了这些城市里贫民窟的居民,世界上的穷人仍然会迁移到内罗毕和孟买来，尽管他们感染新冠肺炎的频率肯定比他们富裕的邻居要高得多。

在 19 世纪，纽约市经过几十年的努力来控制稠密人口所带来的弊病，并让富裕的市民明白，加强城市的防疫力量需要集体的努力。约翰·雅各布·阿斯特赠送给喜欢阅读的大众一份豪礼，即后来的纽约公共图书馆。罗斯福总统的父亲老西奥多·罗斯福是美国自然历史博物馆、大都会艺术博物馆和儿童援助协会的联合创始人。而彼得·库珀亦借教育的力量让这座城市变得更加公平。

斯蒂芬·艾伦不如这些巨擘出名，但他对创造纽约的共同力量同样重要。艾伦从 1821—1824 年担任纽约市第一任民选市长，并"领导了 19 世纪美国所见过的最伟大的公共卫生举措之一，即重建纽约市的供水系统"。作为建造巴罗顿渡槽委员会的负责人，他促使政府从夺命向救命转型。

艾伦的父亲是一位"优秀和专业的"木匠，当艾伦只有两岁时，他在佛罗里达州为英国军队工作时死于黄热病。艾伦的母亲"同意"让他跟着一名制帆工学徒，在相当短的时间内，艾伦便成为这座城市里最成功的制帆工之一，当时正值该市迅速成为世界上最伟大的港口之一。1802 年，他的第一任妻子在他 35 岁时去世，"留下 7 个孩子，需要他教育和抚养"。他显然非常喜欢养育子女，以至于他再次结婚并生了另外 9 个孩子。

当托克维尔写到美国人"不断团结在一起"时，他可能是在描述艾伦。在他的回忆录中，艾伦列出了他任职的 15 个主要组织，从"美国圣经公会"到"纽约医院和精神病院"，再到"美国监狱纪律协会"等。与艾伦关系最紧密的组织是坦曼尼协会，他曾担任该协会的财务主管和主席,或者更恰当地说是担任它的大酋长。

150年来,坦曼尼协会——这架政治机器的职责是提供赞助,欢迎移民成为选民,偶尔也会把这座城市的财政掏空。当特威德老板统治坦曼尼协会和纽约市时,签订的每一份合同都在为该协会谋取非法利益。特威德法院的建筑,现在依然作为腐败的殿堂矗立在那儿。建筑商得到的款项大大超出他们的成本费,然后,他们又会把这大把大把的钞票作为回扣返回给坦曼尼协会。然而,极力主张清洁水源的斯蒂芬·艾伦是一个坚定的坦曼尼人。他称该组织"部分是政治性的,部分是慈善性的",并表示其目标是"教育人民坚持自由和人权的原则",同时,该组织也旨在"帮助弱势群体"等。

坦曼尼协会即使在那时也是一台政治机器,虽然它还不是特威德腐败的小金库,但艾伦似乎出淤泥而不染,没有受到该协会丑闻的影响。即使在霍乱肆虐的1832年,艾伦也热心游说创建坦曼尼银行,承诺"任何我能为促进老坦曼尼协会的利益而提供的帮助,我都会很乐意提供"。然而,如果说有一个人会特别讨厌坦曼尼协会的话,那就是纽约的政治家瑟洛·威德。在当选纽约州议员后,瑟洛·威德将艾伦描述为一个"头脑清楚、内心健全"的人,他给人"勤奋、智慧和正直"的印象。

艾伦的市长任期与1821年和1822年的黄热病暴发叠加在一起了,在1822年那个致命的夏天过后,艾伦接受了"引入优质和有益健康饮水"的公共卫生议程,因为它"关系着这座城市的健康和繁荣"。而这个目标应该"在完成之前永远不会被忽视"。作为市长的艾伦首先调查了"通往城市的最佳水源",可是没等到他能够做出一些事情之前就被免职了。在接下来的十多年里，曼哈顿的水基本上仍然不适合饮用。虽然费城在1799年启动了公共供水项目，并在15年后对其进行了改进，但纽约在很大程度上将其供水的业务委托给了曼哈顿公司，这是一家既没有明确宗旨，也没有足够资源来解决城市用水需求的私人公司。

亚伦·伯尔在亚历山大·汉密尔顿的帮助下创立了曼哈顿公司，他们确保一家自来水公司也能经营一家银行。由于银行业的利润大于清洁水的利润，该公司专注于贷款而不是铺设管道。这个公司的遗存今天仍在，即曼哈顿银行公司，后来并入大通曼哈顿银行，而后又并入了摩根大通。

当曼哈顿公司忙于银行业务时，艾伦继续推动清洁水的事业。1831年，纽约市共同委员会向奥尔巴尼提交了一份法案草案，要求允许在布朗克斯河建造渡槽。州议会拒绝采取行动。1832年，霍乱袭击了纽约市，让改善卫生的理由充分起来。

支持建造渡槽的人们动员起他们的政治力量。德维特·克林顿是建设过伊利运河的州长，他的一个儿子写了一份工程报告，极力宣扬从巴罗顿引水的渡槽的优点。小克林顿表示，该渡槽建设的成本会极小，收益却会出奇地大。他的报告为自那时起普遍存在的，对基础设施项目极度乐观的预测，提供了一个早期的模式。他们选举了前市议员和卫生委员会官员进入州参议院，以支持清洁水供水设施。他们把前市议员、卫生委员会官员迈恩德特·范·舍克选进州参议院，扛起了倡导清洁水的大旗。

1833年，纽约州州长任命斯蒂芬·艾伦为新的水务委员会委员。随后他被选为委员会主席，开启其辉煌一生的大业。渡槽之所以成功，是因为委员会有个一致同意的明确目标。该委员会的领导也很称职，在政界打拼了一生且专业知识过硬，并对雇员拥有"生杀"大权。有个具有实权而缺少些耐心的老板，往往是干成大事的先决条件。

艾伦实际上解雇了该项目的第一位工程师，一位杰出的西点军校教授，认为他行动迟缓。他钦佩这个人是因为他是个"成熟的学者""优秀的数学家"。但艾伦后来发现他"不具备实用知识"，"认为像开展纽约市如此重要的工作，这些实用知识是必不可少的"。很难想象今天会有一个政治任命的人物会质疑他的总工程师，但艾伦却对这个工程的每一个细节进行严厉的审查。他想要实际行动和一个新的工程师，这些他都如愿以偿。

渡槽于1837年开建。干净的水源需要5年时间才能输入城市，而艾伦在工程完成之前就已离开。1840年，出于政治原因，他被免去专员的职务。但范沙伊克仍然留任，监督该项目到1860年。他们的渡槽是一项令人炫目的成就，其成功既需要大规模的公共支出，也需要既有声望又有独立领导能力的带头人。巴罗顿水槽耗费了900万美元，这相当于纽约市连续六年赚取的每1美元中的4美分。

其他城镇开始效仿费城和纽约的模式。这本书的另一位作者卡特勒15年前与人合写了一篇论文，该论文通过不同城市作为自然实验引入新技术（如过滤水）的时机，随机抽样作为衡量标准，评估了19世纪美国清洁水对死亡率的影响。该论文得出的结论是，"主要城市引入清洁水的结果是，总人口死亡率降低了近1/2、产儿死亡率降低3/4、儿童死亡率降低近2/3"。收益与成本之比为23∶1，这使得清洁水的引入成为任何政府所能做的最佳投资之一。基础设施偶尔确实能够产生革命性的效益，政府是可以做出大的善举来的。

下水道系统也在变革。人们可能会认为，当一个城市建造下水道来清除污染当地水井的废物时，自来水就变得不那么重要了。我们的同事马塞拉·阿尔桑和克劳迪娅·戈尔丁的研究发现，情况正好相反，有了干净水，下水道才更有价值；而有了好的下水道；干净水才更有价值。健康需要关闭细菌进入人体内的所有途径，而不仅仅是关闭水源性疾病传染途径的一半。

在美国，下水道和供水系统一样，主要是扩大市政府公权力的地方投资。在英国，下水道受到国家领导人的支持并在议会中进行辩论。当泰晤士河变成一片恶臭的沼泽时，女王本人不得不中止她的游船之旅，紧靠泰晤士河的议会大厅也变得臭气熏天。伦敦大恶臭发生在1858年，当时是"有记录以来最炎热的夏天之一，由于超过200万居民的污水排入河中，泰晤士河散发出令人作呕的气味"。

在那个炎热和臭气熏天的夏天，伦敦的卫浴建筑大师约瑟夫·巴扎尔盖特已经被任命为该市大都会工程委员会的总工程师。巴扎尔盖特于1852年成为该市下水道委员会的总工程师，两年前约翰·斯诺博士刚刚解开苏活区霍乱的秘密。到了1858年，巴扎尔盖特有了解决伦敦垃圾问题的计划，但问题是缺乏资金。

大恶臭把伦敦的污秽问题摆在好心的大人物眼皮子底下。财政大臣、天才政治家、著名演说家本杰明·迪斯雷利接手了治理泰晤士河和修葺下水道的事业。1858年7月3日，他告诉议会：

> 这条高贵的河流，长期以来一直是英国人的骄傲和幸福的源头。迄今为止，它一直让人们想到的是，我们最崇高

的商业壮举和最美丽的诗篇。但现在，它真的变成了一条冥河，散发着无法形容，也无法忍受的恐怖气息，致使公共卫生危在旦夕。泰晤士河水域里几乎所有的生物都已消亡。人们自然会担心河边的生物也会同样遭殃。对瘟疫的担心一直弥漫在这座伟大的城市里。我确信，当我请求一项法案得到许可时，我只是采取了一个预期的步骤。我相信我会说服各位通过该法案，因为它旨在终止这一如此令人不满且如此危害公众健康的状态。

根据迪斯雷利的计划，治理费用最终由伦敦居民的财产税来承担。在富裕的城市，基础设施由其用户提供资金是应该的，但由于贷方不会将数百万美元交给工程委员会，因此，中央政府将为贷款提供担保。迪斯雷利确信成本不会低于300万英镑，也就是折合成今天的3.6亿英镑。

有了这些资金，巴扎尔盖特"建立了下水道拦截系统，保护伦敦的供水免受污水的影响，并使首都免于水传播疾病的进一步流行"。他建的下水道至今仍在使用，可以说，让修建伦敦的下水道得到资助，可能是迪斯雷利政治生涯中最大的成就。像英国这样由国家对城市卫生做出承诺，在美国历史上从未有过，今天依然不会有。英国2021年初加速推出了疫苗，这部分地反映了国家掌控卫生工作的能力，即无须与50个不同州的政府扯皮就能设计和执行一项计划。

要确保美国城市的安全，政府和公共财政方面就需要一场革命性的变革。克罗顿渡槽和伦敦下水道的成本的确很高，但为了让水清洁起来，这个成本并不过分。20世纪之交，美国联邦政府只是在邮政和军队方面的开支高出其处理城镇污水和提供清洁用

城市之困

水的支出。这样高额的支出之所以成为可能,是因为市政债券市场已经发展壮大,而且城市可以获得1858年时并不存在的源源不断的外部投资,而巴扎尔盖特当年借款的时候,得需要迪斯雷利做他的后盾。20世纪初的变化,既反映了金融日益全球化的性质,也反映了美国地方政府可以说服债券购买者相信政府有偿还的能力。地方政府可否具有力挽狂澜的力量,就要取决它们是否有强有力的集体领导、良好的工程经验和审慎的财政思路。

在某些情况下,城市可以让市政自来水厂直接归其所有。密尔沃基以其成功的"下水道社会主义"而闻名。在其他情况下,水是由准独立的公共实体提供的,例如克罗顿渡槽委员会。这些独立的组织可以跳脱公务官僚机构的规则,也可以避免掉进市政腐败的深潭,但他们必须有像斯蒂芬·艾伦这样的杰出能人来掌舵。当治理不善的国家以及美国各州建立"独立"的半国营企业时,这些企业配备了不称职的亲信,那么它们只会为民选官员提供指责别人的借口。当治理不善的国家或美国的州建立起所谓"独立"的准国营企业,并让把大量不称职的亲信安插到里边去的时候,这些企业只会为民选官员提攻讦别人的借口。

私营供水公司也可以发挥作用,但需要监管。私营业主需要降低成本,但如果公民或政府对他们的业务失去监管的话,他们会偷工减料。经济历史学家维尔纳·特罗斯肯的研究表明,私营水务公司刻意为非裔美国消费者提供不尽如人意的服务。为穷人提供清洁用水并不是一项自然有利可图的业务,这就是曼哈顿公司宁可在银行上花更多时间也不愿意铺设水管的原因。

人们觉得,当公共部门薄弱时,私营部门就应该介入。但这个结论往往是错误的。设想一下,一个公共监管机构为一家私营供水公司规定其向客户收取费用的多少。假如公共部门的监管力度大，这种安排可能会起作用。如果公共监管部门稍微手软，那么，这个私营公司将舍不得在质量上投资，还会说服政府允许其提高收费的标准。如果公共监管部门完全无能为力，那么它最终会用巨额税收来补贴这个私营公司，最后导致用户的水龙头依然流不出水来。

关于公共供水还是私人供水，甚至是任何公共服务，都没有绝对的规则。生产的本质应该由能力而不是意识形态来决定。就发展中国家或其他任何地方的供水系统而言，公营和私营从本质上讲谁也不会更胜一等。正确的答案是残酷的，也就是务实，即选择公营还是私营机构要因地制宜。有时，成本效益尤为重要。在这种情况下，私营公司更具优势。有时要紧急为最需要洁净水的人供水，在这样的情况下，公共实体会更加称职。

激励措施和基础设施：斯蒂芬·史密斯博士和卫生理事会

今天的撒哈拉以南，在好心的捐助者的帮助下建造了疏水管道系统，但希望普通住户支付最终的连接费用。安装连接设施的成本可能超过 1 000 美元，这对于像赞比亚这样人均年产值不到 2 000 美元的国家来说是一笔不小的数目。因此，较贫穷的家庭就无法连接到该系统。这是最终难题。比起水来，人们更不愿为下水道买单了，因为倾倒出去的废物，流到相邻的社区，由他们承担了大部分费用。一个健康的城市，需要制定政策来确保人们愿意为保护其他所有人的服务设施付费。

在克罗顿渡槽建成后的 25 年里，纽约市也面临着最终的难

城市之困

题，而且其市民还在继续死于霍乱。第二次致命的霍乱疫情持续流行了很多年。1846 年前后，第三波霍乱再次出现在印度，并蔓延到世界各地。虽然第二次大流行对英国的影响相对较轻，但这第三次仅在 1853 年和 1854 年这两年期间，就杀死了 10 000 名伦敦人。

在第三次霍乱暴发期间，约翰·斯诺博士正在与苏活区的穷人一起工作，并解开了霍乱之谜。他发现，病例都聚集在一个特定的水泵周围。他注意到不喝这个水泵的水的啤酒厂工人并没有生病。他卸下了水泵的手摇把后，附近的霍乱疫情就随之结束了。这个简单的实验让他得出霍乱是通过水来传播的结论，他的成功奠定了流行病学。当然，斯诺实际上并没有看到霍乱细菌，而疾病的细菌理论要等到半个世纪后才能被普遍接受。尽管如此，1854 年之后，越来越多的医生相信水与霍乱之间存在着联系。

1849 那年，巴罗顿渡槽早已竣工，在大西洋彼岸，超过 5 000 名纽约人死于霍乱，其中就有格莱泽的曾曾曾祖父詹姆斯·阿什利博士。连接到克罗顿渡槽系统很昂贵，可是大多数纽约人都很贫穷。曼哈顿各处散布着 2 300 多个免费水栓，但因为沉重的水难以肩挑手提，所以移民家庭还是继续使用浅井和坑式厕所，使得霍乱在他们当中继续作乱。19 世纪 50 年代的死亡率竟高于 19 世纪 30 年代修建渡槽之前。这是因为城市人口密度显著上升，而洁净的水却没有进入该市最需要的社区。

19 世纪产生了大量的医学英雄，依然让我们遐想和怀念。路易斯·巴斯德博士工作时，他的眼睛透过夹鼻眼镜炯炯有神，最终为我们提供了不含病原体的牛奶。他在德国的强劲竞争对手罗伯特·科赫回头瞪了一眼，提醒我们是他发现了霍乱的细菌来源。弗洛伦斯·南丁格尔手提着灯盏，来到患有斑疹伤寒的士兵床前。南丁格尔将玛丽·西科尔排除在正式员工之外，可能是因为她的肤色。因此，后者只能等在外面，斟茶倒水并安慰着伤员。

斯蒂芬·史密斯博士是这个英雄谱中鲜为人知的一位，他之所以能引起人们重视，主要是因为他将公共部门纳入卫生服务的成就。他把纽约地方政府打造成让渡槽和下水道系统更加有效工作的机构，把市政府转变成一个更有效，更仁慈的实体。他也是美国公共卫生协会的创始人，但那已是他在纽约工作之后的事了。

史密斯来自纽约的一个"高地小农场"，在1854年和1891年之间在纽约市贝尔维尤医院担任医生和教师。史密斯和约翰·斯诺一样，也在寻找能够让他掌握疾病与城市环境之间联系的空间模式。关于他在19世纪50年代的工作，他后来写道："在检查收住病人的记录时，我发现从一栋经济公寓楼就收治了超过100个病人"。当他参观这座公寓楼的时候，他发现了"发热窝点"，"那里门窗破烂，地下室污水满盈，每个房间住着爱尔兰移民家庭，他们几乎没有家具，睡在铺着稻草的地板上"。他去找警察敦促他们关闭该物业，却遭到警察的拒绝。

在当时的纽约，政府机构是帮不上忙的，因为没有法律赋予警察关闭公寓的权利，而且无论如何，警察还有其他事情要做，比如收受贿赂。为了清理公寓，史密斯找了《纽约晚报》的诗人兼编辑威廉·卡伦·布莱恩特。在布莱恩特的支持下，他拜访了物业业主，威胁说他要提起诉讼并在报纸上曝光他。房东即使能够打赢官司，邮报的嘲讽也会让他吃不了兜着走，于是把公寓关

城市之困

掉了。

史密斯不可能一幢楼一幢楼地去净化这座城市。他需要新的法律以及更好地执行现有法律的行动。他需要公众的支持并为此四处联络，建立起一个包括像布莱恩特和彼得·库珀这样有权势的人的广泛政治联盟。他们走到一起，成立了纽约公民协会。在该协会的支持下，史密斯于1865年出炉了具有里程碑意义的有关纽约市卫生工作的报告。撰写这个报告的29位医生具有不同专业背景。

那份报告描述了一个城市恐怖的卫生状况。医生们测试了一口穷人仍然汲水的井，发现它"每加仑[①]含有不少于48粒固体物质，其中一半是腐烂的有机物质"。医生们注意到，"饮用该井水的周遭居民都患有腹泻病"，并调皮地补上句，"他们要是不腹泻才怪呢"。也许对人的描绘冲击力更强，例如，一个孩子"瘦成一副骨架，是中度消瘦型营养不良让他看上去来自鬼蜮，令人毛骨悚然"。他"从倚在窗台的那张摇晃的椅子上抬起羸弱的小小身躯，使尽全力去瞥见一瞥微笑的天空，天光很少能够让他那双渴望的眼睛露出任何高兴的神色"。

此时，腐败透顶的坦曼尼协会老板威廉·特威德正在牢牢地掌控着纽约市，他对卫生改革的兴趣微乎其微。史密斯和他的盟友转而诉诸州议会，因为议会才是城市改革者们的希望，是让他们绕过坦曼尼的正规途径。1866年，该州通过了《大都会卫生法案》，次年又通过了《经济公寓法案》。该法要求每20个居民有一个室内厕所，每个房间有一个窗户。有关厕所的规定很管用，

---

① 加仑：一种容（体）积单位，简写 gal。

但贫民窟房东发现很容易逃避有关窗户的规定。该法从未要求窗户必须面向街道或庭院，抑或提供"一瞥微笑的天空"。既然法律要求每个房间都有窗户，建筑商便给每个黑暗的居室安装一扇窗，与另外一间暗室共享。

《大都会卫生法案》创建了大都会卫生理事会，让其能够强制执行法规而不必依仗特威德和腐败的警察。负责这个理事会的大都是医生。史密斯本人是其第一任领导。该理事会的检查员，由医生挑选，而不是市里那帮曾经蔑视史密斯的警察。未支付供水系统连接费用的租户将面临罚款。市里的水井不再被允许经营。这个大都会卫生理事会系统远非完美，但死亡率开始下降。城市既需要激励措施，也需要基础设施。

纽约的卫生理事会为当今发展中国家的城市提供了一个模式。为了解决他们自己的最终难题，他们要么需要找到公共资金来补贴大规模的连接供水工程，要么效仿纽约的做法，对没有连接水管的业主处以罚款。我们颁布新法的时候，应该对地方警察队伍的腐败有所警惕，不要让新的法规为警察提供另一个借口去勒索穷人。但是，如果罚款金额不大，且处理得当，也许可以诱导更多的市民改用洁净水。

史密斯在全国层面所做的努力就没有那么成功。1879年初，国会授权成立国家卫生委员会，负责监督主要港口的隔离工作，并弥补了包括路易斯安那州在内的各州地方卫生委员会的缺陷，路易斯安那州卫生理事会被认为是让1878年的黄热病沿着密西西比河向北肆虐的罪魁祸首。国家卫生委员会在其存续的四年内做了不少工作，可惜从未得到真正的授权，1883年也未继续得到经费。

城市之困

史密斯知道该理事会实力薄弱，无法持久，遂努力推动国家对公共卫生做出更强有力和更持久的承诺。正如一位后来的学者写道："斯蒂芬·史密斯，在所有国家卫生工作者中，看到了国家公共卫生服务的重要性"。他知道"国会将对国家卫生委员会失去兴趣，但会继续支持一个包括专任职业官员在内的，被纳入国家政府机关的服务机构"。我们将在第五章再来讨论史密斯的梦想。

国家卫生委员会的负责人是乔治·沃林上校，他将负责纽约市下一阶段的排污工作。与本杰明·拉什一样，沃林相信瘴气会导致疾病，这种错误观念在19世纪促使公共卫生领域取得很多杰出的成就。沃林排干了纽约中央公园沼泽里的污水，设计了孟菲斯的下水道系统，并于1895年接管了纽约市的卫生部门。

那年，沃林已名扬全国，他的专业造诣也为大家熟知。他心无旁骛，只想着把城市的街道清理干净。他"接受委员会负责人的工作时"得到市长积极支持的保证：他"可以任命或解雇下属，任何人不得干涉"。他说，基本上"我可以做自己想做的事"。

沃林上任之前，"在公共街道上乱停无人看管的卡车和货车的现象十分普遍"，这"使得彻底清扫街道变得几乎不可能"。当沃林让他的清洁工没收这些车辆时，暴民开始造反，但这位手握实权的环卫工作负责人毫不退缩，"在斯特朗市长就职后不到6个月内，这些车辆就全部被移除了"。

像史密斯一样，沃林帮助地方政府转型为城市健康的守护者，为此，史密斯和沃林都不得不挥舞起惩罚的大棒。沃林罚的是停在路上的卡车，史密斯则对没有连接供水系统的业主处以罚款。尽管有暴徒捣乱，纽约市民最终还是接受了这些惩罚，因为他们信任史密斯和沃林，也了解保持街道清洁和卫生是他们自己广泛的需求。然而，民众并不接受周日不能去光顾啤酒酒吧的禁令。警察局长西奥多·罗斯福试图在安息日关闭酒吧的行动，让市长威廉·拉斐特·斯特朗的改革运动付出了可怕的政治代价。我们将在本书后面讨论这个问题：一旦市民不再相信惩罚只是为了保护公共利益时，城市会变得更加脆弱。

建立服务的共同力量，需要有能力实现目标的领导者，而且他们不为市民的抱怨而动摇，仍能我行我素地为市民谋取更大的利益。他们还不能手软，能利用惩罚的杠杆阻止损害集体利益的行为。但他们的权力不能是无限的。沃林可以反击当地的暴徒，但他也必须完全对斯特朗市长负责。正如沃林自己所写的那样，"他权力无边，完全可以解雇我，如果我不适合他，他随时都可以摆脱我；但只要我留下来一天，我就是这个部门不折不扣的负责人。"

回到前线

19世纪末和20世纪初，美国市政府变得更强大，更倾向于为公民服务，但联邦政府却卷入了国外的冒险。当泰迪·罗斯福从斯特朗市长的城市管理部门来到海军部时，他把不情愿的麦金莱总统推向与西班牙的战争。美国赢得那场"壮丽的小战争"，沃林也因此来到哈瓦那，因为麦金莱总统委托他改善那里的卫生设施。沃林在古巴死于黄热病，成为经常伴随民族国家军事冒险的这个疾病的又一个受害者。

城市之困

欧洲于1914年8月卷入疯狂的战争，此后，一场更具灾难性的健康事件发生了。瘟疫曾与罗登－黑斯廷斯的驻印军队同行，而第一次世界大战引发了一场真正的全球性流行病。战争之所以能够如此广泛地传播疾病，是因为它驱使大批人口在地球上移动。

在1800年之前，流行病通常由动物而非人类通过空间四处传播。我们可以看到，蚊子把黄热病带到北美、跳蚤和老鼠将黑死病传到欧洲。而自1910年以来，人类已成为跨州疾病的主要传播媒介，他们将流感、艾滋病和新冠病毒通过船只和飞机带到大洋彼岸。现在，人类的行动更加快捷，交通工具也更加卫生。很难想象一架波音787上装满老鼠或蚊虫出没的积水桶。可在14世纪，从加莱到泰晤士河河口的轮船上，两者很可能都有。

詹姆森博士的叙述表明，霍乱病菌在1817年造成那场可怕的大暴发前不久，已经发生了变化。1918—1919年的大流感可能始于1916年前后。那个时候，在法国埃塔普勒斯的一个军营中，动物将流感病毒传播给了人类，但也有人怀疑，所谓的西班牙流感实际上始于美国的堪萨斯州。似乎比较清楚的是，西班牙流感并非起源于西班牙。流感与西班牙有关，只是因为西班牙人对问题的严重程度更加坦诚。当时，拥挤和不卫生的军事基地为疾病的传播创造了条件。

1918—1919年的大流感是与2020年新冠疫情最接近的历史平行事件。这两种疾病很容易通过空气在人与人之间传播。对于这两种疾病，在供水系统和污水处理上大量投资并不能提供安全保障。也没有迅速治愈它们的方法。因此，疫苗的出现就多少为人民带来一些希望，但这种希望在1919年被证明是虚幻的。西班牙流感和新冠肺炎有所不同,后者对老年人更具杀伤力,而流感有个专杀年轻和健康人的不寻常特征。可能是因为极端的免疫系统反应不同,也可能是因为很少接触过类似的病毒。

流感大流行比新冠肺炎致命得多,在全球 20 亿人中可能已经造成 5 000 万人死亡。到 2020 年,全球人口大约增加了 4 倍,但因新冠肺炎而死亡的人数,却比流感减少了 90% 以上。这种差异似乎在印度表现得最为极端,印度可能因 1918—1919 年的流感而损失 1 500 万人,而 2020 年因新冠肺炎而死去的人只有 15 万人,但新冠疫情尚未结束。

人们从 1918 年流感大流行得到一些明确的教训。疾病总是在战争之后接踵而至。超级传播者事件非常值得注意。像费城自由债券街的大游行等大型公众集会似乎让数千人感染。假如人们当时戴了口罩,情况也许会好些,但那时和现在一样,人们大声叫嚣着反对戴口罩的要求。

在 1918 年流感大流行中,许多城市都试行过类似 2020 年那样的封城规则。把这些规则与流感死亡率联系起来进行研究的结果令人吃惊:因为数据无法清晰地说明问题。我们经济系的同事罗伯特·巴罗一丝不苟地将这些"非药物干预"或新产品导入与随后的死亡率联系起来。他发现,"尽管新产品导入的增加在降低峰值死亡率与平均死亡率之比的意义上拉平了曲线,但估计对总体死亡人数的影响很小,且不具有统计学意义"。从统计数据来看,这些干预措施似乎只是推迟而不是消除大流行造成的死亡。但这是否意味着封锁无效呢?还是 1919 年通常为期一个月的封锁过短了呢?

也许,1918 年流感大流行最重要的教训是,空气传播的流行病有可能产生"有记录以来最致命的单一事件"。迄今为止，新冠大流行造成的死亡人数大大减少，但它也提醒我们，一旦这种疾病大流行起来，我们依然没有阻止的工具。这意味着，我们必须限制新的流行病产生的主要渠道，即病毒和细菌从动物传播到人类的渠道。

疾病威胁着动物与人类

疫情在全球大流行有三个步骤：疾病发生，在本地传播，而后传遍全球。上一章讨论了阻止疾病大流行的第三步，即在大流行开始出现的时候，切断各个国家和各个大陆之间的人员流动。一种补充方法是首先防止人类染疾并阻止其在当地传播。这些措施包括通过洁净水等与健康相关的基础设施，将人与动物分开并改善相关地区的健康环境。

大多数流行病都是人畜共患的，这意味着它们最初从动物的身上跳跃到人类的身上。网络上的说法好像是哺乳动物给我们带来了流行病：或许动物把病毒带给了人类，蝙蝠把埃博拉病毒传染给我们、黑猩猩把艾滋病传染给我们、鹿和老鼠把莱姆病传染给我们，而啮齿动物在跳蚤的帮助下把黑死病传染给我们。蚊子是黄热病、疟疾和登革热的源头；鸟类被认为是流感的祸源；麻疹和天花的源头因历史久远而不可溯及，但它们的根源，也有可能是非人类的。

大多数传染病在传播到其他地方之前，会在其最初的人类宿主周围传播一段时间。但随着旅行频率的增加，从首次感染到全球传播的时间已经缩短。天花传播到北美之前可能已经在欧亚大陆徘徊了大约1 500年。1930年出现在刚果的艾滋病,过了半个世纪才来到美国。而新冠病毒从出现到来到欧洲之前,仅用了几个月。

最近的大流行性疾病都有人畜共患的起源。这表明,人类需要减少与动物的物理接触,特别是野生动物和蝙蝠。家养动物的威胁通常较小,因为它们的活动范围比较有限,而且它们的健康状况通常也在人们的监测之下。

尽管美国人离开城市到周围人口密度低的地区生活,从而减少了我们这个物种的孤独状态,但是,大多数富裕国家都比较擅长将人类和野生动物隔离开来。美国东北部的人们整个夏天都害怕被蜱虫叮咬,而这种蜱虫会将莱姆病从鹿和老鼠身上传染给人类。东部马脑炎是一种由蚊子传播的疾病,这种威胁来自新英格兰的沼泽地区。野生鸟类成为这些蚊子的宿主。但是,自从第一次世界大战结束时出现禽流感病毒以来,我们还没有看到这个大流行性疾病在富裕国家从动物传染到人类的现象出现。

长期以来,蚊子是人类最致命宿敌之一。早在我们真正了解疟疾和黄热病的病理之前,人们就开始着手公共卫生工作,努力在人类和这些致命疾病的携带者之间构建物理空间。古罗马人建造了马克西姆下水道,将恶臭的污水从生活区排出。本杰明·拉什博士想在18世纪90年代把费城码头的积水清除。沃林抽干了中央公园沼泽的水。墨索里尼调集了一支有12.4万之众的意大利大军,填平了罗马附近的庞廷沼泽。毛泽东在对付疟疾滋生的沼泽和消灭蚊虫方面也做出了同样的努力,这比他消灭引起饥荒的麻雀和蝗灾的运动要成功得多。抗疟努力代价高昂,但至少人们不会拼命地去抵制和破坏"排干沼泽"的公共努力。很少有人想与蚊子为邻。

城市居民通常不喜欢放弃他们饲养的牛马和猪羊，这些家畜曾经与交通拥堵一样是城市生活的一部分。马提供交通工具。奶牛场和猪场无处不在。穷人自由放养绵羊和山羊来作为他们食物和维持生计的来源。对于许多维护城市健康的倡导者来说，控制动物的斗争与争取清洁水的斗争同样重要。宾夕法尼亚大学的两位城市规划学者凯瑟琳·布林克利和多梅尼克·维蒂洛写道："卫生委员会的创建首先是为了规范畜牧业，而他们在19世纪的大部分工作都涉及对动物的监管"。

费城在1705年通过了一项法律，试图限制流浪牛和猪四处游荡，但一个世纪后，流浪猪仍然在绰号为"兄弟友爱之城"的费城大街上自由自在地大快朵颐。猪的支持者声称自由放养的猪清理了城市的垃圾。无论这种观点如何有道理，费城都缺乏控制大量流浪动物的公共监管能力。在19世纪60年代，城市改革者"颁布了禁止在一天中的某个时段在某些街道上驱赶动物的法令"，但小型奶牛场和猪场在市里依然存在。直到1903年，纽约市区还有2.3万头奶牛。

随着运输成本的降低和巴氏消毒法的普及，从土地价格低廉的偏远地区运输牛奶、牛肉和其他农副产品更加便利起来。城市里汽车替代了马匹。随着城市对动物的需求下降，监管部门实施和执行全面的分区条例也更加容易，纽约市1916年颁布的法令是一个开端，它限制在大片的城区里从事农业活动。像更加宽泛的建筑法规一样，这些分区法规可能起到阻止建造低成本住房的作用，但这些法规的制定，最初考虑的往往是真正的公共卫生问题。

近年来，执着的城市农民重新发现了在屋顶或公园开辟小片菜园的乐趣。这些活动完全符合卫生要求，让人想起18世纪的城市规划者，他们认为都市农业会把城市装点得更加美丽、让市民更加健康。树木确实可以提供氧气。但城中菜园和发展中国家社区，如孟买的达拉维里散养的山羊不可同日而语。

与人类相伴数千年的驯养动物接触，比接近猿、蝙蝠和骆驼等野生动物的风险要小得多。据推测，艾滋病是猎人在西非猎杀黑猩猩后啖食其肉所致。中东呼吸综合征很可能是病驼传染给了照顾它们的人类。也许是市场中的活体动物，可能是马来亚穿山甲，提供了新冠病毒从蝙蝠跳跃到人类的途径。

蝙蝠是大宗的病毒宿主，它们携带着严重急性呼吸道综合征、中东呼吸综合征和埃博拉等疾病的病毒，这可能是因为它们的飞行生活方式所致。一些研究人员提出一个假设，蝙蝠"在飞行的时候，其代谢体温升高，模仿了发烧的反应机制"，从而使它们能够安全地携带病毒。其他研究则把重点放在蝙蝠食用的昆虫上面。

蝙蝠造成的风险，让严肃的病毒学研究人员对新冠疫情多少可以作出一些预测。增加人类和蝙蝠之间的物理距离似乎是一个切实可行的第一步，包括关闭这两个物种与其他哺乳动物共存的露天市场。

最近的一项研究结果表明，"全球土地使用方式和密度的变化，正在人、家畜和野生动物中扩大人畜共患疾病的危险界面"。2020年召开的一次有关生物多样性和流行病的研讨会得出结论："保住保护区并减少对高生物多样性地区不可持续性的开发，将减少野生从动物到牲畜再到人类的接触界面，并有助于防止新型病原体的溢出"。人畜共患疾病的风险加强了在不侵占野生栖息地的紧凑城市空间中生活的理由。

将不安全做法的清单放在一起的尝试刚刚起步，这应该会继续下去。除此之外，律师、经济学家、流行病学家和相关人员必须制定规则和制度，加强保持人与动物的适当隔离。第一步是就一套规则达成国际共识。第二步是让地方政府建立一定的机制来执行这些规则，比如斯蒂芬·史密斯的卫生委员会。第三步是由全球层面的政府来监督各国政府。这是我们提议建立的北约式健康组织要做的另一项工作。

让我们带着新冠肺炎的问题回头看看蝙蝠携带冠状病毒的例子吧。当然，有些地区人与蝙蝠洞之间的距离太近，在其附近定居或务农风险极大。必须说服当地政府，把这样的地区变成某种国家公园，也许可以开放旅游，但不能允许人们永久居住。如果国家富裕，可以从一项限制未来大流行性疾病的全球协议中获益良多。对十分贫穷的国家，较富裕的国家可以为其农业收入的损失提供某种形式的补偿，如为其城市卫生项目提供援助等。美国的外国援助计划，如哥伦比亚计划，长期以来一直用以加强该国对禁毒的支持。美国援外，似乎旨在收买联合国成员国的选票，其实也可以用外援去说服受援国搞一些公共卫生项目。

美国目前的外援预算还算说得过去，但仍不受欢迎。几乎没有先例表明，这点儿援助经费没有在发展中国家产生积极互惠的效果。与此同时，无论是热战还是冷战，美国人都愿意向外国盟友提供海量的现金。马歇尔计划既慷慨又受欢迎。约翰·肯尼迪于1961年成立了美国国际开发署，作为"对抗反对自由的敌人的一项最大的单一武器以履行我们的政治义务"。只顾自身利益是做出这般努力的关键所在。为了我们自己，也为了国际社会的健康，美国和其他富裕国家现在必须认真参与到抗击流行病的工作中来。限制疾病传播的援助与旨在阻止共产主义传播的援助同样实用。

　　强制将人和动物分开也很棘手。在较富裕的地方，人们遵纪守法，富裕的农民通常会被疾病或诉讼的威胁吓跑。在较贫穷的地方，执法比较困难，但技术可以改善监管工作。例如，现在使用卫星或无人机可以从空中发现荒野地区的人类活动或农业定居点。较富裕的国家，也许通过一些集体性的机构，可以对保护区进行卫星监测。该机构可以向国际社会报告这些违规行为，国际社会可以要求当地政府采取行动，也可从外部给以一些惩罚，例如禁止到国外旅行或终止国际援助等。

　　进行监督的外部机构可以推荐某种形式的惩罚措施。例如，可以削减违规国家正在接受的援助。但这种威胁只有在该机构具有可信度的情况下才会有效。遵守规则必会得到援助，违反规则援助必会叫停。极端违规行为会增加疫情大流行的风险，从而也为限制往返相关国家的国际旅行创造了更加充分的理由。各国之间需要协调才能在阻止该国旅行的行动中步调一致。由于害怕被排斥在全球网络之外，各国政府或其地方政府会采取积极措施，把居住在蝙蝠栖息地附近的农民转移。此外，阻止人员流动的制裁即使不会改变人们的行为，也会降低大流行性疾病带来的风险。

城市之困

海得拉巴和卢萨卡的清洁水

我们的同事马塞拉·阿尔桑,既是哈佛大学的经济学家,也是一名执业的传染病医生。她一边在马萨诸塞州剑桥市的一所学校教课,一边在不同医院里工作。她工作过的地方包括印度海得拉巴市的圣雄甘地医学院以及非洲和南美洲的其他医院和诊所。她通过在国外的临床工作,参与了一项测量海得拉巴市抗生素耐药性细菌存在的研究。

细菌有多种手段来产生对抗生药物的抗药性,包括排出分子和酶去切割抗生素,使其在靶标产生突变体。面临此类疾病的医护人员需要使用混合药物和更强的治疗方法。耐药性超级细菌出现的威胁迫在眉睫,会造成全球性风险,其危害性不亚于当前的新冠肺炎病毒或近期出现的其他病毒。

印度今天仍有大量水传疾病,但这些疾病(包括霍乱)的致命性远低于过去。口服补液疗法对霍乱是有效的,而治疗其他大多数疾病的抗生素也很容易获得,有时也可以作为治疗霍乱的辅助疗法。无论是印度还是西方富裕国家,都过度使用了抗生素,结果为我们带来产生耐抗生素细菌的风险。据一项研究估计,印度在2014年给门诊患者开出5.19亿张抗生素处方,也就是说每1 000印度人就有412张。非专利药应有尽有且十分便宜。海得拉巴市本身就是一个制药大户,很快还会拥有一个值得展示的"制药城"。

多样的水传疾病和丰富的抗生素生产相结合,为超级细菌的产生创造了完美的条件。阿尔桑博士在海得拉巴工作时发现,该市超过3%的看似健康的人携带了耐抗生素病菌。阿尔桑博士的研究是基于到医院进行早期检查的孕妇的资料,而她们的尿液中本不该含有高度耐抗生素的细菌,可事实却不然。

这些妇女一直生活在这样一个城市里:那里到处都是易患疾病并能获得曾经被认为是神药的抗生素的人。现在,人们使用这些神药来替代强有力的公共卫生措施。如果我们允许这一进程继续下去,我们就有可能面临新的国际杀手,其危害可能比新冠肺炎大得多。

降低未来流行病风险的最自然和最人道的方法,是让世界各地的城市更利于市民的健康。这就需要像阿尔桑博士在海得拉巴所做的医学研究和临床工作那样,而且不发达国家的城市也需要像发达国家城市一样拥有能让其变得宜居的那些基础卫生设施。富裕国家可以而且应该为建设这些设施提供资金。这笔资金应该带有实施其他卫生法规的交换条件,例如让人们远离蝙蝠。

这种大规模和有条件的投资需要持续下去,不能只是一笔用于购买水管的种子资金。今天,撒哈拉以南同样面临和纽约建成克罗顿渡槽之后一样的"最终难题":用富裕国家的资助建造了水管,但居民却无法支付最后一英里的连接费。为让城市对市民的健康更有利,有关国家和国际社会面临两个选择:要么拿出补贴来解决与供水网进行连接这个"最终难题",要么像斯蒂芬·史密斯博士在纽约市所做的那样,派出健康检查员去给没有连接到供水网的业主开罚单。

维护旧有设备至少与建设新设备一样重要。我们中的格莱泽在赞比亚首都卢萨卡研究过水的问题。即使在最佳的情况下,那里也只有白天才供水,但在城市的贫困地区,水管破裂是司空见惯的事。有时水会连续几天断供。

在卢萨卡水的用户有两种：一种按月付款，一种按加仑付费。如果水管破裂，自来水公司不会担心失去前者的付款，而按加仑付费的客户，在重新供水之前则无须交费。因此，从盈利的角度出发，该公司会主动花力气让水流到按加仑付费的家家户户。就供水而言，维护既有的系统与建设新的系统同样重要。而只有恰如其分的财务激励措施才能让公司在供水系统的维护上投资。

水管一旦断水，人们会转向其他水源，让他们的女儿到更远的地方去取水。水管破裂会减少这些年轻女性本应花在功课上的时间。她们取来的水似乎也不太安全，因为水管破裂后，儿童会更加频繁地腹泻。呼吸系统的疾病通常与烹饪的炉火和空气而不是水的质量有关，但卢萨卡停水后，呼吸系统疾病的患者却增加了，这可能和缺水后洗手次数减少有关。

提供洁净水是市政府最基本的工作。发展中国家的城市最终要对自己的供水系统负责，这说起来容易做起来难。然而，新冠疫情给富有国家造成数万亿美元的损失，这意味着它们无法对疫情视而不见。其实，我们都必须携起手来努力预防未来水资源传播疾病的可能性。幸运的是，我们有这方面成功的范例。一个多世纪以前，富裕国家也遇到并解决过同样的问题。我们今天面临的挑战，是如何在全球范围内复制这样的例子。

预防大流行性疾病需要在国际层面、城市层面和个人层面采取行动。在下一章里，我们将换个话题，讨论一下疾病在人体内传播的问题。我们重点讨论城市改变人们行为的问题，如食用不健康食品和滥用毒品等。这样的行为，会使我们的身体乃至我们的世界更容易受到传染病的侵袭。

第四章

如何与大流行病共存

当新冠肺炎于 2020 年 3 月首次袭击巴尔的摩时，约翰霍普金斯医院的医生大吃一惊。他们预估，患者会像中国和意大利那样，都是老年人。可巴尔的摩的患者年轻得多，而且不成比例地肥胖。

每个人都会受到新冠肺炎的影响，但有些人受到的影响比其他人更大。在美国，非裔美国人被诊断出感染新冠肺炎的可能性比白人高 40%，死于该病毒的可能性几乎是白人的 3 倍。西班牙裔的风险也较高。在英国，亚裔和加勒比人面临更高的风险。造成这些差异的原因有很多，但并非所有的原因都被人们完全了解。这次疫情与许多传染病一样，大流行性疾病出现前既有的病症，是导致人们接触这个疾病并死亡的主要风险因素。2020 年，在马萨诸塞州死于新冠肺炎的人中，超过 98% 都有基础疾病。生活区封闭也是个突出的问题。2020 年，美国近 40% 的新冠肺炎死亡病例发生在养老院。

流行病来袭，一个人是否容易感染或感染后能否生存下来，与一个人选择的生活方式是否健康密切相关。在 20 世纪 80 年代，海洛因针头为艾滋病的传播助纣为虐，首先传给使用者，再传给他们的性伴侣。在新冠肺炎封城期间，阿片类药物的普遍使用继续造成人们的死亡，"40多个州报告说，与阿片类药物相关的死亡率都在增加"。吸烟使新冠肺炎更加致命，并且可能会在未来，让空气传播的疾病流行得更加厉害。

我们在第二章重点讨论了城市易受流行病影响的问题，即：城市除了为商品和思想，也为细菌和病毒提供了漂洋过海和翻山越岭的途径。我们在第三章里，描述了拥挤的城市使疾病更易传播的问题，我们强调，居住在低收入特大城市贫民窟里的人群和散落在其他地方无法负担住所的人群中，疾病会传播得更加厉害。在本章里，我们将重点关注这样一个问题：市民经济水平的不平等会影响到人们的生活方式，而生活方式不同，会对人们感染大流行性疾病的程度和死于疫情的可能性，都会产生不同程度的影响。城市创新不仅包括艺术和哲学，还包括奥利奥饼干和露天毒品市场等。

城市里物质丰富，在纽约的公园大道和贫穷的街区，呈现出迥然不同的景象。在前者的人们每一顿饭吃得都不会超标，而且经常运动。而贫穷街区的人们，油炸食品尽管不一定健康，但能让穷人吃得起。与健康方有关的其他因素一样，肥胖、滥用阿片类药物以及吸烟等，都与教育和收入有关。肥胖的人群里，大学毕业生占28%，而没有学士学位的人则占40%。在没有大学学位的人中，阿片类药物过量死亡的人数增加得更多。有高中或以下学历的人中，吸烟的比率几乎高于完成大学学业的人的两倍。

因我们城市里不同背景的人分区而住的性质，让不同文化共存，精英社区的文化，可以让那里的居民更加积极和自律；而贫民区的文化，让那里的居民更易接受有害健康的行为。富人的节制，不是没有代价的：在充满自我否定气息的曼哈顿里，自杀率比任何其他 4 个行政区中任何一个都高出 33%。然而，这并没有减少城市贫富地区之间巨大的预期寿命差异：富裕市区居民的预期寿命比贫穷市区居民的预期寿命要平均长 10 年。

现代城市不平等的严重程度给城市带来了强大的挑战，部分原因是巨大的差距削弱了共同命运的意识。贫富之间的死亡率差距尤其可怕。一代又一代的孩子们在唱同一首有关遭遇灭顶之灾的泰坦尼克游船的歌谣："富人拒绝与穷人交往"，所以"把他们留在底仓，船沉了，是他们先亡"。即使是最年轻的人也能感觉到事情不太对劲：只有 26% 的三等舱乘客在客轮撞上冰山后幸存下来，而头等舱幸存的旅客高达 62%。现代城市与泰坦尼克号有何不同？

缩小健康差距的巨大挑战在于，死亡率不仅取决于人们可否得到医疗服务，这个问题可以通过政策加以改变。更取决于人们吸烟、肥胖和滥用非法药物等行为。只有最专治的政府才能管住人们的嘴，允许或禁止他们吃什么零食。纽约市市长布隆伯格算是美国史上最注重健康的市长了，可他也没有试图限制含糖汽水的总消费量，他只是把汽水容器的大小限制在 16 盎司以下。纽约州上诉法院甚至没有在有关这个问题的案子上让他胜诉。

人们早就知道，不同地方的人们死亡率之间的差异大都可以由他们的健康行为来解释。大约 50 年前，伟大的健康经济学家维克多·富克斯曾经指出，"在美国西部，有两个相邻的州，他们的收入和医疗保健水平大抵相同，其他许多方面也所差无几"。然而，"犹他州的居民属于美国最健康的人，而内华达州的居民则处于另一端"。富克斯解释说,"生活方式的差异导致死亡率的差异"。长期以来,拉斯韦加斯的赌场充斥着酒精和烟草,而循规蹈矩的摩门教徒家庭则远离这方面的危害。

没有哪一个单一的政策解决方案可以改变有关健康的行为。重新检讨那些败事有余的政策倒是比较可行,如补贴玉米生产的政策与无视阿片类药物非法营销的政策等。然后,阿片类药物的费用由公共保险计划(如联邦医疗补助和联邦医疗保险)、私人保险和个人家庭等承担。在学校,尤其是公立学校,推动健康的行为似乎也是十分明智的。香烟等不健康产品的社会成本有时实在太高了,对这些产品征税是完全合理的。

即便如此,健康行为总会给社会造成困扰。我们当然对人们能够适应风险并规避不健康的行为表示赞同。但人们也应享有对自身造成一点伤害的自由,他们反正会这样做的。政府无法支配个人的行为。但改变可以从课堂、工作单位和每家每户的早餐桌开始。

在世界范围内,学校教育是最能预测人们健康状况的指标。受过教育的人不太可能吸烟、酗酒或肥胖。教育可以为人们提供更健康的选择。此外,在学校教育上投资可以改善人口的健康状况。这是因为给个人健康带来的风险,随其接受教育的程度而下降,也随其接触的人的受教育程度而下降。塑造我们行为的社会规范也塑造我们的健康,反过来又有助于说明为什么有些地方更容易感染尤其像新冠肺炎这样的疾病。加强社会规范的教育,是让社会为即将到来的流行性疾病做好准备的关键。

第四章　如何与大流行病共存

城市健康与您经营的公司

哪些地方最常面临死亡？为了回答这个问题，我们中的一个人，即卡特勒使用包括社会保障记录在内的大量数据开展了一个调查项目，这些数据让我们能够测量每个城市居民在每个年龄段死亡的情况。用这些死亡率，我们估算出一个40岁的人还能活多少年。例如，如果一半的人在某一年死亡，而另一半一年后死亡的话，那么平均预期寿命为一年（第一年死亡的人平均寿命为半年，第二年死亡的人平均寿命为一年半）。

不同地区的预期寿命差异极大。在美国人口最多的100个城市中，40岁时的预期寿命在加利福尼亚州圣何塞市最高，即45.4年。预期寿命在内华达州的拉斯韦加斯最低，即41年。从81岁活到85.4岁，这4.4岁的差距，大于在全美消灭所有癌症后能够带来的预期寿命的增长。即使我们能以某种方式治愈每一例乳腺癌、肺癌、前列腺癌等，我们也只能增加3年的预期寿命。因此，圣何塞和拉斯韦加斯之间的差距，相当于在预期寿命高的，或其他的一些地区消除了所有的职业病造成的死亡。

预期寿命高的地区包括那些人口密集且受教育程度高的地方。旧金山、波士顿、纽约市与圣何塞位居榜首。包括像印第安纳州加里这样的"锈带"城市在这个名单上垫底，类似的地方还有一些南部城市，如亚拉巴马州的伯明翰和俄克拉荷马州的俄克拉荷马城。这些地区的人口受教育程度较低，一部分原因是那里的工厂工资高，在那里工作不需要太多的正规教育，还有一部分原因是种族隔离的吉姆·克劳法在美国南方遗迹犹存。

城市之困

我们的朋友和邻居也在塑造我们的健康。如果我不认识吸烟的人，燃起一支烟来就觉得很不自在。与吸烟、吸食大麻、吸用电子烟或饮酒的人为伍的青少年更有可能去尝试这些东西。同伴可以通过改变行为规范、引入新产品或与毒贩等供应商建立社会联系来影响别人的行为。街区的商店反映住在附近的人的喜好。因此，一个人会购买什么食品，要取决于他们周围住的是快餐爱好者还是素食主义者。

圣何塞、波士顿和纽约等居住着很多富人。这些地区的人们普遍长寿，原因也许是超级富豪们可以买到能够延寿的东西，如更加健康的食品、健身房会员资格等，而其他人则买不起。在上述研究中，我们还将所得税记录与死亡率记录作了对比，由此，我们研究了不同收入水平的人在不同城市的预期寿命之间的差异。

令人惊讶的是，富人的预期寿命在各地都非常相似。套用托尔斯泰的话，富人都（或多或少）是相似的。各地死亡率的巨大差异只出现在穷困的人群中。一个生活在纽约收入分配在第4档的40岁的人，可预期再活42年。在印第安纳州的加里，这一档的居民的预期寿命则少了5年。在收入分配前1/4的人群中，预期寿命的差距只有两年。这尤其令人惊讶，因为纽约市高昂的租金，意味着在收入不变的情况下，纽约的穷人实际上处于更加不利的地位。

其他城市的差异反映了纽约市和加里市之间的差距。收入和教育与死亡率的关联不仅不那么微妙，反而会大得跃然纸上。寿命更长的城市的居民受教育程度更高。富裕的城市拥有更多的上层中产阶级，而那里的穷人预期寿命差距最大。

同样重要的是与长寿无关的那些因素。穷人寿命的长短与参保人数或人均医疗支出无关。并不是说医保与医疗支出对健康不重要；生了病，能否获得医疗服务是生死攸关的大事。

但从人口的角度讲，最重要的是人们是否首先生病，这在很大程度上取决于人们的行为。纽约市低收入人群的吸烟率和肥胖病率比印第安纳州加里市都低30%。较低的烟草使用率和肥胖率意味着心脏病、癌症、肌肉骨骼疾病以及许多其他疾病的患病率更低。从各个方面对看，纽约市比印第安纳州加里市更加健康。

一些城市比其他城市更健康的研究结果，放之四海而皆准。在英国，伦敦人的平均预期寿命比格拉斯哥人长5年多。英国人谈论"格拉斯哥效应"①，譬如，为什么格拉斯哥的健康状况如此糟糕？就像流行病学家谈论"法国悖论"一样：法国人的饮食并不健康，却比一些地方的居民患病率低。伦敦和格拉斯哥都实行全民健康保险，社会保障体系总体上是比较强大的，肯定比美国要强。但伦敦更富裕，受教育程度更高。

巴黎跟法国其他地区比，其预期寿命最高。在西班牙，预期寿命最高的是马德里。在德国是慕尼黑，在意大利是特伦托，那里富饶且海拔高，位于奥地利附近的山区。米兰所在的省份也接近山顶。在加拿大，温哥华、多伦多和渥太华周边地区的人和他们的行为最健康。并非所有这些城市都是国都，那里的人口也不一定稠密，但所有城市都很富有，都住着受过良好教育的市民。

然而，即使在总体上健康的城市中，也有很多人过早死亡。

---

① 格拉斯哥效应：指该城市是英格兰的工业重镇，但很多人都寿命不长。大约1/4的成年男子寿命超不过65岁。

城市之困

以因早期为穷人的健康而努力被称为楷模的纽约市为例。曼哈顿上东区的预期寿命是 86 岁。乘坐地铁向南行驶 1 小时,然后往东前行至布鲁克林的布朗斯维尔。在这 12 英里中,预期寿命居然下降了大约 11 年,也就是说,几乎每英里要降低 1 年。在伦敦卡姆登区,女性的预期寿命为 87 岁。向东走 16 英里到达巴金和达格纳姆,她们的预期寿命就会降低 5 年。

是什么死因,布朗斯维尔有的,曼哈顿上东区却没有呢?没有单一的死因。这两个街区的死因相似,但每种死因在布朗斯维尔更为普遍。暴力死亡在布朗斯维尔更为常见,而心血管病和癌症也是如此。布朗斯维尔的婴儿死亡率也较高。事实上,布朗斯维尔"自然"死亡率高于凶杀案的死亡率,这一事实更不寻常。

布朗斯维尔过高的多死亡率是有其原因的,那里的吸烟率是上东区的两倍,且肥胖率是曼哈顿最不肥胖地区的 10 倍。布朗斯维尔是纽约市艾滋病和丙型肝炎感染率最高的地区之一。所有这些叠加起来便减少了预期寿命。

在纽约市,新冠疫情期间在很大程度上重复了该市在 2020 年前的健康模式。该市邮政编码最贫穷的市区,其新冠肺炎病例数是邮政编码最富裕市区的 4 倍。新冠肺炎对布朗斯维尔的打击远比上东区严重有多方面的原因,如必须出工的工人较多、几世同堂的家庭比较普遍、公共交通工具使用率高等。

这种差异在一定程度上反映了这样一个事实,即富裕的曼哈顿人可以使用 Zoom 软件远程工作或干脆不工作。我们这本书的合作者格莱泽和他的两位合著者将纽约的新冠肺炎病例与手机和地铁的旋转栅门的出行记录联系起来进行了研究。在 2020 年 4—5 月这两个致命的月份里,居住在某个地区的人出行次数下降

10%与病例下降20%相关。

纽约市的富人区与穷人区交织在一起，一边创造着就业机会，一边传播着疾病。曼哈顿有12.75万名在餐馆和其他餐饮业工作的人员，然而其中不到4万人居住在曼哈顿岛上。在上东区星巴克工作的咖啡师可能住在布朗克斯区。纽约市餐饮服务总人口中有近7.5万人居住在皇后区，另有6.5万人居住在布鲁克林。超过1万名餐馆和其他饮食业从业人员居住在皇后区的中等收入的杰克逊高地和北科罗纳社区，那里90%的人口是非白种人，60%的人口是在外国出生的，家庭年收入中位数为5.5万美元。另有5 500人居住在布朗克斯的亨特角地区，那里的家庭年收入中位数低于2.5万美元。曼哈顿人无法像隐士一样避开其他市区的人生活。

富人也将疾病传播给穷人。富人将新冠病毒传播到各大洲，然后再把这个疾病传播到低收入地区。跨城市旅行对富人来说远比穷人更为普遍。随着疾病的蔓延，富人便隐居起来，可是穷人，如果有幸还能有工作可做的话，依然要四处走动。他们一动便会继续生病。曼哈顿富人区的人们可以减少活动。但是，布朗斯维尔较贫穷的居民则不得不走出家门去赚取足够的现金来支付他们的房租。

即使住在城市附近的人，传染病也会置他们于险境。威彻斯特县的新罗谢尔是纽约首次暴发新冠疫情的"震中"。零号病人是一名律师，主要往返于新罗谢尔和曼哈顿市中心一家律师事务所之间。目前尚不清楚该律师是不是在曼哈顿或是其他什么地方感染的病毒，但无论源头在哪儿，即使住在郊区也不安全。这就像游戏《六度分割》一样，每个人都通过几个链接与其他人互动。

城市化、锻炼和肥胖

纽约市 1/4 的成年人肥胖，而 2020 年 3 月因感染新冠病毒住院的人中有一半以上属于这一类人。在 49 岁或以下的人群中，60% 的人肥胖。肥胖者的生物学特性加重他们的病情：肥胖病人较高水平的血管紧张素转化酶 2（ACE2）允许病毒进入他们的细胞，当隔膜被推入肺部时，病人的肺活量减小、血液更易凝结、有效免疫细胞越来越少。疾控和预防中心建议，有基础病风险的人，不管是患有癌症、慢性肾病、呼吸困难、严重心脏病、糖尿病、免疫功能低下，还是肥胖症等，其罹患严重新冠肺炎的风险会大幅升高。除以上直接的影响外，肥胖也是许多其他疾病的危险因素。吸烟也是如此。

高肥胖症率使新冠肺炎在富裕国家的城市里变得更加致命，而低肥胖症率可能保护了世界上最贫困的城市和地区。截至 2020 年 7 月，孟买贫民窟中超过 50% 的居民似乎已经产生了抗体，但孟买乃至整个印度的死亡率却相当低。一个可能的原因是印度贫民窟的居民太穷而不可能超重。

生活在城市似乎不会让人增加体重。曼哈顿的肥胖率为 15%，而纽约州其他地区为 26%。旧金山的肥胖率比加州整体的肥胖率低 8%。即使是芝加哥所在的库克县（美国县比市大），肥胖率是 28%，也低于伊利诺伊州其他地区。然而，长期的城市化和繁荣创造了导致普遍肥胖的条件。城市让人类变得更加富裕，随之也让人们吃得更多，出汗更少。

第四章 如何与大流行病共存

尽管决定一个人的体重有很多因素，但是，有一种理论把注意力完全放在热量的摄入和排出上。当人们消耗的卡路里多于燃烧的卡路里时，他们会将多余的能量储存在身体里。在1800年，甚至在1900年，欧洲人和美国人仅仅在工作中就消耗了大量的卡路里。农民会累得腰酸背痛，早期的工人也不是坐在拥有软垫的椅子上工作。

城市在创造使人在工作中久坐不动的技术上发挥了巨大的作用。在19世纪的芝加哥，赛勒斯·麦考密克发明了机械收割机，减少了收割小麦和玉米所需的工作量。在底特律，福特创建了一条自动化装配线，让零件不断传动，而工人原地不动。福特汽车也减少了人们去火车站或杂货店步行的必要性。在20世纪，机器取代了更多的人力，导致人们更少燃烧他们的卡路里了。

但是，如果人们能够成比例地降低卡路里的消费，即使少用力也不会导致肥胖症流行。在1920年—1960年，美国人均卡路里下降了约10%，抵消了汽车的兴起和体力消耗量的下降带来的负面影响。到20世纪60年代，我们几乎和现在一样久坐，而到1970年代后期，我们的肥胖率仍保持在15%左右。到2015年，这一比例飙升至40%。

自20世纪60年代以来，美国肥胖率的上升似乎完全与过度饮食有关。在我们早期的一篇论文中，我俩与杰西·夏皮罗一起评估了20世纪70年代中期至90年代中期的食品消费趋势。美国政府通过要求被随机选中的人口填写关于他们饮食内容的日志，来了解美国人饮食模式的变化。日志保存几天后对其进行了分析。当然，人们不会把所有的事情都吐露在日志里。调查中的卡路里摄入量似乎太低，特别是考虑了记录日志里的体重后更是如此。但消费趋势似乎比较准确并与食品生产中的趋势相匹配。

从1970—2000年，每个美国人的体重增加了近10磅，而美国的食物供应总量从每天3 300卡路里增加到每天4 000卡路里。扣除食物浪费而损失的卡路里，校正后的数据显示，人们摄入的热量从每天2 054卡路里增加到2 560卡路里。每人每天额外增加500卡路里的热量，这意味着我们在30年中增加了1/5的食物消费量。摄食日志的数据表明，男性每日摄入的热量增加了268卡路里，女性则增加了143卡路里。仅此一项就可以解释体重增加10磅的原因。凭经验，在人类群体中，每天额外摄入100卡路里大约会导致每人的体重在稳定状态下增加10磅。

食品消费量为什么自1970年以来增加了呢？也许在遥远的19世纪，工业化的曼彻斯特里市民的饮食主要是淀粉类食物和罐装肉。那时，人们体型一直消瘦，因为他们很穷。混口饭吃并非易事，混饭手段也远比现在乏味地多。然而到了1970年，我们已经足够富有，可以买得起大量的食物，而且有很多好吃的东西可以大快朵颐。人们观看公共广播电视播放的茱莉亚·切尔德厨艺节目后，制作一顿完美的法式大餐，餐后可能再犒劳自己一块巧克力蛋奶酥甜点。

1970年，我们既有钱也有制作美食的能力，但我们身边却没有太多的诱惑。对后来热量摄入和肥胖增加的最好解释是，我们获得美食的时间成本急剧下降，这主要是由于加工食品的出现，而加工食品本身主要是由城市创新者生产的。在美国购买的食品中超过3/4的食物来自中度或高度加工的食品。这包括冷冻薯条和甜点、罐头食品、面包和谷类食品、预制餐、糖果和苏打饮料等。20世纪50年代，加工食品是很少见的。今天，它们已经俯拾即是。

做饭时间的缩短，更易让人们在两餐之间进食。在20世纪70年代至90年代，男性每天"零食"的摄入量增加了240卡路里，女性则增加了160卡路里。调查结果显示，1970年的典型小吃是面包和黄油；到了1990年，薯片和苏打饮料开始流行。新技术让甜的、咸的、美味的食品变得更加便宜，在世界各地的自动售货机、超市和街角杂货店唾手可得。

其他国家的数据不太清楚。来自英国食物日志的数据表明，热量摄入量随着时间的推移而减少，这可能和虚报有关。有一个明显的趋势是，人们在家吃得少，到了外边就会吃得多，可是，人们可能不大善于计算他们在酒吧吃喝时摄入的热量。不幸的是，英国对这个问题的研究少于美国。

创新与肥胖症

随着社会城市化，将农产品运送到市民餐桌的过程开始了。从播种小麦到烘烤面包，自给自足的农民通常负责他们自己食品生产过程中几乎每一个步骤。城里人要依靠别人来种植他们的食物。19世纪末，城市居民得到了最基本的农产品，如面粉和冷冻牛肉，他们自行将其转化为可食用的饭菜。在整个20世纪，这种转化过程越来越多地走出家庭而进入工厂或超市。

城市繁荣有助于食品变得更加美味，更易获得。现在谷歌拥有的切尔西市场，从第十五街到第十六街，从第九大道到第十大道占据了整个曼哈顿街区。如今，这座建筑充满了烹饪的创意，但作为打着全国饼干公司招牌的面包店，它有着更加举足轻重的过去。那家工厂有点像一台创新机器，充分利用了纳贝斯克竞争对手及自己员工的智慧。

纳贝斯克最著名的创意是用两块巧克力饼干夹上一层白色奶油制成曲奇甜点。而他的这一创意是借鉴来的。第一个符合这一描述的曲奇叫海德罗克斯，是松散威尔斯饼干公司在堪萨斯城生产的。借鉴来并更为成功的这种饼干三明治，以奥利奥命名，由纽约市和芝加哥的纳贝斯克生产。纳贝斯克有个流程，允许任何员工推荐各种各样的饼干进行烘焙实验。《精灵鼠小弟》和《夏洛特网》的作者埃尔文·布鲁克斯·怀特于1931年参观了纳贝斯克工厂，并对其试运行印象深刻，因为曲奇甜点被"放置在水冷器旁的开放式架子上"供任何参观者品尝。

纳贝斯克大规模生产饼干的关键，或许也是任何大规模预制食品的关键，是在从工厂到顾客口中的长途运输中安全地保持其味道不变。为此，必须对空气加以控制，以达到防腐保鲜、保持风味和水分，以及控制温度等目的。在过去的几十年里，食品加工和包装方面的创新增强了我们达成这些目标的能力。

"可控气氛包装"① 以及最近的"气调包装"② 技术，使食品制造商能够塑造储存食品的气体环境。对于水果、蔬菜和其他含有活细胞的食物，这些技术可以减缓成熟并防止变质。对于新鲜面食、预制沙拉和熟鸡肉等包装商品，控制包装内的气体可以大大延长食品的保质期。

---

① 可控气氛包装：英文全称"Controlled atmosphere packaging"，包装材料对包装内的环境气氛状态有自动调节作用。
② 气调包装：英文全称"Modified atmosphere packaging"，向包装中注入气体，同时辅以低温贮藏来达到保鲜目的。

防腐剂也延长了保质期。一些防腐剂可以阻止霉菌在诸如烘焙食品上生长，而另一些可以防止细菌的生长。1981 年批准的过氧化氢灭菌法和 1976 年推出的拉伸膜使消除和封闭有害微生物变得更加容易。自 20 世纪 70 年代以来，食品辐照技术取得了进展，尽管该技术的普及速度开始很慢，但自药物管理局 1986 年批准以后，该技术开始广泛应用起来。

食品加工中一个长期存在的问题是包装会对食品风味产生不利影响。20 世纪 80 年代，"风味屏障"技术取得了进步，该技术涉及专门定制的材料，以防止与风味相关的化学物质渗入食物中或从食物中溢出。此外，食品行业越来越多地利用化学家作为风味专家，来设计口味以满足消费者的奇思妙想。这些化学家专注于研究某些食物令人向往的因子，并在实验室中将其合成。这些人造香料添加剂会使预先制作好的食物更具吸引力。享用了带有"甜毛伊岛洋葱"或"牧豆树烧烤"风味的薯片，谁还会想吃普通味道的薯片呢？

温度和湿度对冷冻食品的保存构成挑战。如果包装中积聚了水分，就会形成冰晶，从而分离食物的成分并改变其质地。氧化会使冰箱中的食物脱水，这通常被称为"冷冻烧伤"。聚乙烯塑料和其他材料的进步改进了食品包装，能够控制水分，让食品会享有更长的冷冻寿命和更好的风味。

新的家用技术改善了口味并缩短了熟化食物的时间。微波炉是 20 世纪 40 年代开发的，是雷达技术的衍生品。到了 20 世纪 70 年代微波炉被广泛使用。截至 1978 年，只有 8% 的美国家庭拥有微波炉。可是到了 1999 年，拥有微波炉的家庭达到了 83%。同时冰箱也有所改进。

城市之困

就拿一块普通的面包来说吧。比起干燥的饼干来，烘焙的面包在正常微湿的室温里，过不了三四天就会发霉。这点儿时间，无法满足在集中的烘焙点制作，然后再通过杂货店分销到各个家庭让人们吃到嘴里的要求。要大规模生产面包，必须能够让其长期保鲜。

防腐剂能使白面包和小麦面包的大众营销商冲破时间的束缚。最受欢迎的防腐剂是山梨酸，它是天然存在的，于1859年首次分离出来。20世纪30年代后期，德国和美国的化学家发现山梨酸可以减缓霉菌的生长。1953年，美国批准将该防腐剂作为食品添加剂，此后，该添加剂便司空见惯了。今天，山梨酸以工业散装形式可以买卖，并添加进各种烘焙产品以及奶酪和葡萄酒中。结果是，几乎无处不在的烘焙食品供应可持续数天甚至数周。防腐剂减少了定期购物的需求，从而降低了食品的时间成本。

像亨利·福特这样的工业革命的巨头，通过向富人和穷人大规模销售产品来降低单位成本。纳贝斯克遵循相同的模式，让奥利奥出现在世界各地的橱柜并送进人们的肚子里。然而，事实证明，大众营销的美味零食对较贫穷的顾客特别具有吸引力，从而把富人和穷人之间肥胖的差距和死亡率之间的差别越拉越大。

土豆先生和炸薯条的崛起

有很多文献中，记录了社区贫困与快餐供应夸张地充足之间的联系。一些研究聚焦一个大都市区，比如洛杉矶，并发现"非裔美国居民占比高的较贫穷地区，饮食服务选择较少，快餐店偏多"。其他论文从全国的视角记录了这样一个模式，即"从统计意义上讲，以黑人为主的城区里的快餐店在所有餐饮场所里占比比较高"。即使在美国以外，也有研究发现，"贫困社区与麦当劳门店在每1 000人中的平均数量"之间，存在正相关的关系。

尽管如此，"快餐"服务本身的快，对富人和穷人都有吸引力。在新冠疫情暴发之前，37%的20岁以上成年人和42%收入超过联邦贫困线3.5倍的家庭，每天都吃快餐。实际上，穷人吃快餐的频率低于中等收入的美国人，但受过良好教育的人，似乎更努力地防止这种消费方式增加他们的腰围。

麦当劳的炸薯条，实际上已经成为一种快速美味的象征，同时也昭示着旧城区里非健康饮食餐点比比皆是。在麦当劳，一个大份薯条的热量为490卡路里，与1970—2000年食品供应的总热量增长大致相同。

几个世纪以来，烤、捣成泥的土豆一直是美国人日常食物的重要组成部分。但在第二次世界大战之前，土豆一般都是在家煮熟吃的。由于需要去皮、切割和油炸，炸薯条无论是在家里还是在餐馆都是美味佳肴。有个人发挥了"大份"的作用，只手改变了这一消费习惯。

杰克·辛普洛特，是个出生在艾奥瓦州一间"草皮顶小木屋"的非凡企业家。他摇身一变成了炸薯条之王，并在其车牌上招摇地写着"土豆先生"。辛普洛特一家搬到了爱达荷州，他14岁辍学务农。《纽约时报》有关他的讣告是这样写的："早期养猪挣得第一桶金，后成为一名马铃薯农庄主"。1929年，年仅20岁的他创立了辛普洛特公司。

和纳贝斯克一样，辛普洛特虽然不是土生土长的城市人，却是食品的创新者。他买了一台机械土豆分拣机来降低劳动力成本。他首先采用化肥来提高产量，然后自己开始开采磷酸盐。到了1940年，辛普洛特已经成为爱达荷州最大的马铃薯承运商。

第二次世界大战期间，为了喂饱在欧洲和南太平洋战场上作战的士兵，需要远距离运送食物。辛普洛特通过蔬菜脱水的技术来满足这一需要。他从洋葱开始，然后转向土豆。他开建了世界上最大的脱水工厂。饥肠辘辘的士兵几乎什么都吃，所以脱水马铃薯虽然难以下咽也无妨。但战后的消费者更加挑剔，用脱水食品吸引他们是没有前景的。

辛普洛特的明星化学家雷·邓拉普在1945年发现了大规模生产炸薯条的秘密，即冷藏。辛普洛特最初认为冷冻土豆经过油炸会变成糊状，但他还是给邓拉普买了一个大冰箱。几个月后，邓拉普发现预煮（或烫过的）炸薯条可以通过冷冻保持其风味。

由此生产的马铃薯风味犹在，不用油炸也可以在烤箱中烹饪，这就让消费者更容易从杂货店购买并在家里消费。20世纪60年代，辛普洛特与雷·克洛克合作，成为麦当劳标志性薯条的最大供应商。辛普洛特为这家快餐巨头建立了专门的工厂。到他99岁去世时，爱达荷马铃薯之王的身家已达40亿美元。

辛普洛特不是恶棍。他是一位企业家，他想出了如何以廉价高效的方式提供数十亿人喜欢吃的食品。不幸的是，他的产品，即大量生产的炸薯条，远不如之前的家常土豆健康。更多的选择可能会让人们更快乐，但他们并不能保证身材苗条。

集中制造食品并将其输送给消费者的能力是一项技术变革，它导致加工食品的付现成本和时间成本相对于新鲜食品有所下降。大型工厂制作面包和炸薯条所需的劳动成本少于在家或街角面包店所需的劳动成本，于是降低了付现成本。但更重要的是，食品的工业化生产也降低了获取食品的时间成本。步行到自动售货机所需的时间远少于自己煎炒烹炸所需的时间。今天回看茱莉亚·切尔德厨艺节目，观众会为在食品准备和烹饪上花费的时间感到错愕。

技术变革与肥胖症增加之间的联系可以为全球体重模式的上升做出解释。各地的肥胖率都在增加，尤其是在英语国家。美国、英国、加拿大和澳大利亚的监管通常不如欧洲大陆。特别是，他们对食品监管不是那么挑剔。例如，德国的《啤酒纯度法》可以追溯到1516年，并且只允许啤酒中使用啤酒花、大麦、水和酵母。英国或美国没有类似的法规，这既反映了普通法系的传统，即更多地依赖诉讼而不是法规，也反映了早期从农场到工厂转移的状态，也就是说英美国家更加重视运送和保存啤酒的能力。

直到20世纪80年代，英格兰的食物之糟糕是尽人皆知的，这是该国快速工业化的结果。19世纪贫穷的工人，不得不以煮食和罐头食品果腹，他们吃的要比更贫穷的比普罗旺斯或巴伐利亚的农民吃的新鲜食品差多了。在20世纪，法国人和德国人使用法规来保护他们的烹饪传统。他们的规则制定者对防腐剂特别不以为然。

为什么食物越快捷，人们就会吃得更多？

为什么规模化生产的食品会增加肥胖率呢？最简单的解释是，时间和其他任何东西一样都是一种成本，随着时间成本的下降，食物消费量就会增加。事实的确如此，但是当食品的财务成本在1920—1970年下降时，总热量消耗并没有增加。1918—1970年，美国面粉、培根和鸡蛋的实际成本分别下降了33%、31%和59%。然而消费的热量却下降了。

让美味的食物更容易按需获得对消费的影响比仅仅降低价格影响更大，这可能是因为人们很难对眼前的诱惑说不。我们通常建议戒烟或戒酒的人不要将烟酒放在家里。为什么这个策略会有效呢？毕竟，烟酒对大多数人来说，走一段路或开一会儿车就能到手。答案是，即使让消费者多花几分钟也可能足以阻止消费的行为。身边的香烟难以抗拒，但如果要吸烟还得穿好衣服出去，哪怕是只花30分钟的时间，消费者也会觉得划不来。

人们对瞬间的满足极为敏感，有时甚至过度地敏感。就好像一个人有两个自我，一个只关心眼前的快乐，另一个在现在和未来之间做出理性的权衡。隔壁房间的曲奇会唤出第一个自我；而较长的思考时间会把第二个自我唤醒。

不幸的是，企业家能够十分清楚地知道如何利用人们的冲动进行营销。雷·克洛克让全国爱上快餐并非偶然。他知道快餐会大卖，因为人们很难对唾手可得的巨无霸说不。人们之所以越来越肥胖是因为企业家已经开发出比过去提供更多即时美味的方法。我们的腰围越来越粗，因为不论好坏，我们的城市已是一台创新的机器。

通过减少花在准备、烹饪和清洗上的时间，这些技术进步带来了很多好处。与19世纪70年代相比，美国人平均每天花在家务上的时间减少了20分钟。对于已婚女性来说，减少的时间接近一个小时。而我们中也很少再有人想回到1930年品尝那个年代的菜单。来一碗番茄酱拌意大利细面条，还有人想要吃吗？与此同时，我们的平均体重则增加了大约 10 磅。

被遗忘的企业家

曼哈顿下东区有许多易造成动脉硬化的食物餐厅，从位于第一大道和第六街的麦当劳到位于休斯敦街的传奇熟食店凯兹。但该市这些街区也有一种更危险的消费品，即非法毒品的集散地。20 世纪 80 年代，距麦当劳仅一个街区的汤普金斯广场公园里有一个臭名昭著的露天市场。在《纽约时报》中，市长埃德·科赫哀叹"街头毒品贩子像是顽固的瘟疫，他们公然在光天化日之下进行毒品交易，这一行径破坏了附近字母城社区的生活"。

城市几乎为所有市场敞开了大门，在人口稠密的城市销售像毒品那样的违禁品具有特殊的优势，因为这些非法产品在运输、推广和分销方面比其他产品更加困难。这些违禁品，尤其是阿片类药物，使艾滋病和新冠病毒更加致命。海洛因针头在过去和现在仍然是艾滋病传播的主要媒介。新冠疫情检疫期间，可怕的社会隔离给人们带来压力，似乎加剧了阿片类药物使用过量的问题。从公共卫生的角度来看，2015 年—2018 年有 25 万例因使用阿片类药物不当导致死亡的病例，过量使用药物问题的严重性堪比新冠疫情一样严峻。同样也是城市脆弱的另一个不可忽视的成因。

鸦片及其衍生物伴随人类已久。大约公元前 3400 年，古苏美尔人将罂粟称为"忘忧药"。古希腊人、埃及人、波斯人和印度人都知道罂粟带来的乐趣和风险。在欧洲大航海时代，鸦片与

城市之困

烟草、茶叶一起运输，成为快船漂洋过海图利的药物之一。波士顿郊区的贝尔蒙特镇以一位著名鸦片经销商的庄园命名。英国在19世纪初打了两场战争，让英国船只把印度鸦片运到中国。20世纪初，20%的中国男性可能都吸食过鸦片。

阿片类药物可缓解疼痛、诱发快感并抑制呼吸和心脏活动。因此，即使比较耐药的人也容易过量服用。海洛因是罂粟的一种特别致命的衍生物。对于使用静脉注射的人来说，致死剂量仅是通常的6倍。鸦片的诱惑力和致命性导致人们在成瘾和规避之间反复循环。通常，这个循环始于一些企业家的想法，即一种据称可以消除风险的新鸦片配方。消费者相信了他们的鬼话并开始使用起这些药品。最终，大家发现这种新的阿片类药物与旧的阿片类药物一样致命。这种认识无助于阻止成瘾者继续使用该药物，但新的成瘾者人数开始下降，阿片类药物也不再流行，至少暂时如此。

1676年，伦敦医生托马斯·西德纳姆将鸦片与酒精合成后，推出一种名为鸦片酊的神奇药物，据称这种药物可以减轻疼痛且风险很小。1/4个世纪后，约翰·琼斯博士在《解开鸦片之谜》中哀叹这种药物的可怕影响。他指出，"鸦片不再起作用的时候，人会感到浑身无力或无精打采，什么也不想做"。但他也警告说，戒掉这个药物可能会导致"无法忍受的焦虑"，或"悲惨的死亡"。

1804年，德国药剂师弗里德里希·瑟图纳从鸦片中分离出一种生物碱，他将其命名为吗啡。虽然没有证据，但他希望吗啡是安全的。默克公司将这种药物商业化，瑟图纳本人也成了瘾君子，内战期间成千上万的士兵也是如此。1872年，《马萨诸塞州卫生委员会年度报告》让这个谎言延续下来，即吗啡"不含鸦片中令人更反感的特性"。但是,该报告也声明,一名国家化验员发现"最危险的吗啡制剂是由未受过教育或动机不纯的人以'治疗'为借口开给对鸦片依赖的人们。"

到20世纪80年代,人们已经知道吗啡可以成瘾并致死。像皮埃尔·简·罗伯奎特这样的化学家长期以来一直在寻找更安全的阿片类药物。他于1832年在巴黎发现了可待因。60年后,费利克斯·霍夫曼试图生产可待因,当时他制出一种药性更大的吗啡,拜耳将其作为海洛因出售。拜耳声称:"海洛因完全没有鸦片衍生物那样令人不快的作用和毒性"。1900年,《波士顿医学与外科杂志》(《新英格兰医学杂志》的前身)发表了一份说明,称海洛因"作为呼吸镇静剂比吗啡具有更多的优势",尤其是"没有成瘾的危险"。海洛因作为止咳药和缓解分娩止痛剂进行销售。而实际上,海洛因显然是既致命又令人上瘾的。费利克斯·霍夫曼的另一种止痛药阿司匹林则给拜尔带来更好的前景。

近80年来,海洛因的使用经验使美国医生对阿片类药物的印象极差。海洛因虽有市场但是非法的。美国和欧洲的警察尽管能够捣毁个把贩毒集团,但力量不足以完全阻止该毒品的流通。在马赛加工土耳其鸦片并将其运往美国的法国贩毒网于20世纪70年代初被捣毁。但事实上,阿富汗和东南亚同样擅长种植罂粟以出口到美国的市场。

纽约和迈阿密等大城市是毒品的天然入口。像汤普金斯广场公园里那样密集的城市市场,让毒贩更容易贩卖并躲避侦察。1970—1980年美国和欧洲城市出现艾滋病后,海洛因成瘾变得更加致命。

艾滋病比新冠肺炎更难传播,这就是为什么艾滋病从未对城市构成同样的生存威胁。人们不了解艾滋病的时代，这种疾病在美国城市的传播最为可怕，因为他们还没意识到不安全的性行为是危险的。吸毒者也不知道混用针头易于传播血源性疾病。

不幸的是，混用针头是传播艾滋病病毒最快的一种方式。在与艾滋病病毒阳性患者共用大约100个针头后，感染艾滋病的概率是50%。斯科特县位于印第安纳州东南部，是2014年艾滋病暴发的中心，因为一名吸毒者感染了该病毒，而该地共用针头行为又很常见。该县大约1%的人口感染了艾滋病病毒。情况变得如此糟糕，以至于保守的共和党州长和后来的副总统迈克·彭斯批准了一项针头交换计划。

因此，海洛因滥用成为艾滋病流行的帮凶。毒品合法化的倡导者可以很好地争辩说，如果让海洛因合法化，共用针头的情况就会少得多。然而，1995年后，阿片类药物大流行的惨剧，让我们很难相信，人们还能够容忍普遍使用阿片类药物可能带来的死亡威胁。在葡萄牙和瑞士等已将麻醉品合法化的国家，阿片类药物导致的死亡人数较少，但即使在这些地方，阿片类药物的死亡依然给人带来巨大的不幸。

奥施康定的成熟

1995年，普渡制药获准销售奥施康定，这是最新的所谓低风险阿片类药物。奥施康定所谓的安全性来自两个特性。首先，该药物有一个延时释放"康定"药物的系统，可以调节剂量大小，从而调节依赖性程度。其次，奥施康定使用了羟考酮，在美国的滥用历史较短。著名的纳粹分子曾对羟考酮情有独钟，这可能降低了它在美国的吸引力。在讲述奥施康定发展史之前,我们必须指出,这本书的合作者卡特勒,作为专家证人代表县和州参与了针对阿片类药物制造商、分销商和分发者的诉讼。

1913年,奥施康定的发展之路始于布鲁克林。亚瑟·赛克勒诞生在那里,他几乎是一个市民在社会向上流动的缩影。赛克勒的父母都是移民。他在大学和医学院勤工俭学,部分时间在一家专门从事医疗产品广告的公司做文案工作。赛克勒是一位成功的医生,但他真正的才华是营销。他与两个兄弟在1952年收购了普渡制药,并从此开始彻底改变了药品销售的模式,即"外派(访问医生办公室并说服他们开处方从而推销药物)、提供免费医药的样品、提供免费食品和饮料,并通过亮丽的期刊和邮件群等散发广告"。

在普渡制药这个阿片类药物大生产商背后,有着魔法般的营销模式。为了出售奥施康定,一个马萨诸塞州福尔里弗的医生,在2008年之后接受了普渡制药600多次访问。普渡制药还和他签了一份"价值高达4.8万美元的咨询合同,以推广普渡制药的阿片类药物"。据称,该医生开了18万粒普渡制药的阿片类药物,价值超过140万美元。

有效的营销通常会绕过最严格的检验真实性的规则。为了吸引医生,普渡制药在1980年向《新英格兰医学杂志》写了一封推荐信,指出:"在接受至少一剂麻醉制剂的1.1882万名患者中,只有4名之前没有成瘾史的患者有充分的成瘾倾向"。问题是,这个研究针对的是受到严格监控的住院病人。然而,普渡制药将其作为安全的一般指标报告出来。在1998年的一段视频中,一位医生争辩说,阿片类药物"应该更多地施用在疼痛患者身上",

城市之困

因为"事实上,接受医生治疗的疼痛患者的成瘾率远低于1%"。

奥施康定声称的安全性,在不到5年的时间里被证明是一个谎言。服用奥施康定的人,把延时释放的片剂破碎以便立即获得全剂量的羟考酮。随着药片数量的增加,死亡人数也在增加。尽管霹雳可卡因也在流行,但美国因吸毒过量导致的死亡率从1990年的每10万人中不到5人上升到2015年的每10万人中超过15人。

这波新毒品滥用的浪潮,居然是完全合法的。结果,城市里的毒品市场不那么重要了,尽管它确实为阿片类药物从有处方的人群流向没有处方的人群铺平了道路。第一波因阿片类药物而死亡的浪潮发生在美国农村经济更加萧条的地区。国家药物情报中心2001年的报告揭示,"据肯塔基州派克县验尸官报告,2000年出现了19例与奥施康定相关的死亡事件"。2001年7月,《纽约时报》发表了一篇题为"奥施康定的炼金术"的文章,该文报道称:"最早上报的有关奥施康定滥用的案例发生在缅因州农村、宾夕法尼亚州西部和俄亥俄州东部的锈带县,以及弗吉尼亚州的阿巴拉契亚地区、西弗吉尼亚州和肯塔基州"。

政策制定者开始打击合法的阿片类药物市场。2003年,美国食品药品监督管理局警告普渡制药说:"你们的广告就这样严重夸大了奥施康定的安全性",进而威胁道:"不回复这封信可能会导致监管行动,包括采取没收措施或发布禁制令,恕不另行通知"。同年,美国缉毒局呼吁对奥施康定进行"快速重新配制",以"减少对该产品的滥用,特别是通过注射方式的滥用"。那个10年的后期,州政府开启了处方药监测计划,让医生能够了解他们患者正在接受的处方药数量。各州在2006年—2012年增加了

81项管制药物的法律。针对普渡制药以及其他阿片类药物制造商的诉讼开始了。

2010年8月,奥施康定被重新配制以减少滥用的可能性。医生开始减少阿片类药物的处方,尤其是对新患者更是如此。从2010—2017年开始,合法阿片类药物的总出货量下降了27%。

但这些改革并不能结束阿片类药物的流行,因为人们已经上瘾了,而且非法供应商也在准备取代正规的药店。重新配制奥施康定后,约33%的阿片类药物服用者转而使用其他药物。被问及他们使用的新药品具体是什么时,70%的人说是海洛因。最初,出现了一个几乎公司化的系统来供应从墨西哥运出的海洛因,买家会打电话给贩毒者,然后经销商按需交货。

几年后,一种更便宜的工厂生产的替代品开始从东亚运出。芬太尼是完全合成的,比海洛因毒性更强。由于非法药物的强度和纯度比合法药物更难以预测,因此它们更有可能导致意外过量事故的发生。芬太尼浓度很高,可以通过美国邮政系统运输,几乎不可能被发现。芬太尼的巨大麻醉能力使其既是理想的走私药物,也是过量服用致死的主要原因。

当阿片类药物从基本上合法的市场转移到基本上非法的市场里的时候,阿片类药物导致的死亡更趋城市化。2005年之前,城市地区的药物过量使用率高于农村地区。在2005—2015年的十年间,情况发生了逆转;由于医生滥开处方,对阿片类药物上瘾的农村因过量服用死亡率超过了城市。2016年之后,城市地区的死亡率再次升高。美国城乡之间芬太尼使用和受影响的差距没有以前可卡因在城乡之间的差距那么大,但情况依然严重。

阿片类药物也加剧了美国的健康不平等,因为死于阿片类

城市之困

药物过量的人中，拥有高中学历的人数是拥有大学学历人数的 3 倍。受教育程度较低且从事体力工作，他们背疼、关节疼和肌肉疼的概率更高。很少有高学历的美国人需要整天站着工作，即使是这样也会造成持久的疼痛，一个人体重超标时尤其如此。奥施康定也许为摆脱身体疼痛带来了希望，似乎成了工作中的穷人的福音。可事实证明它就是个诅咒。

生活满意度低，例如绝望，也会让一些人另寻发泄的出口，阿片类药物就是这样一种出口。无论是从个人还是从国家角度看，收入多与更多的幸福和生活满意度相关。不快乐与死亡率上升有关，收入较低的美国壮年男性更是如此。经济学家安妮·凯斯和安格斯·迪顿将阿片类药物过量、自杀和与酗酒相关的肝病统称为"绝望的死亡"。

在新冠疫情期间，城市非法阿片类药物供不应求，绝望四处弥漫。这使城市和穷人都特别容易受到阿片类药物过量的影响。疾病控制和预防中心尚未公布 2020 年的数据，但初步报告显示，因阿片类药物服用过量导致的死亡人数将达到新高。有篇文章说："与新冠疫情相关的压力，如经济压力、与新冠疫情相关的疏离，还有阻碍对毒品或酒精有依赖性的人进行治疗和给予支持的其他因素，可能是导致当前阿片类药物过量死亡率上升的原因"。阿片类药物成瘾对身心的摧残使流行病更加致命。

非法吸毒也会以其他方式影响城市。20 世纪的八九十年代的霹雳可卡因流行使谋杀率飙升，因为敌对团伙拼死争夺霹雳可卡因的领地。高犯罪率导致人们逃离城市，进而降低了税基，结果增加了滞留居民们的财政负担，反过来又驱使更多的市民逃离城市。延长毒品，特别是霹雳可卡因毒品犯罪的刑期，会让监禁的人口激增，从而让城市的社区分崩离析。我们将在第九章详细讨论这个问题。幸运的是，阿片类药物的滥用现象并不像霹雳可卡因那样疯狂，因此也避免同时期大规模监禁的爆发。

通过激励减少欺骗

阿片类药物流行的罪魁祸首有很多。联邦政府不仅在1995年之后允许开奥施康定的处方，而且实际上不仅不加以限制，反而通过公共保险计划（如联邦医疗补助和联邦医疗保险）给予补贴。环境条件也很重要。身体疼痛（尤其在农村地区）和生活满意度低（在某些城市更为常见）会让阿片类药物的使用成为可能。

然而，普渡制药以及模仿它的公司，通过误导和欺骗患者造成阿片类药物的成瘾。因此，很难不将阿片类药物滥用的危机归咎于他们。他们的共犯包括阿片类药物的分销商和散发人，他们没有履行防止不当使用的义务。如果这些公司的行为检点一些，阿片类药物的流行也不会如此致命。

可悲的是，利润优先于公共卫生已司空见惯。几十年来，大型烟草公司也试图隐瞒卷烟的社会健康成本。20世纪50年代早期，有个里程碑式的研究表明吸烟与肺癌有关。针对这一研究，烟草公司成立了一个虚假的烟草研究所研究委员会，以寻找有关吸烟和健康的真相。可惜，唉，该委员会几十年的艰苦研究无疑未能解决这个问题。即使在21世纪初，大多数烟草公司的首席执行官也不愿在国会听证会上宣誓承认吸烟会导致癌症。

同样的行为模式也可能出现在食品制造商身上。该行业及其

城市之困

代表多年来一直在糖和肥胖的危险问题上故意混淆视听，转而推出脂肪和胆固醇是心脏病主因的观点。肉类生产商利用他们的政治影响力冲淡了少吃牛肉和猪肉的主张。电子烟制造商被指隐瞒有关尼古丁含量和成瘾性的信息，并非法向青少年推销。

大多数追求利润的公司会试图夸大其产品的好处，而轻描淡写其隐性的害处，例如成瘾和死亡的风险。寄希望于消除人类的贪婪是不切实际的。我们承认，追求哪怕是一美元的利润也可以带来很多好处。经济学之父亚当·斯密有句名言："我们的晚餐并非来自屠夫、酿酒师或面包师的仁慈，而是来自他们对自身利益的考量"。

然而，在成瘾和有损健康的商品生产和销售方面，误导消费者得到的好处尤其有害。如果一家公司误导消费者购买有质量问题的电视，则电视可以退货，钱可以拿回来再花到别处。如果一家公司误导人们使用有损健康的产品，那么对健康的伤害可能是不可逆转的。当对产品上瘾时，造成永久性伤害的可能性会特别大。在这种情况下，即使是短暂的渎职行为也可能导致持久的损害。阿片类药物制造商声称他们不对海洛因和非法芬太尼造成的死亡负责，因为他们不生产这些产品。但对于许多吸毒者来说，正是合法药物让人们上瘾并最终转而使用非法药物。

我们有一套侵权行为法体系，允许客户以欺诈为由提起诉讼，但对担责的激励似乎太弱，无法阻止公司销售令人成瘾和致命的产品。迄今为止，对阿片类药物滥用的处罚，只占该不当行为所获利润的一小部分。卷烟罚款与利润的比例甚至更低。有了这些鼓励，企业就可理直气壮地隐瞒真相，并希望他们的欺骗行为不被发现，即使被发现，大不了交罚款了事。

一项可能的改革是增加损害赔偿金，使其超过不当行为所带来的利润。在个人层面，如果企业领导人面临入狱的可能，会产生更大的影响。如果一个毒贩可以因为在街上非法销售奥施康定而被判入狱，那么，也许制药业的首席执行官也应该因为非法推销同一种药物而坐牢。

当不仅阿片类药物使用者，且其周围的人也受到该药物的伤害后，惩罚欺骗行为的理由就更加充分了。吸烟会对周围人造成吸二手烟的伤害。世界卫生组织估计，2004年世界上所有死因中，有1%与吸食二手烟有关。在美国，25%的机动车事故涉及酒后驾驶。过量使用阿片类药物会导致加速艾滋病病毒的传播。

为什么教育可预防疾病？

从某种意义上说，肥胖远比消瘦的原因更容易理解。纵观人类历史，食用甜味、咸味和高脂肪食物会让人感觉快乐。我们身体进化的结果是见了食物就吃：谁知吃了这顿还有没有下顿呢？贫穷的布朗斯维尔居民，可能买不起公园大道的合作公寓，但在正常情况下，他们可以负担得起包括我们也觉得美味的食物，包括比萨、冰激凌和其他快餐。他们理所当然地选择消费那些负担得起的奢侈品。奇怪的是，上东区人却在节食，要么是因为他们想要看起来更时尚，要么是因为他们真正关心自己的健康。说服自己放弃第二块巧克力曲奇需要的是下决心克服虚荣心、提高教育水平或增强自控能力。

作为教育工作者，我们当然希望学校教育能够让人们对产品的广告持怀疑态度。作为社会科学家，我们知道教育与更长的预期寿命和更健康的行为有关。我们怀疑，对于许多包括我们自己在内受过教育的人来说，让自己更加健康起来的动力来自我们不想显得意志薄弱或愚蠢，而不是因为我们对健康的认识或我们的道德标准提高了多少。毕竟，一个研究健康的经济学家怎么可能让人发现叼着支烟而不心怀忐忑呢？

但无论是什么原因，吸烟、酗酒、肥胖、非法吸毒和不安全性行为等，都会随着接受教育的年限的增加而减少。受过教育的人会做更多这样的事：系好安全带、在家安装烟雾探测器、使用测氡仪、测试含铅涂料、进行胸部 X 光检查或子宫颈抹片检查、接受结肠镜检查、接种流感疫苗，以及服用推荐的药物等。

在某些方面，教育似乎与更多了解危险行为没有多大关系。几乎没有人不知道，吸烟有害、超重有损健康、找代驾可以减少机动车事故。然而，教育似乎只在其他方面管用。教育可能通过增加心智带宽来改变行为或增加购买改善健康商品所需的收入。多年的学校教育意味着有更多经验为明天的利益作出今天的牺牲，并对科学过程产生更多的信任。无论出于什么原因，希望改善健康的城市都应该重视为所有公民提供更多的教育机会。

此外，教育具有溢出效应；即使是低收入人群，如果他们住在大学毕业生较多的地区，他们的行为也会更趋于健康。这至少部分是公共政策导致的结果。在纽约市，卷烟的税率为每包 5.85 美元，其中包括州税和地方税。在印第安纳州，每包的销售税是 1 美元。在大学毕业生较多的州，对室内、酒吧和餐馆以及其他场所吸烟的限制也更为普遍。

同伴效应也很重要。当一些人戒烟时，会对其他人产生溢出效应。人们聚会的时候比自己独处的时候更容易吸烟和喝酒。如果同事们不吸烟，新员工就不太可能养成吸烟的习惯。如果同伴都戒烟了，那自己也戒烟可能会更容易一些。

预防疫情大流行

在大流行性疾病肆虐期间，一个城市，甚至一个国家，其健康水平会降维到患病最严重群体的健康水平。一场全球性的疫情提醒我们，解决健康行为的问题，不仅是出于个人同情心，也是出于公民的需要。

我们可以通过远离新型病毒毒株的源头以及改善发展中国家城市的下水道和卫生设施，来尝试从根本上阻止流行病的暴发。我们可以通过更加明智的检疫法规和迅速采取社会疏离措施，来减缓传染病在城市间的传播速度。我们可以用疫苗和治疗方法在医学上抗击大流行性疾病。但最后的决战还是要靠人体本身，调动免疫系统来对抗疾病。大流行性疾病暴发之前强身健体会更容易战胜疫情。

行为是可能改变的。尽管尼古丁是已知最容易成瘾的物质之一，但美国有一半吸烟者已经戒烟。阿片类药物成瘾症在某些地区，特别是在更容易获得治疗的地区，需求量亦有所下降，尽管令人遗憾的是，由于成瘾者还有大量存货，也由于芬太尼的供应似乎不可阻挡，死亡人数还将在多年内居高不下。行为不是一成不变的，只是难改而已。城市面临的一个核心挑战是实现改变这一目标。

减少有害健康行为也很重要，因为这些行为会占用可用于其他服务的资金。随着时间的推移，增加支出最多的身体疾病均来

城市之困

自不良的健康行为。这些身体疾病包括心脏病、某些癌症和肌肉骨骼疼痛等。要解决这个问题，就需要解决医疗系统问题。这个问题就是我们接下来要讨论的内容。

第五章

医疗保障能否为我们保驾护航

预防大流行性疾病本质上是政府的责任，这是因为必须采取集体行动，必须隔离人群，必须协调应对措施。公共部门的应急措施在 14 世纪的拉古萨和 19 世纪的费城起到了关键性的作用，今天，公共部门的重要性依然如此。然而，尽管美国已经建立起一个每年在医疗保健上花费超过 3 万亿美元的公共健康保险体系，它却从未建立起一个全面保护和促进公众健康的系统。即使在最近几年，随着为全球疫情做准备的需求变得越来越明显，医疗机构和保险领域内有权有势的人，再加上公共服务功能欠佳，让重新定位医疗系统的方向变得几乎不可能。

2020 年，超过 35 万名美国人死于新冠疫情。根据美国较高的人口进行基数调整后，这一死亡率也是德国或加拿大的两倍多，尽管德国在医疗保健上的花费比美国少 1/3，而加拿大的花费只有美国的 1/2。美国的死亡率是日本的 33 倍，韩国的 50 倍。2020 年，新加坡和中国台湾地区因新冠疫情总共失去了不到 40 人；得克萨斯州拉伯克市的人口是新加坡和中国台湾地区的 1/100，但其死亡人数却是它们的 10 倍。与美国城市相比，亚洲

城市之困

城市因距离中国更近而处于不利的地位，因此更有可能在风险变得明显之前就接待了被感染的访客。

本书的一个中心主题是，大型、密集、相互关联的城市比较脆弱，因而它们需要一个有效、积极主动的公共部门，即一种为人民服务的共享力量。这种力量来源于正确的目标，并取决于既拥有足够资源又勇于负责的领导者。美国的医疗保健系统却呈现了另一种景象：医疗系统分散，虽然资金充足但目标失焦，而且不太具备或根本就不具备被授权的领导力。

美国在新冠疫情期间表现不佳，大部分责任在特朗普总统及其政府身上。这样的指责是恰如其分的。在新冠肺炎暴发期间，特朗普政府打破了危机管理的每一条规则。但这还不是问题的全部。整个卫生系统对抗役失败难辞其咎，将问题个人化只能为其推卸责任。

美国的医疗保健有三个特征。因此，即使有更好的领导也难以应付新冠肺炎的大流行。首先，美国的医疗保健系统侧重于私人医疗保健，而不是公共卫生。它担心的是影响个人的疾病，而不是可能侵袭我们所有人的流行病。其次，该系统侧重于照顾病人而不是促进健康。它鼓励治疗急性病而不是预防疾病，而且在治疗慢性疾病上的支出比传染病要多得多。最后，就像在其他领域中一样，美国可以容忍千差万别的医疗保健服务。尽管数以百万计的美国人拥有一流的医疗保险并享有与德国人或瑞士人一样健康的生活方式，但还是有一些美国人没有任何医疗保障。这一铠甲上的缝隙，是疾病大流行的诱因。

这一系列问题也发生在其他国家和地区但通常程度较轻。所有国家的医疗保健系统都过度关注公民个体疾病的治疗而不是公共卫生。但大多数国家的公共卫生系统比美国更强大，尤其是新冠肺炎死亡人数很少的亚洲国家和地区。除美国外，所有发达国家都有全民健康保险，这有助于减少卫生不平等。

　　本章不会提出修复医疗保健系统的蓝图，也不会为任何具体的改革理由作出解释，尽管我们对这个话题都有自己的看法，而且我们中的卡特勒已经写了两部有关这个主题的专著。虽然我们觉得本书不宜对医疗改革进行冗长的讨论，但我们还是想讨论一下政府要做些什么才能预防大流行性疾病的暴发，譬如制定更强有力的政策，以保护国民的健康免受传染病侵扰，并建立与该政策相称的行动能力。

医疗保健系统病了

　　在新冠疫情危急时刻，美国医保表现不佳，表明该系统处于长期失败的状态。在最近一项关于医疗保健满意度的国际调查中，美国在18个国家中排名第14。与其他国家的人相比，更多的美国人认为美国的医疗保健系统需要"彻底重建"，而其他国家的人则认为他们国家的医疗保健系统只需要"微调"。在美国，即使有医保的人也比其他国家的人更不满意。在经济合作与发展组织的11个最富裕国家中，美国的预期寿命和婴儿死亡率全都排在最后。

　　美国例外论在医疗保健上的一个实在的例子是支出问题。美国每人在医疗保健上的花费为1.1万美元。而医疗保健支出第二高的国家瑞士低于 8 000 美元。富裕国家的平均水平接近 6 000 美元。英国不到 5 000 美元。鉴于支出水平如此之低，与支出更多的国家相比，英国人自然会更多地担心获得医疗服务的途径而非成本。总而言之，美国每个家庭在医疗保健上的花费比其他国家的居民多出大约 20 000 美元。中产阶级把其收入增长的很大一部分用来支付医疗保健费用，而不是缴付租金、购买实物商品或投资教育。传奇投资者沃伦·巴菲特将医疗保健称为"经济体系中的绦虫"。而这条虫还在逐年长大。

如果美国的医疗保健状况真的明显优于其他国家的话，那么或许如此夸张的支出是合理的，但事实并非如此。高血压、高胆固醇和糖尿病等慢性疾病在美国控制得并不理想。急性病在美国确实得到了更集中的治疗，但结果也不怎么样。与医疗保健和我们最接近的国家相比，我们没有哪个医学领域明显优于人家。

如果一个人想了解美国医疗保健失序的原因，最好的办法就是探究一下政府把钱花到哪里去了。在任何系统中，资金的流动方式决定了系统的运作方式。拿心血管类疾病，如心脏病、中风或相关疾病来举例吧。如果一个人心脏病发作，被紧急送往医院并植入了支架，联邦医疗保险将支付大约 1.5 万美元。如果此人买了私人公司的保险，费用可能会是两倍。可这样的手术只需个把小时，在医院住一两晚而已。

现在回放一下这种情况，设想做些什么本来可以预防这个病人的心脏病发作。许多心肌梗死患者有高血压或高胆固醇病史。监测这些疾病可能只需半小时，门诊看医生的费用也不过 100 美元。如果医生注意到患者没有预先开药或补充他们的处方药，然后打电话提醒他们，这一部分则根本不用花一分钱。提醒患者用药虽然不是"治病"，但确实可以挽救生命。毫不奇怪，几乎每个医疗中心都拥有先进的心脏疾病治疗能力，但很少有医生花些时间和精力来确保他们的患者能按时服药。

美国为重症医疗提供高额报销的制度并不是一个合理决定的结果。相反，它是偶然发生的。20 世纪初，医生按不同的医疗服务收费。自然地，重症监护越多，报销费用越高；监护越少，报销也越少。20 世纪 30 年代一家医院的价目表显示，一间病房每天收 4—10 美元，具体取决于病房内的人数和病房在医院的位置。手术室小手术费为 7.50 美元，大手术费为 17.50 美元，夜间急诊手术费为 20 美元。分娩费用为 40—70 美元，具体要看产妇的住院时间和病房里产妇的人数。当时，一次例行的医生到患者家中出诊费用大约是 5 美元。

这些费用都是自掏腰包支付的。第一个健康保险计划于 1929 年初出茅庐，当时得克萨斯州的贝勒医院（现为贝勒大学医学中心）意识到，在大萧条期间，无论病人的支付能力如何，该医院都要治病救人。为了限制他们的总成本，他们制定了一个预付计划来支付医疗费用。每月只需支付 50 美分，就可以保证人们在需要的时候住院三周。

第二次世界大战期间，雇主用健康保险来规避政府对工资和价格的控制。联邦政府虽然限制雇主对雇员的现金补偿，但没有限制雇主给员工发放福利。雇主可以通过提供额外的好处来吸引工人，比如医疗保健。战后，税法修改的结果是把医疗保险排除在税收之外。由于工资和薪水被征税，而医疗保险免税，所以员工在工作中获得医疗保健可以节省税金。

私人保险公司通常需要向医生和医院支付未投保患者产生的费用。就连汽车保险公司都不想固化别克汽车的价格，那么健康保险公司为何要确定手术的价格呢？保险公司专注于风险分担，即尽可能多地增加投保人，用健康人的保费来支付患者的医疗费用。但随着越来越多的人投保，保费价格也就没有那么重要了。既然保险公司什么费用都给支付了，医院索要高价也就没人去管了。

托马斯·杰斐逊[①]的福利国家

日益高涨的医疗费用，加上人们对药物治病的认识不断加深，促使社会大量老年人和穷人开始拥有医疗保险。通过联邦医疗保险和联邦医疗补助计划，联邦政府在医疗上花费了巨资，但又对该系统疏于管理。营运这两个保险计划的是美国政府最大的单一预算机构，叫联邦医疗保险和联邦医疗补助服务中心。该中心的预算每年接近1万亿美元，而如此巨额的预算仅由6 000人管理，这意味着，每一个中心的普通员工负责监督1.67亿美元的公共支出。相比之下，美军军费更少一些（2019年为7 320亿美元），却雇用了130万名员工。联邦政府在医疗保健方面所做的事情几乎只是支付账单，而军费开支则是强大行政职权的反映。

---

① 托马斯·杰斐逊：Thomas Jefferson，美利坚合众国第三任国家总统。同时也是《美国独立宣言》主要起草人。

第五章　医疗保障能否为我们保驾护航

预算数额和控制权之间的这种不匹配并非偶然。打造美国社会安全网的政党也是托马斯·杰斐逊和主张分权给各州的政党。在整个19世纪，大政府的拥护者是亚历山大·汉密尔顿的联邦党人、崇尚关税和基础设施的辉格党人，以及对叛逆的南方各州实行国家管控的共和党人。他们的反对者，包括托马斯·杰斐逊和安德鲁·杰克逊，至少在白人中间，都支持准平等主义的自由意志主义，并反对联邦的权力。他们认为，联邦权力主要是帮助富有的圈内人。他们20世纪的继承人伍德罗·威尔逊将他1912年的竞选宣言命名为"新自由"，并抨击"少数人控制政府以获得政府的恩惠"。他宣称"我不希望许多专家在华盛顿闭门造车，然后跟我充上帝"。

在那次选举中，大家有个真诚的愿景，即拿出一个汉密尔顿式的集中医疗保健方案。泰迪·罗斯福的公麋党①在其竞选政纲中呼吁："将联邦政府现有的所有处理公共卫生事务的机构，合并为一个单一的国家卫生服务机构"，该服务机构将拥有"诸如可能需要的额外权力，使其能够有效地履行保护公众免遭可预防疾病侵害的职责"，并支持"促进生命统计并扩大此类统计的登记范围，同时支持与全国各州和城市的卫生行动进行合作"。可惜，罗斯福从未如愿。

和伍德罗·威尔逊一样，哈里·杜鲁门模仿起令人肃然起敬的托马斯·杰斐逊来得心应手。他不仅推出积极拥护杰斐逊的口号，如："只要我们依然自由，托马斯·杰斐逊的精神就会在美国

---

① 公麋党：昙花一现的美国政党，是1912年成立的国家进步党的昵称。该党于1916年解散。

永生！"他还严肃地承诺建立一个小型的中央政府："我心已决，政府在和平时期的所有运作，都应服从严格的经济管理"。当杜鲁门在1945年呼吁建立国民医疗保险时，他呼吁："联邦政府应为建设所需的医院提供财政和其他援助"，但"不亲自建设或运营这些医院"。他希望"向各州提供补贴，而且该补贴要比现行法律为公共卫生服务提供的资金更加慷慨"，但是，他反对建立一个强大的联邦公共卫生机构。

杜鲁门希望通过"扩大我们现有的强制性社会保险制度"，让每个人都能"随时获得所有必要的医疗、医院和相关服务"。但他坚决反对"社会化的医疗"，并承诺"我们的被捐助的救济医院和我们的市、县、州综合医院"可以"保持行政独立"，使医生不再"担当政府雇员的角色"。他希望支出不受公共管理的限制，而这最终发生在美国的医疗保健制度上。

杜鲁门愿景的火炬熊熊燃烧着。1960年的民主党政纲雄心勃勃，肯定了"获得充分医疗的权利"，这一权利"将以老年人医疗福利的形式呈现"，"而这个福利将是久经考验的社会保障保险体系的一部分"。在那次选举中，"作为总统候选人的肯尼迪信誓旦旦要做的，莫过于医疗保健了"。他也把这标榜为杰斐逊式的权利，而不是汉密尔顿式的公共行动。作为"权利"，这一承诺没有什么附带条件。该平台批评了任何想要通过仅向所需的人提供医保来限制成本的尝试："我们拒绝任何要求这些公民忍辱接受'穷人誓言'的提议。所谓'穷人誓言'，指的是穷人在发誓的情况下呈报自己的经济状况。而这所谓的'穷人誓言'，却意味着为圈外人多花钱，但要仅为赢得选举，这可是万万做不得的。"

1962年，国会通过了金-安德森法案，该法案遵循杜鲁门的方案，将医疗保健纳入美国社会安全保险。美国医学协会加倍应对所谓的"医学界所面临的最致命的挑战"。新泽西州有位特别活跃的医生叫杰·布鲁斯·亨利克森，他率先发起了一场医生运动，即"拒绝参与金－安德森法案规定下的任何医疗活动"，但同时，他们还会"像过去一样，继续医治付不起医药费的人们。"1962年，尽管肯尼迪"在竞选活动中将其个人声望孤注一掷地绑在了金－安德森法案上，但参议院还是以微弱优势将其否决了"。

  肯尼迪总统去世后，林登·约翰逊总统将医疗保健列为优先事项。这需要他与"华盛顿最有权势的人"，即阿肯色州民主党人威尔伯·米尔斯合作，他是强大的众议院筹款委员会主席。约翰逊和米尔斯都是立法的老手，也都是南方民主党人。正如一位政治学家在谈到第二次世界大战后领导美国立法机构的南方人时所写的那样："对各州权利的关注是突出的。然而，这些南方领导人会证明，他们愿意一次又一次地将这一原则放在次要的地位，以实质性地推进他们政策优先的公共援助事项"。

  1964年3月，约翰逊在金－安德森法案上督促米尔斯："根据我的判断，在我当政的6个月内或在我未来整个任期内，对我党或对你我这样的个人来说，没有任何事情比这个立法更有意义了"。他仍然尊重米尔斯的财政敏锐度和立法能力："如果你不比我更懂得筹款，你也就不会如此专注此事了，但我知道你会"。米尔斯听了约翰逊的，特别是后者在1964年赢得压倒性选举之后更是如此。正如米尔斯后来告诉一位采访者说："约翰逊在竞选中支持联邦医疗保险，你知道的。现在，他以两票对一票当选，这样的选举结果，说明选民强烈支持他对医保的提倡"。

城市之困

我们永远无法知道，联邦医疗保险和联邦医疗补助那有限的、纯财务的结构，在多大程度上反映了有限政府的杰斐逊传统或根深蒂固的医生和保险公司（美国医学协会和私人保险公司等）对政府控制的反对态度。如果没有这些反对者，约翰逊总统和威尔伯·米尔斯可能会接受1948年开始运作的英国全民保健服务模式，或是1955年之后的瑞典系统，抑或是大约在那个时候颁布的加拿大医保系统。不管是什么原因，其结果是一个没有覆盖大多数美国人的医疗保险体系，这极大地限制了政府的回旋余地。

威尔伯·米尔斯提出了一个"三层蛋糕"法案：金－安德森的医院费用保险计划、米尔斯自己对穷人提供医疗援助的克尔－米尔斯法案，以及为非医院医生的账单提供保险的新元素。该法案顺利在众议院和参议院通过。约翰逊在密苏里州独立城的哈里·斯·杜鲁门图书馆，将其签署成为法律。杜鲁门总统遂成为第一位加入联邦医疗保险的美国人。

杰斐逊式的社会安全网模式，意味着政府只负责支付，不负责对适当的医疗保健做出决策。联邦医疗保险和联邦医疗补助得到的权力是开放式的，承诺涵盖任何"有必要或恰当的医疗"。这些计划建立在这样一个私人系统之上，即为医治大致可以治愈的重症病人支付更多的费用。这个安全网并没有将联邦政府的职权范围扩大到保护国民健康上面，也没有授权联邦政府选择每美元产生最大健康收益的投资。随着时间的推移，这种设计的缺陷只会变得更加明显，然而，组织良好的老人政治权力以及美国整体的政治痼疾，使得医疗保险变得脆弱、昂贵，而且似乎是碰不得的。

不出所料，联邦医疗保险和联邦医疗补助计划下的医疗支出，增长速度超过了当时的预计。具有讽刺意味的是，医疗保险的高昂费用导致著名的财政保守派威尔伯·米尔斯也与泰德·肯尼迪联手推动美国走向单一支付制度。但米尔斯有点贪酒，而且迷上了一位名叫范妮·福克斯的阿根廷脱衣舞娘。两人在凌晨2:00酒驾被抓。福克斯跳入潮汐湖试图逃跑。可笑的是，该湖就在杰斐逊纪念堂前。两个月后，米尔斯从筹款委员会辞职。单一付款的计划也就泡汤了。

美国的医疗保险为什么这么贵？

20世纪60年代初，大约也是推出联邦医疗保险和联邦医疗补助的时候，美国的医疗支出虽然比其他国家略高，但也不是高不可攀。1960年，美国和加拿大都将大约4%的国民收入用于医疗保健，略高于其他富裕国家。随着其他国家实施略带政府控制的全民保健系统，差距就拉开了。美国的医疗支出蹿升至富裕国家的首位，到20世纪80年代，美国在医疗保健上的支出与GDP的占比，已经超出加拿大2%。如今，这个差距已经是6%了。

美国把所有医保的钱花到哪里去了呢？在美国医疗系统中，每4美元就有1美元用于管理，其费用是支付心血管疾病费用的两倍，癌症费用的三倍。在加拿大，用于行政管理的份额还不到美国的一半。

美国的每个医生办公室和医院都有很多人，他们唯一的工作就是处理文书。譬如，他们要弄清患者的医保是否包括其需要的医疗服务。大量的精力都花在了保存临床记录上。患者贫血吗？

有糖尿病史怎么办？每家保险公司需要的信息各不相同，因此表格是根据保险公司的具体情况填写的。在批准付款之前，保险公司可能会要求提供文件，证明有关医生在开出昂贵药物之前是否尝试过便宜的药物。服务获得批准后，才会跟进付款。而且，跟踪资金的流向需要更多的管理时间。保险公司也雇有他们自己庞大的官僚队伍，由他们来决定每次提出的医疗服务是否涵盖在医保内、哪些需要事先授权、哪些药物在处方集上是首选的、哪些不是。他们还决定医生想要开具账单的金额是合理的还是过高了等。

　　加拿大通过制定更简单的规则来避免这种书面工作。医院的收入金额是预先设定好的。有了这笔钱，医院就可以治疗所有需要救治的人，没有提交单独账单的必要。医生按其提供的医疗服务收费，就像在美国一样，但省去了讨价还价和授权方面的繁文缛节。政府设定每项服务的收费标准，所有医生按该标准得到报销，这显然是非杰斐逊式的联邦控制水平。如要降低支出，政府可单方面减少支付给医生的费用。如果某种特定技术的使用被认为是过度的，例如，进行太多的 MRI 扫描，政府将不再授权购买额外的扫描仪。

　　加拿大的规则可能很严厉，但行政成本要低得多。我们的观点并不是说加拿大的制度天生就比美国的好或差；我们的观点很简单，单一付款人模式在管理上更便宜。

　　美国医疗花费高的第二个原因，是为相同的服务支付更多费用。一篇研究国际医疗支出的著名论文惊呼道："是价格，笨蛋！"处方药是最臭名昭著的例子。在美国，一瓶胰岛素的价格是加拿大的 10 倍。一些美国人因为负担不起选择节约胰岛素的使用而死亡。制药公司在美国的收费高于其他国家，因为他们可以这样做。

在英国，国立医疗技术评价机构限制了每种新药的支付金额，这同样不是杰斐逊式的；制药公司的价格必须低于该水平，否则他们就无法出售。由于大多数药物一旦开发出来生产成本就很低，即使给每个用户低廉的价格，公司也可以获利。相比之下，美国没有中央谈判代表。如果一家保险公司不承保一种新药，而其竞争对手承保，那么这家吝啬的保险公司就会将客户拱手让给竞争对手。对于医生来说也是如此。加拿大医生收取的费用不能超过政府分配的适度费用，也不能私下向患者收取加拿大医疗保险所涵盖的服务费用。在美国，如果一个医疗单位对某一个保险公司的价格有些犹豫，那么它可以用其他保险公司的患者来弥补。

美国医疗系统的成本高确实有它的好处。制药公司争辩说，他们需要从高价的美国医疗得到回报，以资助新药的研发。支付给医生更多的费用以鼓励优秀学生申请医学院。因为美国受过高等教育的人比其他国家受过高等教育的人挣的钱相对多一些，如果美国的医生工资不够高，就会有更多的顶尖学生转行。经济学中的一切都涉及权衡，这也不例外。

美国和加拿大之间的第三个区别在于两国的行医方式不尽相同。美国人看医生的次数少于加拿大人。事实上，美国人均就诊次数和住院次数低于大多数其他富裕国家。大流行性疾病对美国之所以构成更大的风险，其中一个原因是它的人均病床数量少于其他富裕国家。

但是，当人们在美国接受医疗服务的时候，这种服务会更加精心。拿到同样的背痛报告后，美国人更有可能做一个核磁共振检查。他们更有可能获得阿片类药物并且更有可能被安排接受手术治疗。美国的心脏病专家更有可能在患有轻度胸痛的人身上植入支架。在加拿大，饮食和运动是更常见的处方。这样不同的模式是由钱来决定的。美国医生进行心脏支架手术的收入多于其他国家的医生。

所有这些差异都是医疗保健在建立过程中自然形成的。从林登·约翰逊到威尔伯·米尔斯再到今天，这条发展路线是一以贯之的。

保险和创新激励

二十世纪五六十年代，保险范围的扩大加大了人们接受医疗服务的频率。这也是要达到的目标的一部分。但出人预料的副作用，即各种新花样，像雪崩一样扑面而来，而翻新花样的是相互作用的各个方面：保险公司承诺支付费用，医学家想要治病救人，而各类公司想要赚钱。这个路径事后看来很清晰，但当时却缺乏这样的远见。如果保险公司愿意随时为任何有益的新的医疗手术付费，那么企业将会源源不断地生产出大量的新药、新设备和手术所需的一切。

这种激励创新后果有好有坏。在抗击新冠疫情中最有希望的部分可能是2020年新候选疫苗的激增。生产疫苗通常不赚钱；疫苗是给健康的人接种的，他们一般不愿意像病人支付医疗费那样为预防疾病花一样多的钱，尽管新冠疫情可能是个例外。因此，单一支付国家有时会承诺在疫苗出现之前就购买疫苗，以刺激发明。2020年7月，当英国"签署了9 000万剂正在开发的有希望的冠状病毒疫苗的大单"时，没有人会感到惊讶。

美国在同一个月开创了一个更为重要的先例，政府与辉瑞和生物新技术公司签署了一项合同，支付19.5亿美元购买1亿剂疫苗，要求于2020年12月交付。面对灾难性的大流行，美国政府基本上采取了单一支付的模式，承诺向普通公民提供免费疫苗，这些疫苗以中央协商的价格购买。正如我们在2021年1月所写的那样，美国和英国正在提供疫苗，尽管美国的速度比计划的要慢得多。疫苗在英国分发得更快，这反映了医疗保健责任集中化的优势，即使在1858年迪斯雷利滔滔不绝地谈论下水道问题时，这一点也是显而易见的。

新冠肺炎疫苗并不是快速开发疫苗的唯一例子。2009年的猪流感H1N1疫苗也以类似的速度开发出来。当年3月在墨西哥发现了第一例H1N1病例；美国首例病例于4月15日确诊。到4月24日，H1N1基因组已被解码。9月中旬，四种疫苗获批；第五种也于当年的11月获批。

之所以很容易地作出预付新冠肺炎疫苗费用的决定，是因为这些疫苗的社会和经济效益巨大。联邦医疗保险为其他形式的创新支付费用的开放式承诺，既有成本也有收益。数十亿美元的收益来自美国医疗系统慷慨的激励措施。然而，这些激励措施也使美国的医疗保健成本高得惊人。

医疗技术改变了几乎所有健康问题的治疗方法。回到我们举的心脏病发作的例子。20世纪40年代后期，当哈里·杜鲁门推动全民健康保险时，心脏病发作的标准治疗方法是卧床休息，即在医院病床上休息6周，然后在家卧床6个月。该理论认为，给心脏增加的负荷会导致额外的伤害。冠状动脉造影术是 20 世纪 50 年代后期开发的，该技术可让医生对心肌进行成像并确定其受损程度。新兴的绕过阻塞动脉的搭桥手术终于在 20 世纪 60 年代证明是成功的。医疗保险支付随后促使冠状动脉搭桥手术更加普及。20 世纪 80 年代初期，医生开发了用于植入闭塞动脉的球囊。给球囊充气后，便开出一条让血液流向心脏的路径。后来，又开发出网孔支架以保持动脉的畅通。这些手术技术成本更高，但也能挽救生命。

一个接一个的医学领域里都出现了技术创新。事实上，医疗技术的革命产生了全新的专业。在 20 世纪初，医生是多面手，人们期望他们能够治疗病人的同时，在适当的情况下也可以进行手术并懂得接生。今天，美国内科医学委员会认可的专科有 40 个，其中包括 87 个亚专科，而且这些专科医生的费用更高。根据医师招聘和人员配备公司梅里特·霍金斯的数据，急诊医学专家的年收入约为 35 万美元，皮肤科医生的年收入约为 42 万美元，整形外科医生的年收入约为 54 万美元。内科医师（典型的初级成人保健医师）的平均年收入约为 25 万美元。

更加精细的医疗十分有价值。本书的共同作者卡特勒写在另一部著作中认为随着时间的推移，在新疗法上支出更多的费用是值得的，因为其改善了医疗保健的结果。上面提到的心脏外科技术就是一个典型的例子。但技术也可能被过度使用。在加拿大，支架的植入频率远低于美国，但加拿大心肌梗死后的存活率与美国相差无几。

虽然产生新费用的创新如疾风暴雨般袭来，但医疗系统对无须报销医疗费用的那些服务的需求反应迟钝，如改善获得医疗保健的机会等。在新冠肺炎流行初期，人们被要求待在家里，医生对病人进入他们的诊室心存不安。因此，数以百万计的医疗就诊被取消。除了面对面诊治之外，还有一个明显的替代方案，那就是远程医疗。任何拥有宽带服务的人都可通过视频直接与大夫沟通。通过电话就诊就更方便了。为了应对新冠疫情，远程医疗行业一夜之间应运而生。须臾，远程医疗便无处不在了。正是医生们让这一切变为现实！我们应该给他们一个大大的赞。但是，为什么要等到新冠疫情来临，医生和患者才通过像 Skype 一样的视频软件进行沟通呢？其中部分原因是远程就诊可以不付费。

由于美国对医疗保健作出的承诺是开放型的，也是杰斐逊式的，这个国家在偏重昂贵治疗的程度上是独一无二的。我们接受了这样一个事实，即纳税人支付医保费用但没有授权其民意代表限制医疗的成本。单一付款系统有其缺陷，但至少支出的实体能够决定支出的多少。私人保险公司也发现很难削减成本。如果一家保险公司削减其支付给医生的费用或限制总体支出，那么它的参保者就会受到影响，因为他们心仪的医生可能会拒绝为他们提供治疗服务。联邦医疗补助支付的费用较低，结果 1/3 的医生根本不接受其承保的新患者，而很多其他医生只接受部分联邦医疗补助的老顾客。

随着时间的推移，医疗支出不受限制的增长越来越成问题，尤其是在经济表现不佳的情况下更是如此，就像 20 世纪 70 年代的两次油价冲击之后那样。就业率下降，经济陷入严重衰退，政府和企业都需要削减开支。

控制成本的最初尝试不太成功。公共和私人保险公司试图将医生的收费限制在该地区"惯常的合理"区间。随着时间的推移，保险公司建立起一个系统来确定患者"就医"次数。次数越多，报销金额也就越高。联邦政府在 20 世纪 80 年代把这个系统推荐给医院，后又在 1990 年代推荐给医生。私营保险公司通常跟着公共医疗服务的步子走，尽管私营部门为每项医疗服务支付的费率更高。

这种做法虽然控制了价格，但也制造出行政噩梦。数十亿美元花在确定谁有资格获得哪些医疗服务以及为确定的服务支付多少费用等无用功上。这一费力的官僚做法固然降低了每家保险公司必须支付的费用，但却解决不了根本问题。

在自由之地上配给医疗服务

美国和所有国家一样，对医疗服务实行配给。可不是吗，我们已经说过了。我们还用上了"蠢"字。下次有哪位政客告诉你美国不应该有单一付款制度，因为这将涉及医疗服务配给的问题，千万不要听他胡说八道，而且还要发誓永远不要投票给他。问题不在于各国是否配给医疗服务，而在于他们是如何配给的。

在实行单一付款制度的国家，医疗配给是在总体水平上进行的。加拿大医院有固定的总预算和限制购买新设备和扩大手术室的规定。在美国，我们用高昂的代价来减轻医疗服务的密度并对我们的医疗系统有限的资源进行配给。美国尽管没有集中的配给形式，但它仍然在配给医疗服务。保险公司试图通过向患者收取更多费用来减少他们看病的频率，而美其名曰让患者有更多的"参与感"。让患者一个月自掏腰包购买药品以限制他们使用昂贵的品牌药物，有人可能要花数千美元，即使实际制造药的成本可以忽略不计。同时，患者到急诊科就诊也要花费数千美元。

在美国，1/4 的私人医保投保人参加了"高自付额健保计划"，这需要他们自己承担最初的几千美元医疗费用。这些设计，是希望投保人能够减少昂贵却低效的医疗服务。不幸的是，大量研究表明，人们无法决定哪些医疗服务是有价值的，哪些不是。医疗成本高时，人们当然会削减开支，但他们也会减少价廉却有价值的医疗服务。更高的共付额意味着人们会减少进行通常不太划算的成像检查程序，同时，也意味着医生会减少开出非常划算的降胆固醇处方药。

另一种配给方法是追踪医生的医疗行为，及时取消被认为是不合理的医疗服务项目和方案。"事先授权"和"使用管理"听起来很富有诗意。如果医生建议进行非急需外科手术，请首先尝试药物治疗。那么物理治疗呢？医生可以做的事情就太多了，因此需要质疑的事情相当多。一个典型的保险公司对医疗服务的事先授权有几千条规则，对药品还有另外几千条规则。

卫生政策分析师无休止地争论集中式和分散式配给方案的优缺点。我们的重点不是在其中作出选择。但是，无论人们对集中式还是分散式配给的理解有多抽象，新冠肺炎的大流行改变了所有的算计。在大流行中，我们绝不希望可能被感染的人因为负担不起急诊室费用而让其无限期地等待下去，我们也不会因为成本问题而不让被细菌感染的患者服用抗生素。在疫情大流行的时候，人们总是希望降低个人为保护我们所有人而支付的医疗费用。

城市之困

领导力和新冠疫情之灾

美国对新冠肺炎的公共应急反应既无力又无效。美国迟迟没有意识到问题的严重性，因此将边境开放的时间过长。美国实施广泛检测的速度也很慢，并且一直都认为随机检测无症状感染者没有必要。事实证明，即使是我们昂贵的医院也没为抗疫做好准备，尽管收治了一些近乎感染者的病例，却也毫无作为，这就好像矿工带着金丝雀到充满瓦斯的矿井去撞大运，希冀用金丝雀的死活来告知他们有无爆炸的危险。

到了2020年1月上旬，许多观察家看到新冠疫情确实在一些地方流行。中国台湾地区和新加坡都封关以阻止来自其他地方人员流动。然而，特朗普政府却将美国传染病专家从中国撤出，并解散了专注于全球流行病的国家安全委员会部门。虽然从1月31日起关闭了到中国旅行的渠道，但是往返于意大利和世界其他高度感染地区的旅行仍然一如既往。

核酸测试更是混乱不堪。到2020年1月下旬，世界卫生组织已经掌握了检测新冠病毒的功能测试。然而，美国疾病控制和预防中心非要开发自己更加花哨的测试剂。如世卫组织那样的大多数测试都侧重于识别新冠病毒基因组的两个部分，而美国疾控中心又增加了一个部分以识别更广泛的冠状病毒毒株，即包括了严重急性呼吸道综合征和中东呼吸综合征。这部分对于识别新冠病毒是不必要的。即使是这部分在测试中呈阳性，也不代表就是新冠病毒感染者。解决这个问题需要数周时间；最后，疾控中心干脆选择忽略掉这项结果。

但是这样的延迟影响巨大。在此期间，不允许大学和私人实验室实施自己的测试，进一步阻碍了对新冠病毒传播的了解。时任美国国家过敏和传染病研究所主任、白宫冠状病毒工作组成员安东尼·福奇愤怒了，他对国会说："让任何人都可以像其他国家的人那样轻轻松松地做检测吗？可我们还没有为此做好准备。要问我应不应该做好准备，我的答案是应该。问题是我们就是没做准备"。

治疗新冠病毒感染者的工作也因准备不足而受阻。医生和护士需要足够的防护设备的供应，例如口罩和防护服等，他们还需要如何适当地使用这些防护用品的培训以及严格执行控制感染的措施，再就是取消非必需的医疗服务，如非急需手术和常规门诊等。然而，美国医院一般仅保有平常所需的个人防护设备和呼吸机。他们原想需求多时可以随时购买。但是在疫情大流行中，每个机构都一窝蜂地想购买这些用品和设备。除非市场可以提供足够的产品，否则每个医院都只能自求多福。新冠肺炎让这场抢购显得更为突出，因为许多个人防护用品的生产商都在中国，他们要么因疫情关闭，要么忙于供应中国国内的市场。

联邦政府既没有采购更多的物资，也没有将设备从不太需要的地方重新分配到更需要的地方。结果出现了销售防护用品和设备的黑市，因为高价和不为人知的物资流向了出价最高的人。许多人不知道如何获得必要的个人防护装备。结果身处重灾区的一线护理人员还是得不到足够的保护。呼吸机短缺，就是检测人员所需的拭子和试剂也出现了同样的情况。

特朗普总统理所当然地因美国对危机的不成熟反应而受到很多指责。他与人们对他临阵不乱、运筹帷幄的期待相去甚远，选

城市之困

民用让他败选来惩罚了他，这和当年选民惩罚赫伯特·胡佛应对大萧条不利的情况一模一样。一篇学术论文得出的结论是："如果新冠肺炎病例哪怕减少5%，特朗普都有可能赢得连任"。

但新冠肺炎并不是美国搞砸的第一场灾难。2006年，全国惊悚地眼看着卡特里娜飓风肆虐，政府却束手无策。当时，人们异口同声地谴责布什总统，正如新冠肺炎灾难导致特朗普总统威望大跌一样。然而，我们的同事"荷兰人"列奥纳多和阿恩·豪伊特2006年所作的证词，今天仍具现实意义："鉴于截至2005年8月中旬国家和该地区已有的准备条件，如基础设施、抗灾能力、抗灾系统和有关人员等，亦考虑到飓风可能带来的灾难后果，认识到这一点至关重要，即没人在领导抵抗飓风灾害方面能够表现得亮丽，哪怕，也许是表现得勉强及格些。"

豪伊特和列奥纳多并没有试图为布什总统开脱。当然，特朗普总统因糟糕的危机管理而受到谴责是咎由自取。但是，不把问题情绪化也很重要。政治有一种自然倾向，即关注负责人，并认为换了新的领导人就会得到改善。还是豪伊特和列奥纳多说得对：即使更换了总统也无济于事，除非更换总统的同时，也加强对危机管理进行系统性的投资。

良好的危机领导力似乎是一门神奇的魅力艺术，比如屹立在苏布里基乌斯桥以一己之身保卫古罗马城的豪拉提乌斯或高举鸢尾花破解奥尔良之围的圣女贞德。但处理飓风的危机需要的远不止英雄主义。通常，危机管理需要将控制权委托给在类似危机中具有专业知识和经验的专业领导者。柯立芝总统在1927年密西西比大洪水期间授权给赫伯特·胡佛，因为胡佛在第一次世界大战期间和之后出色地管理了对比利时和其他地方的粮食援助。管理危机需要行政部门做出艰苦的努力来设计出一套协同工作的系统，而不是把时间浪费在沟通不畅上。正如豪伊特和列奥纳多所说：

> 首先，各个机构要提前做好应对灾难的一系列准备：制订计划、设计流程、采购设备、培训应急人员和领导者，并对各项工作的实施进行演练。其次，这些机构要即时制定出应急办法来适应新情况的发生。最后，这些机构要实时组织协调应急行动，以便管理资源的调配。

灾前做好准备的例子比比皆是。我们的家乡波士顿一直在为大规模伤亡事件进行预演，这需要警察、消防、急诊医务人员，以及各个医院之间的配合。因此，2013年4月马拉松爆炸案发生时，虽有数百人受伤，但只有3人死亡。没有人被送到医院后死去。

瘟疫的蔓延比灾难性洪水或重大恐怖袭击的速度要慢，这为领导人提供了更多的反应时间。然而，大流行性疾病渗透到每一个家庭和社会职能部门，这给公众的应对措施带来了更大的压力。当危机像野火一样蔓延时，提前做好部署尤为重要。

未能为疫情大流行做好准备

美国在新冠疫情期间表现不佳，这反映了我们未能先发制人地投资于强大的公共卫生系统，而这恰恰是泰迪·罗斯福当年想要做的，我们本可以更好地预防和治疗新冠肺炎。马萨诸塞州每年为其公共卫生部门拨款约6亿美元。相比之下，该州最大的私人医疗保健公司麻省布莱根总医院的预算都接近140亿美元。2020年之前，马萨诸塞州的雇员编制中没有传染病接触人的追踪工作者，其他州也没有。当新冠疫情开始时，马萨诸塞州通过与在海地和莱索托工作的一个组织进行合作时才找到了这样的雇员。

虽然美国的医疗支出数额巨大，但美国的公共卫生基础设施却令人担忧；即使是最小的干扰也会使其过载。疾病控制和预防中心的预算约为每人每年22美元。联邦政府、州政府和地方政府的公共卫生系统加起来，每人每年的预算大约也就是300美元。这些钱涵盖了很多内容：从监测传染病暴发和接触者追踪到确保儿童疫苗接种，再到设计减少肥胖症的计划等。医疗保险计划本身的花费是这个数字的8倍，而联邦医疗保险只是全国医疗服务支出的1/5。从另一个指标来看，加拿大的医疗保健领域在公共卫生方面的支出大大超过了美国。

如果公共卫生资金收不到效果，那么在公共卫生方面少花钱就变得合理了，但真实情况恰恰相反。美国疾病控制和预防中心被公认为公共卫生机构中的世界领导者。事实上，20世纪许多最重要的健康干预措施都来自公共卫生，包括新疫苗、饮水和食品安全的进步、让汽车和道路更加安全的措施，以及减少烟草的使用等。如果政府部门中有一个似乎得到了额外支出的话，那就是公共卫生部门。

不能为公共卫生提供资金反映了更大的问题，即：我们的私人和公共保险计划主要是为了支付医治重病而不是为了预防疾病而设计的。高胆固醇的人可以通过饮食、运动和药物治疗。否则，他们更有可能患上心脏病或中风，而治疗这些疾病需要真金白银。然而，只有一半被诊断为高胆固醇的人可以控制住他们的胆固醇。高血压患者也是如此。成功控制糖尿病的病人更少。如果我们能够更好地管理心血管疾病的风险，我们会活得更长，在医疗上的总支出也会更少。

一个好的卫生系统就像一座金字塔。它有一个大面积的初级和预防保健基座，即公共卫生和基础医学。在此之上，规模较小的是常规住院医疗服务，如对急症和创伤的治疗。顶部是为有紧急需要的患者提供的亚专科护理。相比之下，美国的卫生系统就像一座倒金字塔。我们有大量的专科医生，占所有医师的2/3，而加拿大的专科医生只占他们医师总数的1/2。可是，我们缺乏初级保健医生，比如老年医学专家等。每天有10 000名婴儿潮出生的人满65岁，但美国每年培训的老年医学专科医生还不到400名。

在疫情大流行期间，有个强大的公共卫生系统是至关重要的。检测是关键，因为假如我们不知道谁感染了病毒，那么防止病毒传播的唯一方法就是无限期地隔离每一个人。但大规模检测只能由政府监督才能做到。当某个人被确诊为感染者后，需要追踪他的接触者，包括他的家人、朋友和地铁上坐在他们旁边的人等。与病毒接触的每个人都应该隔离，直到他们没有病毒为止，对新冠病毒来说，这需要大约两周的时间。只有政府才有权力强制人们隔离。如果医院因为有很大一部分人生病而不堪重负，那么政府就需要提供更多的床位或将病人转移到其他地方。

医治个体患者谓之医学，维护大众健康谓之公共卫生。两者之间有区别是可以理解的，但把他们区别开来却是不可取的。建立健康保险系统是为了和医生进行合作。供水和下水道系统由工程师监督。由于不同的技能需求和不同的职业训练，医学和公共

城市之困

卫生这两个医疗保健部门没有理由合并。但是对于需要两者合作才能医治的大量现代疾病，譬如，既需要戒烟又要需要治疗心脏病来说，把两者分开有百害而无一利。

具有讽刺意味的是，公共卫生曾经远比医学重要。正如我们已经讨论过的，19世纪的政府在与健康相关的基础设施上，投入了大量资金，如渡槽和下水道等。19世纪的许多医学巨头，包括沃尔特·里德和路易斯·巴斯德等人，都是毕生与传染病作斗争的公职人员。但第二次世界大战后，也许在长时间内美国避免了一场大流行性疾病的暴发，其政策几乎完全集中在医疗保险上了。当医疗服务成本上升时，公共卫生支出便会受挤压，这使美国的公共卫生保障能力受到限制，无法阻止致命的新冠肺炎前进的步伐。

新冠疫情来得突然，但美国总会在某个时间点面临一场疫情的大流行。在过去的20年里，世界躲过几次疫情暴发的险情。乔治·沃克·布什政府很幸运，2005年的禽流感大流行被控制在亚洲范围里。奥巴马政府也是三度走运：2009年的H1N1猪流感大流行没有想象中那么致命，2012年的中东呼吸综合征疫情也主要在亚洲传播，2014—2015年的埃博拉疫情在西非就得到了控制。名声大噪的微软大咖比尔·盖茨在2014年的技术、娱乐、设计大会上发表演讲时称，美国还没有为疫情大流行做好准备。该演讲的视频被人们观看了近4 000万次。根据他们的经验，布什和奥巴马政府都制定了降低大流行病风险的具体步骤。两届政府还模拟了应对与新冠肺炎惊人相似的病毒暴发。但是，这两届政府都没有投入必要的资源，以便让防疫成为一项持久且资金充足的公共责任。国会也没有这样做。

其他国家听到了疫情袭来前的隆隆战鼓，便为新冠肺炎的暴发做好了准备。因此，当韩国得知一名新冠肺炎阳性的女性参加了大邱市的教堂礼拜时，迅速采取了行动。超过1 000人参加了那次礼拜，因此，在大邱市及全国范围内暴发新冠肺炎的可能性极高。韩国立即采取行动遏制疫情的蔓延。他们找到每个参加那次教堂礼拜的教徒以及他们接触过的所有人，并要求其中许多人自我隔离。大邱的民众，无论是否有症状，都接受了大规模检测。潜在的暴发在1个月内就被控制住了。

取得成就的并非只有韩国。在检测、追踪和隔离新冠肺炎患者方面取得显著成功的国家和地区还包括德国、澳大利亚、新西兰、新加坡、加拿大和中国台湾地区。在最近的记忆中，东亚国家经历过大流行性疾病暴发的恐慌，尤其是俗称SARS的严重急性呼吸道综合征，因此，对抗疫所需的准备更加充分。美国和欧盟这次也看到了类似恐慌的源头，却对其视而不见，结果让百姓付出了可怕的代价。没有人比美国养老院的老人们付出的代价更高。

养老院的悲剧

美国卫生系统在应对新冠疫情上最大的败笔是让养老院里的数万人死去。位于波士顿以西90英里的士兵之家，是马萨诸塞州霍利奥克市一家长期护理老人的机构。该养老院为退伍军人提供服务，这些人在穿衣、饮食和其他日常生活方面无法自理。"荣誉和尊严的关怀"是该养老院的使命。士兵之家于1952年对外开放，可容纳248名退伍军人。近年来通常接纳150人左右。

城市之困

第一个疑似新冠病毒的感染者出现在2020年2月下旬，患者为退伍军人一号。工作人员试图排除其他病因无果后，怀疑他感染了新冠病毒。那位老兵患有老年痴呆症并有着呼吸系统疾病病史，但该养老院把对他的检测推迟到3月17日。尽管隔离室已经准备好，而且还制定了隔离计划书，但养老院依然让这位退伍军人一号继续与三个室友住在一起。他可以自由出入公共休息室，并被允许在那里逗留一段时间。公共休息室仍然对退伍军人和工作人员开放。这与隔离计划书的规定大相径庭。

3月21日，退伍军人一号的检测结果呈阳性。那时，他的三个室友已被搬出了他的房间。院方用塑料布遮挡住他房间的门，但退伍军人一号仍然没有被转移到隔离单元。高层领导认为隔离没有必要，因为在该单元生活和工作的人们已经暴露在新冠病毒下了。治疗退伍军人一号的工作人员继续在养老院的各个区域换岗工作，将病毒从一个区域带到另一个区域。士兵之家虽有个人防护用品，但使用不当，因为工作人员没有充分接受过如何使用这些防护用品的培训。有的人只穿防护服，有的人只戴口罩，有的人甚至零防护。

在接下来的一周里，意识障碍病区的更多退伍军人开始出现症状。工作人员打电话给家属，讨论有关马萨诸塞州维持生命治疗医疗指令，即表示家属拒绝对这些老人进行心肺复苏术。但疑似感染新冠病毒的患者和工作人员并未被隔离。3月27日，院方决定将在第二个意识障碍病区的病人合并到第一个病房里。后来，包括每周值班20小时的院长在内，没有人为这一决定承担责任。为这一荒唐之举找的理由是人手不足，无法同时照顾两个病房的人。导致人手紧张的是大量员工因感染了新冠病毒不能上班，另一些员工因为害怕感染干脆旷工。

院方的举动真可谓将"一片混乱"升级为"一场噩梦"。工作人员说养老院"看上去像个战区"。两组意识障碍的患者合并到一个病房让房间拥挤起来。就是在如此拥挤不堪的环境里，"一名老兵咽下最后一口气，而他旁边的老兵还在吃饭，没有帘子隔开，也就无所谓隐私"。几天之内，许多居住者死于新冠肺炎，更多的人被感染。那时，该州召集了国民警卫队，将病人送往医院，治疗病情较轻的人，并对大批居住者和工作人员进行检测筛查。从当年3月下旬到6月中旬，士兵之家有94人死亡，大约是预计的3倍。另有73名居住者和83名员工的新冠病毒检测呈阳性。

惩罚来得迅速。6月下旬，该养老机构医疗主任和马萨诸塞州退伍军人服务部主管均被解雇。士兵之家的主管被辞退后打官司，但法院推翻了辞退他的决定后不久他就主动辞职了。人们认为他"没有管理长期护理机构的资格"。他有24年杰出的军旅生涯，显然政治圈里混得也很熟，可就是没有医疗服务的管理经验。后来，这个主管和医疗主任都被起诉并被指控犯有玩忽职守罪。

但我们为生活在生命边缘的人提供医护服务的系统也有同样不可推卸的责任。经营养老院虽然不像经营一家急症治疗医院那么复杂，但也轻松不了多少。然而两者的薪酬却大相径庭。医院的首席执行官每年的收入约为100万美元，而养老院的首席执行官收入只有其1/3。士兵之家主管的年薪仅为12.2万美元，甚至低于波士顿重症监护室护士的薪水。难怪养老院难以吸引顶尖人才！

城市之困

在美国，近 2/5 的新冠肺炎的死亡病例发生在养老院中。在马萨诸塞州，这一比例更高。无论是评分低还是评分高的养老院都同样遭受了新冠疫情的打击。我们的医疗保健系统重点不是预防性地护理体弱多病者，而是为医治重症患者支付费用。

我们花费大量时间忙于医院和保险公司之间文书的往来，但很少关注穿越与养老院的工作人员。经济学家凯斯陈、朱迪·舍瓦利耶和伊丽莎·郎研究了新冠疫情期间智能手机在养老院之间的移动情况。他们发现，访问过一个养老院的智能手机中，有 5% 以上还访问了另一家养老院。即使这些养老院本应处于封锁状态，人们还是会从一个机构流动到另一机构，这可能是因为手机持有者为生计而奔波于多个工作单位。他们的这种活动为新冠肺炎提供了传播的途径。该研究得出的结论是，居住在养老院被感染的患者中，49% 的感染者可归因于工作人员在多家机构流动工作所造成病毒传播。如果属实的话，那么停止这样的流动本可以挽救数万人的生命，而成本可能不到 10 亿美元。

养老院工作人员之所以如此频繁地活动，是因为他们中的许多人身兼数职，收入却接近最低工资。许多养老院雇用经过认证的护士助理和个人护理助理，他们的工资从每小时 15 美元起。相比之下，医院注册护士的收入要高出 3 倍，而麻醉师等专科护士的工资则更高。为了节省劳动成本，许多养老院让员工工作略少于应该获得健康保险等福利所需的小时数。疫情大流行期间在医疗部门工作的员工居然没有医保，这是多么讽刺！其结果，养老院的工作人员在接触病源时可能得不到及时检测，而且可能不得不在几个不同的养老院工作以获得足够的工作时长来维持生计。

贫穷的养老院工作人员通常住在贫穷的城市社区。他们严重依赖公共交通，这使他们暴露在传染病中并把病毒带到单位。目前尚不清楚士兵之家的退伍军人一号是如何感染新冠病毒的。新泽西州有许多人死于该病，一名住在那里的养老院员工乘坐一辆面包车上下班，"也有人在纽瓦克搭乘这辆面包车"，纽瓦克是当时埃塞克斯县中"上报新冠肺炎病例和死亡人数最多"的地方。在新冠肺炎感染率高的城市，养老院也更有可能受到感染。

许多养老院居住者享受联邦医疗补助；他们年老贫穷。在马萨诸塞州，联邦医疗补助为在养老院长期居住的人平均每天支付约 200 美元，其中包括食宿、护理和其服务费用。低于波士顿一个的酒店房间的价钱，更不用说每天可能要收取几千美元的医院病房了。此外，除偶发刑事案件外，养老院经营者几乎不负任何责任。我们当初设计健康保险制度，是为了帮助老年人支付急症医疗费用，而不是照顾他们度过漫长而孱弱的余生。

最薄弱的环节

流行病具有不可思议的能力，可以找到最薄弱的环节发起攻击。链条在某个环节一断，整个结构可能就会坍塌。新加坡提供了一个近乎失败的例子，说明即使在看起来是公共服务能力堪称典范的国家，也可能发生类似情况。

2020 年初，新加坡是抗疫的成功典范。尽管靠近中国，但是这个国家很好地遏制了新冠肺炎的流行。边境管制将大多数外国人拒之门外。有少量传播病例但并没有增加。人们经常洗手，生病时就待在家里。任何感染病毒的人都被隔离起来，接触者也被追踪隔离。新加坡的成功有赖于精心的监测和闻名于世的公共卫生系统。没有被感染的人生活照旧。

新加坡政府拥有一支由高薪和称职的官员组成的强大干部队伍，为世人提供了一个真正力量共享的范式。但这个城邦的公务员，很少把没有投票权的流动劳动力看作他们应该服务的对象。在他们眼里，这些人口是不折不扣的局外人。新加坡依靠低收入的外国劳工从事建筑和清洁工作。大约有20万流动人口住在城郊拥挤的公寓里。新移民在新加坡的收入比在国内丰厚，但按照新加坡当地的标准却很低，住房也更差，多达15—20人挤在一个房间里。容积率如此之高，要保持社交距离是不可能的，就是统计病人也是一件难事。可以预见，新冠疫情于4月上旬在那样的环境暴发了，且病例激增。

新加坡政府担心会发生一场全国性的灾难，于是实施了"熔断"措施。他们告诉外国工人不要离开宿舍，对移民区实施了隔离。在整个城市，关停非必要的企业，关闭学校，强制市民戴口罩。在接下来的两个月里，新冠肺炎病例逐步减少。到了6月份，新加坡开始缓慢地重新开放。危机虽然避免了，但新加坡外籍劳工的生活条件，对这座原本令人印象深刻的公共事务管理能力卓越的岛国，构成了永久性的风险。

对于心脏病或癌症等非传染性疾病，自私的人几乎可以忽略他人的痛苦。然而，当传染病猖獗的时候，一个人就可能将整个社会置于险境。在19世纪，富有的纽约人关心纽约穷人的健康，是因为霍乱或任何其他传染病，都很容易从穷人传染给富人。但到了1965年，特别是2019年，慢性病引起了所有人的关注。富有的美国人1965年担心为父母的手术和癌症治疗买单而不太担心全球性的流行病。要是他们担心了，就会更加强调为社区中的每个人做些事情来预防传染病的传播。传染病可以打破任何一个薄弱的环节，从而导致整个链条断裂。

美国的医疗保险系统是由不同体系拼凑起来的：为工作人口提供的私人保险、为老年人提供的联邦医疗保险、为低收入人群提供的联邦医疗补助，以及众多提供形形色色保险计划的较小公司等。从这个拼凑的体系裂缝中漏掉的人，最终无法享有任何健康保险。不能覆盖全民的保险产生的问题是难以控制疫情的大流行。这是美国健保链条中的薄弱环节。如果城市想要保护自己免受传染病的侵害，他们需要一个没有裂缝的卫生系统。从某种程度上讲，新加坡像大多数富裕国家一样，就有这么一个滴水不漏的系统。但美国没有。

通过学习来领导

美国的开国元老煞费苦心地限制总统的权力，但从历史上看，美国人在国家危急时刻都服从于他们的首席执行官或他指定的代表。在英国，首相的权力因需要不断发展议会多数席位而受到严重制约。然而，在大战期间，林肯、丘吉尔和富兰克林·罗斯福却都展现出非凡的领导能力，此后一直备受推崇。

大流行性疾病与战争有一些共同的特征。全部或至少一部分人口有失去生命的危险。要求人们为更大的利益做出牺牲，自由与安全之间的平衡可能会模糊起来等。领导者必须做出把技术专长和道德准则完美结合的决策：我们该关闭教堂和犹太会堂吗？我们应该被强制戴口罩吗？

城市之困

瘟疫和战争这两种危机都有明确的目标，即赢得战争或尽量减少死亡的人数。另外，还有一系列相关的次要目标，例如限制对经济造成的损害、维护基本自由和提高大众士气。美国在新冠肺炎流行时期的领导力，在所有这些方面都集体失败了。美国因新冠肺炎而死亡的人数众多，经济损失惨重，公众在经历这场大流行性疾病时的团结意识，远不如今天的其他国家，也不如经历过如第二次世界大战等过去危机的美国本身。

相比之下，包括新西兰在内的一些国家和地区，在疫情防控期间产生了超级巨星领袖。新西兰在 2020 年仅出现 25 例新冠肺炎死亡病例，感染病例不到 2 100 个。与欧洲或美国相比，孤立的岛屿遏制疫情更容易些。尽管如此，时任新西兰总理的杰辛达·阿德恩和卫生局局长阿什利·布鲁姆菲尔德带领他们杰出的团队，将他们国家的死亡人数降低到远远低于马萨诸塞州一家养老院死亡的人数，这一点特别值得称道。

阿德恩的成年生活几乎完全与政治有关，以至于她怀抱着她孩子参加了联合国大会，使她成为第一位这样做的国家领导人。布卢姆·菲尔德是一名医生，他的生活完全专注于公共卫生。他们一起形成了一种非常有效的伙伴关系，科学观和良好的判断力结合起来会制定出好的政策，而得力的政治家能说服人们与他们同行。

新西兰于 2020 年 2 月 2 日开始对新冠肺炎做出反应，当即禁止了往返中国的旅行，并进入他们所谓的一级警备，开始了有关洗手和保持社交距离的宣传活动。这种干预是有限的，而距离新西兰出现首例确诊病例还有 26 天。尽管旅行限制有所增加，但新西兰在 3 月 15 日之前实施的措施仍保持适度宽松，当时该国已确诊了 8 例感染者。与此同时，意大利和西班牙的经历告诉世人这种流行病有多么可怕，新西兰也知道威胁有多严重。美国虽然也意识到了，却选择了一条不同且致命的道路。

在 3 月 16 日—3 月 25 日，新西兰加大了对新冠疫情的应对力度，关闭了除返回公民（需要自我隔离）之外的边境，禁止大型集会，并将警报升至 3 级。截至 3 月 25 日，新西兰已有 205 例确诊病例并进入了 4 级警报，这基本上是等于封闭了全国。新西兰议会决定，作为保护生命的代价，暂时牺牲一些自由是可以接受的。阿德恩获得了授权，发布了"几乎没有例外"的居家令。返回新西兰的人失去了自我隔离的选择：他们的隔离区由国家指定和管理。

这个国家做了世界各地的科学家们提倡应该做事情，甚至在 2 月份就已经开始追踪病例接触者，并随着病例的出现而扩大追踪范围。对包括无症状的人群进行普遍检测，这样做是了解新冠肺炎真实患病率的唯一途径。新病例数在 4 月 10 日之后开始下降，但此后检测量又大幅增加。因此，新西兰领导人在围绕大流行做出决策时，拥有一个唯一重要的素质：知识。到 4 月 28 日，新冠肺炎感染率下降，阿德恩和布卢姆·菲尔德将警报降至 3 级，允许国民享有多一些自由。

从 5 月的第一周开始，新西兰连续几天没有出现新病例。尽管如此，他们仍在继续对成千上万的人进行病毒检测。这样的测试使他们能够在 5 月中旬之前将警报级别降至 2 级。从那时起，新西兰的病例数量通常都很少，唯一的例外是 8 月中旬的一次中度暴发，奇怪的是，此次暴发与冷藏设施有关。政府再次做出反应，进行了大规模筛查，直至这种疾病几乎完全消失。

城市之困

到2020年底，总共只有25名新西兰人死于新冠疫情，这只是我们上述士兵之家死亡人数的一个零头。此外，总体上来说新西兰人丧失的自由可能最终少于美国大部分地区的国民。警报级别4是比较极端的封锁措施，但时间很短。近一年来，美国人、欧洲人和英国人仍然为行动不便和娱乐受限而叫苦不迭。一个明显的教训是，与持续时间更长的半封锁措施相比，临时极端的封锁措施效果更加明显。

选民用选票表达了他们对阿德恩的敬意，让她在2020年10月大选连任中获得巨大的胜利。她的工党在议会选举中获得的选票比自1949年以来的任何政党都多。阿德恩不是一个冷酷的技术官僚。从她身上散发出的是同情心和人性，她安抚孩子们的话让国民记忆犹新："我们确认牙仙子和复活节兔都是必不可少的抗疫工作者"。意思是说，它们今年不能陪伴孩子们一起欢度复活节，是因为它们也在忙着帮助它们自己的孩子抗疫。她开展的抗疫行动大获成功，是因为她比其他国家领导人对这次大流行性疾病的情况了解的多得多。

科学的力量并不在于科学家总是正确的。许多科学家在2020年2月和3月对新冠疫情做出了错误的猜测。科学的力量来自它学习和调整建议的能力。2020年2月最重要的科学见解不是戴不戴口罩或关闭不关闭边境的问题，而是迫切需要广泛检测人群并对接触者进行追踪。只有知道发生了什么，我们才能与这种疾病作斗争。新西兰做到了胸有成竹，而美国却没有。

其他管理抗疫的超级明星都在东亚：韩国和不太彻底的新加坡。这些国家拥有强大、有能力且重视专业知识的政府或当局。大多数东亚人都习惯在有空气传播大流行性疾病的风险时佩戴口罩，这是美国人花了好几个月才学会的。新加坡在控制严重急性呼吸道综合征方面也表现不佳。新冠肺炎是一个展示他们接受了教训的大好机会。所有这些地方都强调了评估的必要性。

通常，抗疫成功意味着进行广泛的检测、全国严格封锁并关闭边境。从本质上说是回到过去的检疫做法但做得更加到位。当封锁与足够的测试相结合从而在重新开放之前便掌握疾病已经消失的情况时，封锁才会奏效。美国和欧盟大部分国家犯下的主要错误是未能进行评估，这意味着在第一次封锁之后就重新开放，随后又出现了一波疫情，然后是更加频繁的封锁。

在欧美，有些国家表现远远好于其他国家。德国和加拿大不列颠哥伦比亚省对新冠肺炎的早期应对非常成功，尽管在我们撰写本书时，这两个地方的病例已经开始再次激增。时任德国总理安格拉·默克尔拥有化学博士学位，15 年来一直是德国和欧洲稳定的掌舵人。默克尔和她的政府都没有迅速采取行动，来应对在阿尔卑斯山以南蔓延的大流行。事实上，她的卫生部长没有医学或科学背景，在 4 月份之前经常淡化病毒的威胁。德国政府直到 3 月 22 日才采取认真的行动，但随后做了几件可圈可点的事情。

德国政府与美国一样拥有强大的联邦结构，这意味着州政府通常在危机期间拥有控制权。在美国，没人试图规划一个所有州抗疫的措施，而新冠肺炎正在蹂躏北部各州的时候，联邦政府实际上鼓励病例较少的太阳带州重新开放。3 月 22 日，默克尔促成各州达成一项协议来实行某些最低限度的规定，例如关闭餐馆并让非家庭成员在公共场所保持最小为 1.5 米的社交距离。个别州如果愿意，还可以制定超越这些规则的条例，有些州基本上实施了全面封闭的措施。

城市之困

这边美国还在奋力研制足够的试剂，可能需要一周或更长时间才能产生结果，德国那边已经拥有一个测试系统，该系统使用3月26日就已经推出的德国造新冠肺炎病毒试剂，可以在3小时内看到结果。德国再一次对无症状人群进行了广泛筛查，到4月下旬开始重新开放。生产试剂的博世公司由一个慈善基金会所有，因此，美国人使用博世的技术本来不存在任何障碍，但出于民族自尊而将其拒之门外。

德国最初的成功，在于由国家协调的短期但有效的封城和广泛检测。他们起初没有做好，但他们学习得很快。他们还有一个优势，那就是提前为这种流行病做好了准备，并拥有一个公共机构，即罗伯特·科赫研究所，来对抗这种大流行性疾病。

前方之路

为预防未来的大流行性疾病做好准备，美国需要确保我们庞大的医疗保健支出更多地用于保健，而不仅用于治病。这将意味着减少总支出并从支出的资金中得到更多的收益。关注健康结果的一个关键，是将更多的支出用于大众公共卫生上，特别是防范疫情的大流行。我们还必须减少更多的薄弱环节以确保每个人都享有医疗保险。

《患者保护与平价医疗法案》规定了一系列旨在减少鼓励过度医疗的政策。这些政策在一定程度上已经奏效，放缓了医疗支出的增长。但这些变化并没有从根本上改变美国医疗系统的痼疾：依然过于昂贵且预防疾病能力不尽如人意。我们需要更多、更强有力的改革来限制或至少是紧盯未来支出的增长。新冠疫情让全民达成一个共识，即有必要为所有人，无论是圈内的还是圈外的，提供一些医疗服务。即使是特朗普政府，也宣布为没有保险的人支付新冠肺炎检测和治疗的费用，当然后来证明是其他疾病的疑似病例除外。《患者保护与平价医疗法案》也强调医保的覆盖范围。为了防止下次大流行性疾病来袭，我们不能将这么多人排除在医疗保健系统之外。

最后，我们迫切需要认真做好预防大流行性疾病暴发的准备工作：必须有能力接种疫苗、必须让试剂更普及更易操作、必须把追踪传染病接触者的人员列入正式雇员编制，同时不让隔离措施影响经济的发展。这意味着，我们必须制订一项计划，包括提高抗疫能力的投资。只有傻瓜才会临时抱佛脚。

我们必须进行改革和投资，以降低未来大流行性疾病的风险，主要是减少未来流行病造成的死亡人数。但流行病也会给经济带来巨大的损失。现在花费几十亿美元来避免未来数万亿美元的损失，无论如何都是值得的。

第六章

大流行病对机器人是否构成威胁

新冠疫情既是一场健康灾难，也是一场经济灾难。到 2020 年 2 月，美国经济已经持续增长了 128 个月。到了 4 月份，失业率就冲上了 14.7%，为大萧条以来最高水平。美国国内生产总值在 2020 年第二季度萎缩近 10%，是有记录以来最大降幅。在英国，该季度的 GDP 比一年前下降了 20%。

过去的大流行性疾病并没有使工作消失。在黑死病中幸存下来的中世纪农奴反倒获得了经济上的好处，因为瘟疫导致劳动力短缺及工资高涨。霍乱和黄热病都没有扰乱了 19 世纪新生的制造业。2020 年的经济混乱反映了全球经济已经变得依赖于人际交往，人与人之间的传染病可能使我们所有的荣景面临风险，受教育程度较低的人面临的就业风险尤其严重。

空气传播的流行病和公共区域的封锁对城市面对面的经济具有致命的影响。几个世纪以来，机器淘汰了需要人力去做的工作。在过去的 30 年里，计算机以非人类的形态"代替了许多传统中等收入的日常工作"，例如口述记录等。当制造业已被外包，文职类工作也已自动化时，面对面服务行业便成了人工的避风港。如果把一杯卡布奇诺咖啡递给顾客的时候，店员再奉上一掬微笑和一句暖心的话，富裕的市民肯定愿意多掏一些小费出来。

过去大部分时间里，伴随每一个新的工种，都会出现一个新的互动方式，如亨利·福特装配线上的密切合作和麦当劳的面对面餐饮服务。这些群对群和一对一的互动，为传染病大规模暴发创造了新的条件。本章将记录这样一段历史，即就业机会的创新，如建设拥挤的工厂等，需要健康的投资，而新的健康投资又会使新的就业模式蓬勃发展。展望未来，一个没有普遍失业的经济体，需要用新型互动的就业形式来取代已经自动化的常规工作。而这样的工作只有在消除瘟疫风险的情况下才会生存。不仅是我们的健康，就是我们未来的经济，都取决于降低流行病的风险。

不幸的是，创造就业机会的企业家精神，几十年来一直下滑，部分原因是政府制定了有利于圈内人而不是圈外人的法规。对流动餐车的禁令保护了现有的餐馆使其免受竞争之苦。拍卖师和美发师等职业的州级许可，使得进入这些职业或跨州搬迁变得更加困难。受过最好教育的企业家，通过在网络空间进行创新来摆脱州和地方法规的羁绊，但知识结构与体力劳动相关联的普通人没有这种选择。创建一站式许可办公室可以简化新公司的启动流程，使其更容易用新型的工作取代旧有的工作，这些新型的工作对我们从新冠肺炎疫情中恢复过来不仅是有益的，也是特别必要的。

我们需要对其他方面的障碍以及对初创企业实施的各种监管进行检讨。同样一部历史文物保护法规，在允许富裕市民有权永远欣赏美好街景或海景的同时，也阻碍了较贫穷家庭开设一间普通的杂货店。我们将在第八章讨论监管使用空间的问题。在这一章里，我们先来关注一下企业家精神和面对面经济的脆弱性。

黑死病：疫情创造繁荣的时代

流行病从来都是可怕的，但不一定总能导致贫困。在中世纪，欧洲大多数人都是自给自足的农民。黑死病带来的是繁荣，而不是饥荒。其逻辑很简单：在一个农业国中，人均可获得的食物大致取决于人均土地的面积。只要能够耕种更多的土地，较少的人口就可以为每一个人产出更多的粮食。通过诸如征服邻国或减少本国人口的手段，可以增加人口对可耕地的占比。黑死病消灭了欧洲 1/3 的人口。因此，每一个死去的农民为一个活着的农民让出了一半的耕地。也就是说，一个耕种一英亩的农民，一下子又得到半英亩的土地。已经拥有土地的贵族们尽可能多地拿地。相互竞争以获得更多的人来种地，让部分新财富也流向了普通民众。

黑死病的影响是深远的。英国经济学家斯蒂芬·布罗德贝里、布鲁斯·坎贝尔、亚历山大·克莱因、马克·奥弗顿和巴斯·范·列文等人，描述了当时英格兰的经济"因 1348—1349 年暴发了黑死病，当时发生戏剧性的变化：仅仅 18 个月，人口就减少了 46%"，因此，"人均国民生产总值一下子增长了 30%"。随着农工数量的减少，地主不得不支付更多的工资来吸引劳动力。从 14 世纪 40 年代初到 14 世纪 70 年代初，脱粒和扬谷等基本农场工作的薪酬，似乎上涨了 35% 以上。

贵族试图通过降低薪酬和限制工人的流动性来对抗供需规

城市之困

律。1349年，英国和法国通过法令，试图将农工的收入限制在瘟疫前的水平，但法国1351年修改了它的法令，允许工资上涨1/3。正如上面讨论的工资数据所表明的那样，英国的努力似乎也失败了。个别男爵的恐吓也许能够让他们的农民屈服，但市场的力量是难以撼动的。此外，"地主不能团结起来"，因为"受瘟疫之害最严重的地主会欢迎农民自由流动"从而找到可以取代缺失的农工，而"受害最轻的地主会反对这一主张"。只有在俄罗斯，当17世纪的征服和移民增加了土地与劳力之间的比率时，权贵们才能够将"第二农奴制"强加给他们的农民。

黑死病的影响更深远。加利福尼亚大学洛杉矶分校的经济学家尼克·福伦达和苏黎世大学的汉斯·约阿希姆·沃斯写道，通过增加女性的就业机会，"黑死病开启了一个高工资和低生育率的良性循环，使欧洲能够把异常高的人均收入保持了几个世纪。"

从某种意义上说，欧洲经济以及整个社会在公元540—1350年变得更简单、更贫穷、更支离破碎，因而增强了对瘟疫的承受力。我们在第二章讨论了早期的查士丁尼瘟疫。这场瘟疫怎么看都是灾难性的。君士坦丁堡的经济并未因人口减少而受益，因为城市的繁荣有赖于人口的密度。致命的跳蚤引起瘟疫暴发，随后，欧洲攻城略地，战事不断，陷入几个世纪的不稳定和贫困的境地。

在14世纪，不断增长的农业财富满足着人们对城镇织布等"奢侈品"的需求。这反过来又刺激了15世纪城市化的进程，从而为文艺复兴奠定了基础。黑死病给意大利的城市带来灭顶之灾，但瘟疫过后，城市化却从1400年的8.6%上升到1500年的14.9%。在包括英格兰、荷兰和比利时在内的西北部以水相连的地区，城市化从 1300 年的 3.9% 稳步上升到 1400 年的 6.3%，再到 1500 年的 8.5%。直至 1700 年，几乎 1/5 的北欧人都住进了城市。可以说，鼠疫耶尔森菌既开启又终结了中世纪，它首先结束了查士丁尼重建罗马秩序的梦想，而后又让城市的创造力延续了几个世纪。

大流行性疾病通常对城市的经济打击更大。如果一个城市人口减少，那么该城市的房地产会供过于求，但多出的办公空间对会计师的生产力影响远小于额外的土地对农民收成的影响。城市大流行性疾病的暴发对经济的危害程度，部分取决于疾病在商界传播的程度，传播程度反过来又决定着疫情是否危及商业的运行。

塞缪尔·皮普斯和他受感染的假发

在黑死病肆虐的时期，包括威尼斯、热那亚和佛罗伦萨在内的欧洲最大商业城市都位于南部，但正如历史学家乔纳森·斯科特所写的那样，"在 1500—1800 年，随着欧洲建立了它的第一个全球殖民地，英荷北海地区取代了地中海成为物质和文化资本的中心"。紧密相连的伦敦和阿姆斯特丹两个城市在共和起义运动中首当其冲，并将他们的商业船队派往全球。随着城市人口的增加，他们的经济变得更加相互关联，也更容易遭受传染病的侵袭。

1665 年，鼠疫耶尔森菌最后一次大规模地出现在英国境内，当时伦敦已经是一个拥有 46 万人口的大城市。瘟疫导致富裕的市民迁往人口密度较低的地区，但留下来的市民并没有停止购买

城市之困

城市提供的各种服务产品。我们从多产的日记作者塞缪尔·皮普斯那里了解到一些关于瘟疫期间的生活片段，他是国会议员和海军行政长官。皮普斯从1660年起记了10年的日记。1665年7月14日，瘟疫在这座城市暴发，皮普斯写道，他"通过水路去了旧交易所，在那儿向漂亮的女裁缝定制了两件精美的衬衫"。

尽管成千上万的人在他身边死去，皮普斯显然很高兴去见这位迷人的女郎并从她那里拿到新衣。他对瘟疫的起因茫然不知，认为拜访一个裁缝可能不会带来什么风险，因为受感染的跳蚤只有在商店里或在床上才轻轻地咬你一口。假如这位年轻女子感染的是那种通过空气中的飞沫人传人的肺炎，皮普斯也许会察觉到，进而远离她以减小自己接触该疾病的风险。

皮普斯大胆无知地买下了衬衫。他觉得其他商品风险似乎更大。他写道："瘟疫过后人们会穿戴什么使自己更时髦呢？因为害怕感染，没人去买用真人头发制作的假发，谁知道真发会不会是从死于瘟疫的人头上剪下来的呢？"他在瘟疫暴发前曾经买了一顶假发，但他"不敢戴，因为我买的时候，瘟疫已经来到威斯敏斯特①"。我们前边列举了伊姆村自我隔离的壮举，那次瘟疫是由伦敦寄来的布匹传播开来的。因此，皮普斯害怕假发可能带有跳蚤是完全有道理的。

18世纪后期的机械化，让棉花成为纤维的替代品，且棉花因更适合高温清洗从而降低传播疾病的风险，因此，人们虽然担心织物会携带病菌，却没有限制棉布的全球贸易，这对早期工业革命以及纽约和利物浦等港口城市的发展至关重要。消除长距离运

---

① 威斯敏斯特：英国英格兰大伦敦下属一个拥有城市地位的自治市。

输食品所带来的风险对于城市发展更为重要。

有像皮普斯这样的人继续消费的时候,酒商和牡蛎商便可继续营业。与此同时,假发业倒下也没把伦敦的经济击垮。伦敦经济并不脆弱,是因为它与所有前现代的大都市一样,是个政治都城。只要政府能够获得不依赖于海关收入的资源,例如债券融资和内部贸易税等,那么即使因隔离关闭了与外界的贸易渠道,城市也不会缺钱。作为海军部首席秘书的皮普斯,工资是有保障的,他愿意将自己的财富用在消费当地产品上,而当地的产品反过来又需要从整个城市雇用工人来生产。

让制造业保证工人的安全:皮尔父子与公共监管

工业革命是历史的真正拐点,通过机器取代人工并提高其效率,永远结束了贫困。在伯明翰、曼彻斯特和其他工厂林立的城镇出现创意爆发之前,人们的收入已经停滞了两千年。工业革命后,经济增长成为新常态。数以千计的旧工作被纺纱和编织设备完全替代。但是创造出了数以百万计的新工作岗位,生产的商品和提供的服务是1750年的人们万万想象不到的。

工厂劳动力聚集,就像城市人口集中一样,会导致疾病的传播。1820年的结核病对英国工厂来说是致命的。拥挤的家禽工厂也是2020年新冠肺炎暴发的热点。为取得工业革命的全面胜利,工业时代需要改善卫生状况以确保工人和客户的安全。19世纪和20世纪期间,私人和公共行动降低了大规模生产和分销带来的疾病风险,这为如何降低当今城市所面临的风险做出了榜样。

城市之困

在早期工业革命期间，飞梭、水框和珍妮纺纱机等的创新彻底改变了服装面料制造的模式，而服装面料正是人类最基本的需求之一。这些创新意味着从劳动力转向资本密集型生产，从家庭织造转向大型工厂制作。工厂的机器虽然昂贵，但工业不断地扩张大大提高了它们的效率。工厂就像专业化的城市，既可以共享基础设施也可以实现分工。

在号称"棉花城"的曼彻斯特，早期的工业家看不到降低工人生病的风险会带来什么经济效益。无论工厂主在卫生设施上投资与否，他们仍须为劳工支付相同的工资。有大量贫穷的工人，特别是那些别无选择的未成年学徒，愿意忍受不健康的工作条件。无论是在18世纪的曼彻斯特还是在21世纪的美国，即使是成年工人也很难估算出自己会不会有生病的风险。究竟是什么让仓库免受斑疹伤寒或新冠肺炎的侵害呢？

曼彻斯特的皮尔父子的所作所为，为我们说明了工业创造就业机会与公共卫生保健相互交织的性质。老罗伯特·皮尔生活在1723—1795年，他是产品的创新者，首创了"欧芹"图案印花布和生产技术。他雇用了他的邻居詹姆斯·哈格里夫斯，后者发明了珍妮纺纱机。皮尔十分欢迎节省劳动力的设备，可这却使他成为卢德反机器暴力的目标，但新技术使他的生产力和财富有增无减，让他坐拥23家工厂。

他的儿子也叫罗伯特，我们且管他叫皮尔。他生活在1750—1830年，比他老爸更加富有，他是1799年英国10位百万富翁之一。他雇用了超过1.5万名工人，其中包括1 000多名年轻学徒。1782年，当他的一个工厂出现"热病"时，他起初无动于衷。

但曼彻斯特也有一些善意的改革者。一位当地活跃的领袖人物就在这次疫情大流行中采访了近 200 人并请求皮尔停止夜班。皮尔愤愤不平地回应说："凡是大脑正常的人，谁也不会这样做"。上访者随后求助当地法官，后者表示同情并要求开展调查。他们邀请了曼彻斯特公共卫生运动的先驱托马斯·珀西瓦尔博士，他是伦敦的约翰·斯诺和纽约的斯蒂芬·史密斯的先驱。

城市加速了知识的传播，在珀西瓦里时代，一条"宽阔的医学知识之河从帕多瓦流向莱顿，当它继续向爱丁堡奔流过来的时候已经是汹涌澎湃了。爱丁堡摇身一变，成了领先文明世界的医学院"。珀西瓦里顺势而为，先是在爱丁堡大学学习，后又在莱顿大学读书。再后来，他与本杰明·富兰克林成为朋友并成为一名儿童文学作家。他的故事后来也成了年轻的简·奥斯汀的最爱。据推测，他创造了医学伦理这个术语，并就此撰写了一本开创性的小册子，对美国医学协会影响巨大。他撰写科学论文确定了曼彻斯特周围一些前罗马的前哨基地，还测试了整个英格兰南部的水质。1775 年，他发表了一篇开创性且数据丰富的文章，得出的结论是"大城市对儿童的致命程度更加特殊"。他还致力于改善公共建筑中的公共卫生问题，这些建筑里最拥挤的监狱是他的首选。

珀西瓦里研究了皮尔工厂暴发的瘟疫。他无法断定疫情是从工厂开始的还是从其他地方带来的，但他相信工厂密集和不卫生的条件会"助长、扩散和加重"这种疾病。他在报告里建议加强卫生管理和改善通风条件，并呼吁限制工时，尤其限制童工的工作时间。地方法官们同意了他的建议，但他们却没有法律干预的权力，这也是纽约市警方在斯蒂芬·史密斯呼吁关闭公寓时所面临的窘境。然而，地方法官们倒是敦促珀西瓦里把他的报告广而告之。

尽管皮尔声名狼藉，但工厂还是他的财产，在1784年，他可以随心所欲。1789年，传染病又再次造访他的工厂。珀西瓦里再次被请来，他又一次建议改善卫生设施。

珀西瓦里在曼彻斯特的影响力极大，他不光与罗伯特·皮尔产生冲撞。相同的研究方向使他们也会坐下来交谈。城市给他们创造了这样互动和沟通的条件，互动和沟通往往会改变人们的情感和想法。1802年，当时已是国会议员的皮尔，放弃了对工厂监管的反对，并于1802年主导了《1802年学徒健康和道德法案》，为其顺利在国会通过护航。法案要求工厂改善通风和卫生条件、限制学徒工的工时并迫使工厂老板为工人提供一些基础性教育。该立法迈出了一小步，也是难以执行的一小步，但它毕竟是公众为防止在工作场所，特别是在年轻人中暴发疾病而作出的初步努力。

为什么皮尔会成为议会里最坚定的卫生法规支持者呢？往好处想，是珀西瓦里循循善诱的劝导让他回心转意，开始更加关心起他的工人来。诸如这般的良心发现还是有可能的，但在他领导工厂监管行动5年后，他对奴隶贸易的极力辩护，让人们对那个善良和温和的皮尔的形象开始有些生疏起来。此外，皮尔本可以单方面改善他自己工厂的条件，但他没有这样做。另一种观点是，皮尔虽不喜欢别人把他看成是个坏蛋，但他也不想在与其对手竞争的时候失去任何优势。因此，只要别人必须支付额外的卫生费用时，皮尔也愿意跟进。作为那个时代的工业巨头之一，皮尔可能发现，相对于那些又小又破的竞争对手而言，他更担负得起清洁工厂的成本，因此，监管可能对他更加有利。乔治·斯蒂格勒因提出"监管俘虏"理论获得了诺贝尔奖,他认为,像皮尔这样强大的在位者常常会支持监管以抵御外来者的竞争。一如今日底特律的餐馆老板,他们可能会热衷于倡导禁止流动餐车进入城市的规则。

在监管型国家兴起之前,法律诉讼是纠正对财产或健康造成损害的主要手段。只要劳动者可以因生病或受伤而起诉他们的雇主,就会促使这些雇主改善其工作场所的安全状况。但在19世纪的美国,"自担风险"的法律原则意味着尽管死亡人数居高不下,工人也不能就他们的伤害起诉雇主。美国1908年的《联邦雇主责任法》允许受伤的铁路工人提起诉讼要求赔偿,结果铁路部门开始启用更加安全的火车了。

工作场所的安全是否增加了人们从事工业劳动的意愿?大量文献发现,现代世界的工作风险越大,报酬也越高,因为人们需要获得更高的工资才愿意从事更危险的工作。历史数据则模棱两可一些。一项研究发现,"在因病而损失工时较多的行业里,童工的工资会更高些,而成年工人的工薪不受影响"。尽管如此,美国"纺锭之城"洛厄尔的一间棉纺厂贴出了一则招募年轻女性的海报即承诺工人"将在生病时得到适当的照顾",又说"只有能干和健康的女孩才能承担我们的工作"。

在狄更斯时代的英格兰,吃不饱的穷人如果能得到一份工作会让他们感激不尽。尽管这份工作可能会让他们有染病风险。但整个社会越来越不愿意接受让工厂成为死亡陷阱这样的事实。日益壮大的英国中产阶级手中掌握的权力越来越大。要想在他们的审查中幸存下来,工长就要遵循小罗伯特·皮尔发起的那些安全规则。公众压力同样要求2020年的工作场所保障员工的安全。

城市之困

即使城镇服务人员和他们的一些客户愿意接受新冠肺炎的风险，政府还是实施了封城措施以减少疫情的传播。

老罗伯特·皮尔的二儿子，是个献身城市安全的政治家，被誉为"现代警务之父"，甚至一度将他的名字用做对英国警察的昵称。他也曾任职英国政党总理，因终止了限制谷物流入英格兰的《谷物法》而导致他的保守党分裂。在工业时代后期，运输的食品安全将成为人们关心的核心问题。为了实现城市化，市民需要更多的卡路里，由于当地供应不足，城市必须把提供卡路里的食物从偏远且人口稀少的地方运来。但为了满足这一需求，食品业必须首先让客户相信长途运输的食品不会传播疾病。

纺织品安全运输的先例昭示着后来更加安全的食品运输。英格兰历来是产羊专业户，向欧洲输出了几个世纪的羊毛。工业革命时代的机器需要更结实的纤维，因此棉花更适合曼彻斯特早期的纺织厂。改用棉织物带来了意想不到的卫生红利：与羊毛不同，棉花在极热的水中洗涤后仍然保持原状。长期以来，毛织物一直是跳蚤的宿主，而跳蚤可以携带黑死病病毒。一桶足够热的水就能洗净棉织物上几乎所有的跳蚤或其他病菌的宿主。加热能消毒的基本原理也可以成为食品安全的指路明灯。

巴氏杀菌和城市化

要确保制造业对客户安全负责，比起确保工作场所的安全，施加经济压力更为重要。客户往往会避免消费看似不安全的产品，尤其那些需要入口的食品和饮料。芝加哥的牛肉大亨们竭尽全力让抱持怀疑态度的公众相信，在中西部屠宰的牛可以通过铁

第六章 大流行病对机器人是否构成威胁

路冷藏车安全运抵纽约。

只要能够控制健康风险,食品的大批量生产和运输使城市的大规模扩张成为可能。只要纽约市像1830年那样不得不在附近生产食品的话,它的人口增长就会受到限制。随着这座城市越来越多地将整个北美地区当作其粮仓、屠宰场和奶制品加工基地,其城区范围也会扩大。

数千年来,城市靠进口粮食养活其人口,例如,奥古斯都凯撒大帝治下的罗马,市民依靠漕运的麦子过活;德川时代的东京,以海运的稻米为生。谷物可能会受到污染,但高温烹饪通常会杀死有害的生物。麦角菌可以让人吃了黑麦面包后丧命,不是因为它具有感染性,而是因为它含有无法通过高温去除的麦角生物碱。19世纪的美国人爱吃番茄酱而不是新鲜的番茄,因为他们认为,这种看起来十分危险的红色蔬菜含有毒素,而在制酱过程中,熬煮加工和醋会把这些毒素破坏掉。

在北美大陆运送肉类的艰辛历程,是美国史上最伟大的史诗性事件,也激发了不少艺术家的创作灵感。例如,美国电影导演霍华·霍克斯的《红河》描写了两个牛仔之间发生的父子间的争斗,两个牛仔分别由约翰·韦恩和蒙哥马利·克利夫特扮演。再如,西奥多·德莱塞的小说《嘉莉妹妹》,其主角来到芝加哥,在集拢和出售牲畜的围场附近找到了她的居所。对释放美国腹地农业财富的追求,使堪萨斯和辛辛那提等前哨城市拔地而起,也刺激了运河的开挖和铁路的建设。

一种古老且相当卫生的肉类运输技术是将活体牲畜运送到城市屠夫处,屠夫随后将牲畜屠宰后供当地消费。丹尼尔·德鲁是19世纪华尔街最成功的奇才之一,他的职业生涯始于将牛群赶进

城市之困

纽约市的牛仔。他的第一笔水分股交易确实与水有关：他驱使牛喝足了水使其增重从而卖出高价。然而，驱赶活牛挑战性很大。人们后来越来越多地依赖铁路运输、腌制，以及冷冻等技术把食物运送到更远的地方。

古老的盐腌法通过去除容纳细菌的液体来保存食物。猪比牛能够更有效地将谷物转化为肉类热量，因此长期以来咸肉主要由猪肉制成。今天，美国人吃的加工猪肉比新鲜猪肉多50%，但新鲜牛肉比咸牛肉要多得多，尤其是在汉堡里。咸猪肉之所以吸引消费者，也因为吃起来会有一丝甜味。辛辛那提号称美国的"猪城"，其成功有赖于屠宰业，俄亥俄河谷丰富的谷物喂养了猪，随后又沿水路把猪肉运送到东部市场。

牛超越猪而占据优势是因为牛的机动性更大。约翰·韦恩驱赶牛群的电影很好地说明了这一点。驱牛的基本模式是把行走的牛肉从得克萨斯或艾奥瓦驱赶到西部前哨城市的铁路枢纽，如阿比林或芝加哥。然后再将其驱赶进拥挤的火车车厢运输到东部地区。

然而运输活体牛成本十分昂贵。它们的体重包括了很多不可食用的部分，而且还要一路饲喂。可是如果在芝加哥把牛屠宰后再运输出去的话，那么到了纽约后肉早就腐烂了。当然可以把牛肉制成符合卫生标准的咸肉，但是顾客宁可花更多的钱购买新鲜的。怎么办呢？

在这种情况下，解决方案是冷冻而不是加热。古斯塔夫斯·斯威夫特起初是马萨诸塞州东部一名驱赶牛群的牛仔和屠夫。他后来搬迁到靠近遍地牛群的西部，最终又为美国北部规模巨大的联邦肉牛围场所吸引。这个围场是铁路公司联盟为鼓励肉类运输建立起来的。斯威夫特在肉类加工史上的地位是由其开发的铁路冷藏车奠定的。起初只是在清理好的牛肉上码上冰块而已，低温虽然能够阻止细菌生长，但是，在大啖牛排之前，充分加热这样的良好卫生习惯还是不可或缺的。

能够为市民提供不用烹制就能吃的饮食产品，譬如酒类和奶制品等，挑战性就更大了。东亚复杂的城镇社会似乎在法国科学家路易斯·巴斯德出生几百年前，就发明了现在以他命名的消毒方法。

西方采用巴氏杀菌法源于一场有关自然生成的生物有机体的科学辩论，譬如细菌。在19世纪科学界这场伟大的辩论中，法国化学家路易斯·巴斯德在法国科学院与比他年长得多并在许多方面更为杰出的博物学家费利克斯·普歇对阵。巴斯德向人们展示，把灭菌的液体放入密封的玻璃容器后，微生物不再生长，活体只出现在暴露于外部灰尘的容器中。这一发现促使学院授予他2 500法郎的奖金，换算成今天的货币价值超过了4万美金。

巴斯德的理解是正确的，即细菌使葡萄酒和牛奶腐败。因此，经过消毒和密封才能保存和运输。问题是不能破坏所有的微生物，否则贮藏在你别墅微湿地窖里的拉菲红酒就会失去其特有的风味。因此，巴氏杀菌仅限于短时间加热，通常低于100摄氏度。要品尝轻度和超高温巴氏杀菌产品之间的区别，只需将一杯帕玛拉特的高温杀菌牛奶与一杯标准的"新鲜"牛奶比较一下就可以了。高温杀菌的牛奶可以在常温情况下贮存数月，因为高温杀死了牛奶中更多的微生物。但喝着低温巴氏杀菌牛奶长大的美国人，往往觉得帕玛拉特奶有一股过于工业化的味道，也许口味过甜了，因为高温会让一些牛奶焦糖化。

城市之困

巴氏杀菌、冷藏和更完善的包装相结合，让食品在城市中运输和储存成为可能。乳源性疾病在19世纪杀死了许多城市里的儿童。而这一白色液体对21世纪的儿童来说，只会有益于他们的身体健康。卫生方面的进步也使食品生产工业化。牛奶和鸡蛋不再由小农场小批量生产，而是由像拥有帕玛拉特的法国拉克塔里斯这样的大型工业集团产出。

拉科塔里斯集团是全球最大的乳品生产商。但和那些规模更大，专门生产即开即食产品的公司相比就小巫见大巫了。这些母公司包括雀巢、纳贝斯克以及亿滋国际等。纳贝斯克坐落在芝加哥南区具有标志性的面点厂曾经雇用240个职工，在占地0.167平方公里的厂区每年出品1.92亿英镑曲奇饼。正如我们在第四章中所讨论的，纳贝斯克的畅销产品，如奥利奥和牛顿，是第一批大规模生产的预煮食品。纳贝斯克既为工业面包师提供了工作岗位，又为世界各地城市里的食客提供了美食。

大约在纳贝斯克推出优尼塔饼干和奥利奥曲奇的同时，小厄普顿·辛克莱发表了他的大作《屠场》，用虚构的方法描述了芝加哥的肉类加工业。辛克莱的本意是为劳工运动博取一些同情心，但事态的发展正如他后来所写的那样："我瞄准的是公众的心，却不小心击中了他们的胃"。他对肉类加工令人作呕的描述，激起了人们对《联邦肉类检验法》和《纯净食品和药品法》立法的热忱，这两项法案都于1906年通过。在美国和其他地方出现了完整的公共机构，以确保给食品贴上适当的标签并符合规定的卫生标准。《纯净食品和药品法》还为我们提供了一个法律机制，由确保食品和药品安全向毒品宣战转变。

这些法规对于消除食源性疾病有多重要？像纳贝斯克这样

经久不衰的消费品企业，有充分的理由来建立和维护其产品质量的声誉。责任诉讼还可以阻止鲜为人知的公司销售不够安全的商品。然而，即使在2008年，被三聚氰胺污染的婴儿配方奶粉也导致数万的中国儿童患病。如果不是美国食品药品监督管理局的监督，在过去的一个世纪里，肯定也会有一些美国食品生产商走类似的捷径。

食品安全的改善促进了城市发展，进而也促进了经济进一步扩张。食源性疾病的持续威胁只会把市民限制在消费那些比较安全和简单的食品上，从而大大降低了城市人口稠密的吸引力。如果住在城里只能吃硬面饼、喝稀粥，那么谁还愿意待在那里不走呢？

尽管肉类加工厂成为疾病传播的重灾区，但2020年的食品运输依然安全。与汽车运输或冰箱冷冻不同，肉类加工仍然是劳动密集型而不是资本密集型的。由于鸡肉和牛肉的特性，机械加工时难免遭到破坏。因此，肉类加工商便雇用低薪工人，工作时没有巨大的机器把他们彼此隔开。如今，现代版的皮尔纺织厂里每一位工人平均拥有139.35平方米的工作面积。而食品加工厂的每位工人所占的工作面积不到53平方米。人挨人的工作环境仍然会导致大流行性疾病的传播，在雇主不肯提供安全保护的情况下，更是如此。就是在这样的情况下，随着数百万人躲在家里从亚马逊网购各种杂货，保护消费者免于因食物而生病的创新仍在继续发挥着作用。

城市之困

工业经济证明，人们可以免遭大流行性疾病侵袭

1918—1919 年的流感大流行的死亡率，远高于新冠肺炎。大约有 67.5 万美国人死于那次疫情。按照人口的比例换算，相当于今天的 200 多万人。虽然没有确切的统计数字，估计有 1/3 的世界人口感染了那次流感。就像今日的新冠疫情一样，人们都戴上了布口罩，各国关闭了国界，每个城市都实行了强制的社会疏离政策。

流感大流行造成如此多的人死亡，传染如此之快，按说会像新冠肺炎一样扰乱地方经济。然而，事实并非如此。芝加哥联邦储备银行的弗朗索瓦·维尔德，针对大流感对经济产生的影响做了一件非常出色的调查工作。他发现"工业产出急剧下降，但在几个月内就反弹了"，"零售业看来几乎没有受到影响"。"没有证据表明企业纷纷倒闭或金融系统压力重重"。最后，他确认了 1946 年韦斯利·克莱尔·米切尔和亚瑟·伯恩斯的判断，即经济衰退"异常短暂且幅度适中"，二者均为商业周期分类的先驱。如何解释两次疫情对经济影响的差异呢？

大流感造成的衰退如此温和，是因为 1918 年的工作性质与今天截然不同。1910 年，31% 的美国人在农场工作，38% 是体力劳动者。到 2015 年，农民占美国劳动力的比例不到 1%，体力劳动者的比例也下降到 20%。1910 年，美国 44% 的非农业雇员从事制造业、运输业和公共事业等。到 2015 年，这一比例已降至 12.5%。没有农场会因为担心流感而关闭。大多数工厂就像 2020 年一样保持运转，这一年 6 月份仅有 9% 的制造业工人失业。

第六章 大流行病对机器人是否构成威胁

某些零售业在1918年大流感中出现一些衰退，但其他行业就像今天一样都在扩张。维尔德报告说，与同年8月相比，伍尔沃斯、杰西潘尼和克雷格等零售商1918年10月的销售额，与同年8月相比下降了13%。然而希尔斯、罗巴克和蒙哥马利沃德的邮购业务却蓬勃发展。那次流感大流行期间，杂货店和百货商店的销量也都增加了。

人们在1918年还没有今天这样富裕。他们的钱大都花在生活必需品上。在疫情大流行期间，即使到杂货店购物存在一些风险，人们在基本需求方面的支出依然保持稳定。随着疾病的广泛传播，在需现场购买非急需的奢侈品方面，人们的支出下降得更为显著。在2020年富裕得多的世界里，自我支配的高端活动变得更加重要。

1910年，美国非农业人口中只有14%在家庭以外的服务业工作，同时，有14.5%非农场工人从事"家庭服务"或"个人服务"。今天，从事住家女佣那一类的工作基本消失殆尽。没错，许多富裕家庭还有保姆或互惠生，但这类工作人员的数量已经十分有限。有钱的美国人仍在付钱让别人做饭或熨烫衬衣，但做这些工作的是家庭以外的专业人员，而非住家用人。

家政服务普遍消失让我们觉得是人类尊严的胜利。可服务经济的专业化却容易受到疾病大流行的影响。1918年大流感流行的时候，许多家庭并没有解雇他们的住家女佣。要说对女佣有什么影响，更有钱的人家会愈加依赖女佣来承担购物的风险。2020年的服务经济高度专业化，涉及大量客户与大量服务专业人员的互动。如此网络化带来高效和成效，然而更加频密的社交互动也更容易让人们感染疾病。

城市之困

制造业走向服务业之路

自从1918年流感大流行100年来，富裕国家发生了戏剧性变化。现在我们把收入的大部分花费在可有可无的奢侈品或体验上，而不是日常的必需品上。我们工作在服务业而不是制造业里，而很多这样的服务都是面对客户的。一旦面临由空气传播的疾病大流行，一个多人通过面对面的互动来为客户提供豪华服务的经济体注定会崩溃。

在过去的20年里，人们对在未来机器自学和机器人操作的时代里的工作产生了焦虑。在一个机器看似无所不能的世界里，人类还能做什么呢？用机械设备代替人力并不是什么新的趋势。老罗伯特·皮尔当年就是这样做的，他的珍妮纺纱机曾让当地的工匠们愤怒不已。

但皮尔的技术创新并没有导致大规模失业，正如高效的博尔顿和瓦特蒸汽机并没有节约煤炭一样。伟大的英国经济学家斯坦利·杰文斯在150年前指出，更高效的发动机会导致更多的煤炭消耗，因为人们发现蒸汽机有更多的用途，使用更少的燃料，因此运行成本也更低。杰文斯的这个悖论几乎全世界都适用。与传统汽车相比，电动汽车排放的碳更少，行驶更远距离时也更便宜。因此，我们应会看到，由于电动汽车鼓励人们更多地开车，最终会把节能引擎省出的能源抵消掉。

19世纪和20世纪初，全球工业繁荣，机器使用率大大增加，生产出数千种不同且新颖的产品。第一波工业化让每个人拥有更多的布料，因为曼彻斯特的工厂将他们的印花布发送到全球

第六章 大流行病对机器人是否构成威胁

各国。第二波工业化推动了交通运输的发展,让火车跑遍美洲大陆。轨道列车也让更多的城市围绕着地铁和城市轻轨不断地横向发展。

机器取代了一些人力,但也创造出大量新的工作。人们更加富有后吃得也更多了。他们有更多的穿戴,旅行也走得更远。每台新机器都可能让一些工作消失,但人类的聪明才智加上看似无法抑制的物质欲望依然使工厂车间里挤满了工人。而第二个罗伯特·皮尔开创的监管程序,让他们相当安全地远离疾病的袭扰。

到20世纪中叶,城市主要围绕制造业发展,如纳贝斯克在切尔西和芝加哥的面点工厂。盟军在第二次世界大战中要取得胜利需要制造业爆炸式地增长。1940年和1941年的英国飞机生产大爆发,因此赢得了不列颠之战。美国工厂在1943年和1944年生产出了更多的飞机。

大规模军备建设意味着1944年1月有1 650万美国人从事制造业。这一数字占美国私营部门有偿劳动力的45%。美国的工业大军比第二次世界大战高峰时期服役的陆海军总和还要多40%。战争结束时,工厂的就业人数急剧下降,因为制造了大量坦克、飞机和枪炮的迷人女郎们又回到了自己家中。但随后制造业的就业人数又开始增长。美国的制造业劳动力在1979年6月达到顶峰,接近2 000万人。

但这是史上最高水平了。事实上,作为非农就业总量的一小部分,制造业在1943年11月达到39%的一个峰值,当时在曼彻斯特城外建造的英国飞机刚刚开始轰炸柏林。战后,到1953年夏天,制造业占美国非农就业人数的32%,但随后该占比就开始下降了。等到10年后约翰·肯尼迪在柏林发表讲话时,美国制造业在非农劳动力中的份额已降至27%。当西贡于1975年4月沦陷在北越手中的时候,美国只有不到22%的工人从事制造业。制造业劳动力的比例在1990年降至16%以下,在2001年降至12%,并在2009—2020年仅保持在8%至9%。这些数字与其他富裕国家相当:不到1/10的英国人从事制造业;在法国制造业就业的人低于12%。

工业就业的下降并非意味着美国停止了生产实物商品。只不过,制造实物商品的不再是人,而是机器。一个资本密集型、机器密集型的制造业,可以满足全美国对核心物质的需求,例如服装、食品以及交通工具。结果,美国的工作人员开始从事其他的业务,例如寻求更有趣、更多样化的零售体验,从而为人们带来更多的假期和乐趣。人们从制造业转向需要与他人接触的工作。

从事服务业的美国人总数从1944年的2 400万增加到2020年初的1.31亿,占美国人口86%;英国的数据也差不多。从1945—2004年,从事零售行业的售货员、收银员和理货员的美国人数从350万增加到1 580万。同期,包括餐厅和酒店在内的休闲业从业人数从不到220万增加到逾1 200万。

虽然零售业的就业率在2004—2020年停滞不前,但休闲业仍在继续扩张。新冠疫情来袭前夕,该行业有1 690万名雇员。2020年初,在餐馆工作的美国人与在工厂工作的美国人一样多,前者是1 230万,后者是1 280万。如果我们将零售业、酒店业和休闲业归为一类,权且称为面对面的服务经济,那么在该经济就业的人口从1939年的不到500万增加到2020年的3 200万以上。也就是说,新冠疫情暴发之前,在此经济就业的美国人占美国劳动力的1/5。虽然1953年没有大学学位的美国人在装配线上工作也可以赚到很多钱，但到了 2020 年，面对面的服务经济对于那些不想在课堂里为代数课头疼的人来说，反而是更好的选择。

面对面经济的兴起有其固有的健康风险，这在卫生条件不足的 18 世纪很快地显现出来。但直到 2020 年，我们似乎都没注意到，面对面的服务业既能传播疫情也能被疫情打垮。

两个不太易受疫情打击的部门也继续主导着美国的劳动力市场：一是专业和商业部门，这个部门在新冠疫情暴发之前雇用着 2 150 万名员工，二是教育和卫生部门，也有 2 450 万名雇员。专业和商业服务人员，例如律师和建筑师，通常都拥有高学历。在新冠疫情暴发之前，这个群体虽然通常不会选择远程办公，但他们可以这样做，而且在新冠肺炎开始大流行后，许多人也这样做了。这些知识密集型的工作者不再去办公室工作，这进一步抑制了他们对白天服务于他们的餐馆和商店的需求。

教育和卫生工作者通常直接或间接地从公民的税收中获得报酬。由于儿童会继续需要教育，人们会继续生病，所以即使在经济衰退中这两个行业传统上都不受经济衰退的影响。然而，与过去不同的是，许多卫生保健工作者在新冠疫情初期就不可思议地被解雇了。未来州和地方预算削减也可能意味着更多教师被裁员。

机器非常擅长日常工作，例如生产大部分无须嵌入其周围环境的实物。机器人擅长焊接汽车的零件，计算机擅长包括做账在内的日常脑力工作。迄今为止，人类在三个关键领域依然保持着优势：创造力、人际互动，以及非常规或高度嵌入的体力劳动。

出色的创造力似乎很可能在几十年甚至几个世纪内仍被人类

垄断。一台机器怎么可能成为达·芬奇或爱因斯坦呢？一些棘手的认知任务即使是最聪明的机器也会感到困惑。国际商业机器公司的超级计算机华生无法改进癌症的诊断。有些无须太多创造力的工作，譬如为生日派对制作有趣的歌曲列表，经过适当训练的机器是完全可以胜任的。由多伦多大学经济学家理查德·佛罗里达和其他人倡导的创意经济可能会继续存在，但是机器学习可能会使这种经济的规模进一步缩小，并且只会专注于那些需要非凡的人类智能才能完成的任务。

创造性工作不受机器的影响，也可能不受疾病的袭扰，至少在无须过多进行面对面互动的环境下是如此。随机的面对面会议长期以来一直是我们创作过程的一部分，但天才在虚拟世界中即使被制服也能生存。

非常规体力劳动或嵌入式工作包括类似修剪草坪、安装太阳能电池板以及准备拿铁咖啡等工作。然而，前两种职业与后一种职业有很大不同，因为它们通常无须与客户密集地面对面互动。这些人的工作无须互动，他们受雇是因为具有一技之长而不是拥有独特的魅力。没有雇主会因为一个称职而又诚实的水暖工缺乏魅力而把他解雇。相比之下，优秀的餐馆男女侍者都有很强的社交能力，因此，雇用他们的部分理由是他们可以与顾客进行亲切的互动。

即使在疫情大流行期间，包括建筑施工在内的户外非常规体力工作也可以合理安全地进行，但这种工作并非轻松。建筑施工是经济中最常见的非常规体力劳动。尽管新冠疫情打乱了经济，但建筑业的就业仍可保持相对稳定。2019年7月，有775万美国人从事这个行业。一年后，该行业还有742万人，仅下降4.3%。

同样，从事仓储工作的人数也一直保持稳定，仅从 118.1 万下降到 117.8 万。

当机器人工作性能越来越好的时候，这样的工作还剩多少呢？自动驾驶汽车的兴起使美国 150 万个与卡车运输相关的工作面临风险，但我们敢打赌，水暖工和电工将会幸存下来。许多建筑物，甚至是高层建筑，都可以出现在资本密集型的工厂里，由最少的人力迅速建成。因此建筑劳动力的需求可能会下降，但不会完全消失。

第三类不受自动化威胁的工作是那些与人接触而使人乐在其中的工作。一个好的咖啡师擅长制作漂亮的拉花，也许是心形的，但那些技术的价值不能小觑，因为顾客享受现场观看他们的表演。知道别人为让你快乐而作出努力会让你心里感觉温暖，你也会感到你花的钱物超所值。

能够把面对面服务做到极致的人是人际交流的艺术家，他们知道如何让顾客觉得受重视并因此感到愉悦。佛罗伦萨哈利酒吧比其在威尼斯的原版姐妹店更优雅，它有位供职几十年的调酒师里奥，总是把老花镜优雅地架在他的颧骨上。每一个富裕的中年游客对他来说都像伯爵夫人般的尊贵；每个未来的纨绔子弟对他来说都像参加壮游的拜伦那样倜傥。当然，这些都是浮云，然而，他之所以能够成为一个调酒大师，并不是因为他调出的鸡尾酒有多好喝，而是他能让他的顾客感觉宾至如归。很多人觉得，他的服务带给他们的特别体验是物有所值的。

我们可以见微知著，这样的待人技巧在大城市的服务经济中到处可见。我们每一个人都有自己喜爱的服务人员，因为他们的言行举止让我们感受到友善，哪怕这友善是装出来的。反正，任何服务只要能在面对面交往中让我们感到愉快，就是多花一些钱我们也愿意。

过去的30年里，在餐馆工作的美国人数几乎翻了一番，从1990年的650万增加到2020年2月的1 230万。尽管酒精消费量下降，但2010—2020年，调酒师的数量还是增加了近50%。2010—2019年，餐馆的男女侍者人数增加了18%。这些都不算是高薪体面的工作，但为数百万普通美国人提供了可靠的就业机会，特别是在大城市，那里有大量受过教育的市民，他们愿意为愉快的人际互动体验买单。

美国向服务业的转型并非完美。批评者强调，不得不以取悦客人为生从实质上来讲是有辱人格的。我们只不过是在客观描述而不是颂扬2020年前的服务经济状况。

但我们想要强调的是，向服务经济转型的富裕国家，尤其是美国，比过去更易受到大流行性疾病的影响。在新冠疫情期间，城市服务业成为经济动荡的中心，服务人员感染这种疾病的可能性更大。

新冠疫情期间的就业和疾患

新冠肺炎疫情的大流行，给这些城市服务人员带来巨大的经济痛苦。美国全国停摆，小企业纷纷关闭。我们这本书的合著者格莱泽根据反复调查隶属于"可结盟（Alignable）"的小企业主们的调查结果，与他人合写了一系列文章。"可结盟"是一个面向小业主的在线推荐网络平台，拥有超过500万会员。我们力争让回复调查问卷的小业主们在全美国具有一定的代表性。

第六章 大流行病对机器人是否构成威胁

截至 2020 年 4 月 1 日，接受我们调查的所有零售商中有一半已经关闭。这些公司的一半工作岗位化为乌有。54% 的餐馆关张。71% 专门从事艺术和娱乐的企业或主动或因法令而不得不关闭。雇用没有学位或更高学位的美国人的普通服务业，以数以百万计的规模消失。

许多收入低的美国人面临双输的局面：如果他们的工作必不可少，他们可以继续工作，但要面临感染新冠病毒的风险。如果他们的工作是非必要的，他们则可以安全地待在家里，但他们将领不到薪水。在纽约、费城和芝加哥等城市，职业与疾病之间存在着明显的关系，这些城市在 3—5 月份新冠肺炎来袭的时候首当其冲。在纽约市居住的许多人中，要么受雇于必要的行业，要么从事无法远程办公的工作，他们的流动性很大，因而感染和死于新冠肺炎的人也更多。我们估计，流动性减少 10% 会让新冠肺炎感染率减少 20%。毫不奇怪，雇用受过良好教育员工的行业和较富裕的住宅区中，从事远程办公的人更为普遍。

4 月份的时候，许多小企业主对自己的恢复能力缺乏信心。我们的调查对象中，有 44% 的零售商猜测他们到了 12 月份仍无法开门营业；54% 的餐馆老板也同样认为开业无望。典型的小企业主们只保留一小部分现金用以渡过难关。在我们的调查样本中，大部分公司手头只有大约两周的日常开支。当他们的客户因为害怕染疾而待在家里时，如果没有政府的援助，这些公司几乎没有任何生存的机会。

公共援助发挥了很大力量。上一次经济面临如此大的破坏的时候，即 2007—2009 年的经济大衰退，联邦政府拨出 7 870 亿美元来刺激经济，相当于 2020 年的 9 650 亿美元。奥巴马政府故意

城市之困

将成本控制在8 000亿美元以下，以平息公众对其明显的过度支出提出的批评。即使做出这样的让步，也只有61名参议员主动投票支持奥巴马政府的刺激计划。2020年的《新冠病毒援助、减免和经济安全法案》拨款2.2万亿美元，参议院却以96∶0的票数顺利通过。这个法案的拨款在美国历史上恐怕是最慷慨的了，然而却没有一个参议员据理反对。

小型企业从该法案的薪资保护计划中受益最多，该计划在2020年向员工人数少于500人的公司提供了6 490亿美元的贷款。该计划的规模令人难以置信，因为分摊到全国每个成人和孩子手中的薪资保护费用高达2 000美元之巨。此外，一个公司如果能够把就业维持在新冠肺炎疫情之前的水平并用这笔资金支付员工的工资和其他核心业务的费用，它还可以不必还贷。

现金分两批发放。从第一批获得收益的人少得可怜。但到第二批结束的时候，所有的美国人，哪怕仅符合一项要求，只要完成了必要的手续都可以获得一笔现金。第一批贷款是由银行分配的，在我们的一项调查中，我们发现贷款更有可能流向那些报告说疾病对其收入影响很小或没有影响的商家。银行倾向于贷款给拥有更多现金而不是更少现金的公司，并向已经拥有信贷额度的长期借款人提供贷款。当向金融服务行业提供数千亿美元又几乎没有任何附加条件时，这些金融公司会首先将资金分配给他们信誉最好的客户。

我们采用多种方法来了解美国用价值6 490亿美元的信贷到底购买了什么。截至2020年4月下旬，获得贷款的公司对未来更加乐观。获得贷款的公司在7月份投入运营的可能性高出14%。他们自我评估的生存概率增加了大约15个百分点。然而，这些贷款对就业的影响并不大。这些钱确实能帮助许多小企业生存下来，但代价太大了。

尽管有联邦援助，失业率仍然飙升，城市服务部门更是如此。如上所述，整体失业率从2月份的3.5%上升至4月份的14.7%。进入7月后失业率稳定在了10.2%，到12月份的时候便保持在6.7%了。这个总体数字隐藏了旧经济与新经济之间的巨大差异，旧经济与1918年一样对流行病具有很强的抵抗力，而新经济则不然。2020年7月，休闲业工人的失业率为25%。农民的失业率仅为5.7%，制造业工人的失业率为8.6%。

一些人认为，经济下滑的原因是政府对大流行性疾病反应过度：封锁的规定使企业难以为继。2020年4月29日，佛罗里达州州长罗恩·德桑蒂斯宣布解除限制，宣称最大的障碍是"过去6周以来的恐惧，是由弥漫在我们文化中的悲观和歇斯底里的情绪而引发的"。显然，喜爱派对的人们除了害怕胆子小以外，无惧天下任何东西。佛罗里达州在乐观的狂欢中重新开放了，似乎整个州对大流行性疾病都有了免疫力。的确，在此之前，总人口为2 150万的佛罗里达州仅出现了3.3万例病例，死亡1 200人，而经济衰退的后果却是惨重的：2月至4月，该州近1/3的酒店和休闲业的员工被解雇。

尽管州长开了绿灯，人们显然并不情愿重新回到他们的工作岗位。根据手机数据的分析，在大多数州发布封锁令之前，人们就停止了四处走动，这表明：是恐惧而不是政令让人们待在了家里。一项引人注目的研究比较了新冠疫情对丹麦极其邻居瑞典的经济影响，前者严格执行社会疏离的政策，后者则不然。两国的银行账户数据显示，丹麦的支出下降了29%，而在此期间瑞典的支出也下降了25%。研究人员由此得出结论："经济收缩主要是由新冠病毒引起的，也就是说，无论是否限制人们的活动，经济都会收缩"。巴西政府的封锁规定与国民的流动性之间也几乎没有什么联系，人们减少出行似乎是出于恐惧而不是受政府指令的原因。

但是德桑蒂斯重新开放佛罗里达州以后，人们开始走出家门。他们要么迫切希望与人接触，要么相信如果不安全，政府也不会重新开放。毕竟，该州长曾于4月28日在白宫向他的州民保证："佛罗里达做得比其他地方都好"，因为"我们有一个量身打造和考虑周全的措施，该措施不仅让我们的感染者和死亡病例的数字低于任何人的预测，而且也有助于我们州继续前行"。这个量身打造和考虑周全的措施当然意味着该州重新开放后，外出就餐是没有风险的。

如果佛罗里达州对无症状者进行了检测，那么该州就会知道新冠病毒是否已经消失或只是在默默地蓄积能量。佛罗里达州并没有那样做，事实证明，新冠肺炎仍然在四处传播。

外出就餐的最佳数据来自安图公司在新冠疫情期间收集并公开的手机记录。到4月21日，佛罗里达州到餐馆就餐的人比新冠疫情之前少了68%。酒吧的访问量比疫情前的水平低近80%。到6月22日，佛罗里达州餐厅和酒吧顾客访问量分别恢复到疫情前水平的87%和74%。

随着重新开放，病例和死亡人数也随之增加。到了6月22日，佛罗里达州出现了10万个新冠肺炎病例，结果又重新开始实行封锁措施，于6月26日关闭了酒吧。可惜，到7月11日，该州的病例已经增长到25万。其最大的县迈阿密戴德县于7月6

日关闭了所有餐厅，但到 8 月 5 日仍有超过 50 万佛罗里达人病倒。在那之后的两周，佛罗里达州的死亡人数超过了 10 000。到 2020 年底，该州的死亡人数已超过 20 000 人，每千名居民中就有超过一人丧命。佛罗里达州再也没有底气吹嘘其"量身打造和考虑周全的措施"了。这个"阳光之州"的教训是：如果将经济置于健康之上，那么两者最终都会失去。政府需要仔细衡量疾病的流行程度，而不是拍脑门子办事。

一些服务工作对雇员来说是安全的，但客户仍会面临风险，因此需求仍然低迷。调酒师可以在透明墙后的单间工作，但如果让每个顾客都在围起来的隔间里喝酒，那酒吧可就乏味了，那样还不如在自己家里的壁橱里喝闷酒。面对面服务经济的全部意义在于人与人近距离的接触，因而也就无法抵御致命传染病的威胁。阻止疾病给人们带来风险，是创造未来面对面服务工作岗位的第一步。

美国企业家精神在新冠疫情暴发之前的衰落

由于新冠肺炎疫情的大流行，数千家公司已永久关闭，需要新的企业取而代之。可取而代之又谈何容易？答案是难于上青天。美国人认为自己既充满活力又具有创业精神，但现实很骨感：美国新成立的公司数十年来一直都在减少。

从历史上看，企业家精神对于城市改造至关重要。经济学家本杰明·奇尼茨在 20 世纪 50 年代后期写道，纽约市比匹兹堡市更有韧性，因为它具有一种在早餐桌和街角培育起来的企业家文化。20 世纪 50 年代，纽约服装业的工人数量超过了匹兹堡钢铁业或底特律汽车业的工人数量。更重要的是，纽约曼哈顿的时装区拥有更多的企业家。

任何头脑灵光又有台缝纫机的人都可以开始制作和销售服装。看看麦瑟尔夫人的公公是如何在亚马逊金牌会员平台上，漫不经心地销售麦瑟尔品牌的系列服装产品的吧！可是，谁还想去和匹兹堡市的美国钢铁公司或底特律的三大汽车公司争锋呢？匹兹堡和底特律培养的是公司员工，而不是企业家。

从事服装行业的商人陆陆续续又创立了许多除服装以外生产其他产品的公司，例如塞缪尔·戈德温（出生时名叫斯穆埃尔·盖布菲斯）。他从缝纫做起，后又售卖手套。再后来又创立了戈德温影业公司。又如亚伯拉罕·E.莱夫考特，从服装业转型后又建造起装饰艺术摩天大楼。裁缝的后代，如花旗集团的桑迪·威尔，最终成为华尔街大亨。

我们只是大概地把匹兹堡和纽约市做比较。一个多世纪前，拥有煤炭和铁矿的城市最终会出现更大的公司和更少的竞争，最终导致鲜有新的公司加盟，经济增长也不大。

不幸的是，美国经济的活力正在衰退。经济学家对就业机会的创造进行了跟踪，即：新型行业就业岗位数相比于整体行业岗位数情况研究。创造就业机会"在20世纪80年代后期平均增长18.9%，并在经济衰退之后，基本上逐步下降到2004—2006年的年均15.8%"。这意味着，创造就业的机会在20年间以16%的速度下滑。成立不到5年的公司，其就业份额"从20世纪80年代后期的平均18.9%，下降到大萧条前高峰时期的平均13.4%，17年期间下降了29%"。

对于美国公司新创率下降的原因，目前还没有科学的共识。

有全国性的证据表明是"监管阻碍了新公司的创建",但一项研究的结论又说:在美国"不断加强的联邦监管无法解释经济活力的长期趋势"。在联邦法规出台最多的行业中,新公司创建率并没有更快地下降。

然而,新企业家面临的许多力度最大的监管来自各州,而不是联邦政府。波士顿市的一份有用但有些过时的清单包含 18 个监管步骤,其中包括了"度量衡检查"、店面标志审查流程和垃圾箱放置许可证等。纽约市未来的小企业主面临 8 个不同的监管机构,所有这些机构都有不同的许可和检查流程。

许多规定是不必要的,只是以牺牲局外人为代价来保护局内人而已。对安全影响不大的工作(例如花店或室内装潢师)的职业许可,主要是为了保护已经有工作的人免受竞争。从 20 世纪 50 年代至今,从事有执照职业的人口比例从 5% 上升到 20% 以上。职业许可通常似乎不会提高质量,但确实会导致价格上涨,这样一来,赢的是圈内人;输的是外来人。

我们这本书的作者之一卡特勒研究了相对于医生而言,注册护士的活动都有哪些限制。美国本来缺乏初级保健人员,但许多州却禁止护士发挥他们的全部技能。该政策一边巩固了医生的地位,一边又限制了普通人获得其所需的医疗服务。

对这些清规戒律产生挫败感是可以理解的,人们也因此会产生反对所有公共规则的冲动。但是,对食品安全和工作场地安全的监管总是合理的。一个卓有成效的公共部门只会强制实施收益超过成本的规则,并让这些规则遵守起来相对容易。只可惜,今天的城镇领导者,通常只会对企业家精神夸夸其谈,但实际操作起来则对错综复杂的地方法规欣然接受,使创业变得愈发困难。

城市之困

首先可以通过更好地决定让监管的内容来改进政策，然后使审批过程更容易、更透明。我们的一项提议是，联邦政府通过资助一个独立的评估小组，按照国会预算办公室的方式，为地方规则的成本效益分析提供资金支持。该评估小组将免费向州和地方政府提供对各项法规做出专家的分析。分析结果要指出哪些法规可能会带来超过成本的收益，哪些则不会。地方政府一定言听计从，但至少选民们能够得到独立的评估结果。无论是民主党还是共和党政府，还有美国国家医学院等专家机构，都不耻于过度监管，但很少对地方法规进行过可信的评估。

其次，可以通过一站式的流程来提高许可证审批的效率。来看一看我们马萨诸塞州的一个例子吧。1996年德文斯陆军基地关闭后，马萨诸塞州成立了德文斯企业委员会。该基地曾是第一次世界大战后1918年流感大流行的高发区。这个委员会旨在通过简化的一站式许可流程来鼓励创建新的企业。

虽然还没对德文斯这一实验做出过学术评估，但该计划似乎取得了一定程度的成功。尽管没有预期得多，但还是创造了许多就业机会，建起了不少房屋。该区的报纸《洛厄尔太阳报》最近报道："德文斯企业区表明，有能通过提供各种便利设施及简化许可程序使自己成为经济发展的磁石"，而"这种模式已经吸引了百多家规模不同的公司成为这个自给自足社区的一员"。

在旧城区和人口密度低且不发达的地方，审批许可的程序应该同样透明。事实上，我们应该特别在收入和就业率都比较低的地区允许创新，因为我们对穷人创业的监管比对富人创业的监管要严格得多。在哈佛大学的宿舍里建立一个社交网络，比在几个街区外开一家小杂货店要容易得多。现在的网络社交平台已经大到足以影响选举了。

鉴于新冠疫情给小企业带来的毁灭性后果，企业许可证发放的改革就显得尤为重要。疫情大流行造成的破产问题需要数年时间才能解决。拯救所有受影响的企业是不可能的，坦率地说，我们也不该做这样的尝试。我们有义务保护每个人免受饥饿和困苦，但并非每个企业都需要我们维持下去。全面整改发放许可的流程虽然极为理想，但需要的时间未免过长。短期内，城市可以考虑建立一个一站式的许可审批办公室，好让新公司尽快开业。然后，该办公室可以为长期改革许可审批流程提供一个模式。

即使在新冠疫情过后，企业许可证审批流程的改革也势在必行。在疫情暴发之前，在不断发展的沿海城市里工作机会很多，但在美东中心地带，如俄亥俄州、西弗吉尼亚州和密西西比州等，工作机会就少多了。在英格兰的老工业区，或在撒哈拉以南非洲不断发展的城市里，情况也是如此。这些地方也都需要更多的创业精神。

土地使用政策也很重要。许多工作机会多的地区生活成本都过高。一个失业的理发师可从明尼苏达州搬到旧金山，可要是想在那里能够找到住得起的房屋并租得起的店铺，就要碰运气了。我们会在第八章讨论有关房地产成本问题。

在失业率高企的地方，通过政治运作可以做更多的事情来鼓励创造就业机会。比如提供就业税收抵免以及让残疾工人在失去残疾保险金之前挣到更多的钱等。

城市之困

服务业的未来

无论是美国还是其他富裕国家,都不可能再看到制造业大规模雇用工人的盛况。分散的农业工作岗位也不会重现。面对面服务经济必须继续为没有计算机科学学位的人提供就业机会。任何依赖与陌生人面对面互动的工作,例如今天的私人教练,与1918年的家庭用人不同,他们便容易受到疫情大流行的影响。

在新冠疫情来袭之前,针对机器人的兴起让人类失去工作时,人们就如何正确的应对展开了激烈的辩论。前总统候选人安德鲁·杨提出这样的设想:随着工作的消失,政府应该为每个人提供不带附加条件的支票,权且称其为"普遍基本收入"。如果大量美国人因无所事事而获得报酬,那么美国的经济就可以抵御疫情的流行。相对较少的美国人可以继续做高智力和有创造性的工作,譬如监督机器人,并得到丰厚的报酬。而其他国人则可以把他们的支票(虚拟地)兑现后去高兴地玩他们的电子游戏。

美国和欧洲还不够富裕,无法成为如此慷慨的福利国家。但这样的设想,可能会在我们学生的有生之年成为现实。非工作人员能够得到的资源将是有限的,但他们会衣食无忧、医疗保健会有保障,还可以随便上网。他们也不必外出,可以说基本上永远都不用外出。因此,他们将会免受传染性疾病的侵害。

这样的前景乍看似乎很有吸引力。80年前,伟大的经济学家约翰·梅纳德·凯恩斯在写他的经典论文《我们孙辈的经济可能性》时,肯定也是这么想的。但数据反映的情况恰恰相反。失业,特别是在壮年男性中,与痛苦、自杀和离婚相关联。问题的关键不在于物质的匮乏，而在于社会孤立和无价值感。人生目的不复存在且社会互动消失的时候，人会感觉生活漫无目的并开始抑郁。

传统的男女社会分工使女性的情况有所不同。即使是"全职太太"也是闲不住的，她们会照顾孩子和家人，还会在社区做义工。没有工作的男性平均每天看5个小时的电视。有关女性及其工作的问题，因为深奥和重要，我们无法在这里展开令人满意的讨论。但我们认为，大多数不工作的男性不太可能让生活过得快乐且有成效。归根结底，没有任何方案可以替代强大的服务行业。因此，我们抗击流行病的努力具有双重的重要意义：既要防止死亡，又要保住能够让人免受痛苦的工作。

但即使服务工作仍然存在，我们也需要担心工作地点问题。数百万生活和工作在城市的人口都很贫穷。富人会放弃他们，跑到绿树成荫且Zoom连接速度飞快的郊区吗？接下来我们就来讨论一下这种可能性。

第七章

城市的未来将走向何处

40年前,未来学家阿尔文·托夫勒预测,在烟囱林立、装配线成行的工业"第二波"之后,将出现信息和技术密集型的"第三波"。这第三波浪潮将把被第二波浪潮带进工厂和办公室的千百万工作人员冲刷回他们的原处:家。

直到2020年,办公室似乎都很有韧性,即使在技术领域也是如此。谷歌买下古戈尔普勒克斯作为其母公司的总部所在地,并竭力把它打造成年轻人与有趣的人的乐园。2013年,雅虎首席执行官玛丽莎·梅耶尔叫停了远程工作并宣称:"我们的雅虎需要成为一个整体,那就从近距离一起工作开始吧"。

但是随着新冠肺炎的来袭,办公室生活的主导地位消失了。谷歌告诉其员工,他们在2021年夏天之前都可以远程办公。脸书也是这样说的。格莱泽分析过的一项调查表明超过40%的雇主预测,在大流行期间转为远程办公的员工中有40%或更多的人将会在疫情过后依然通过远程的方式办公。Zoom已经成为无处不在的名词、动词和生活方式。

一些员工不必通勤工作效率反而更高。哈佛大学经济系的两

城市之困

名前博士生娜塔莉亚·伊曼纽尔和爱玛·哈灵顿分析了美国一家主流在线零售商的数据。这家零售商于2018年初，因为一些呼叫中心空间不足就允许更多员工远程工作了。伊曼纽尔和哈灵顿比较了被允许在家工作的员工转为远程工作之前和之后与客户的通话量。他们发现，尽管与客户通话的内容没有变化，而"过渡到远程工作后的小时通话量增加了7.5%"。无故缺勤的情况有所减少，客户给电话营销员的评分也几乎没有变化。同样，当呼叫中心的工作人员因新冠肺炎疫情而被迫回家工作后，生产力反而提高了8%。

如果人们和企业得出结论认为在家工作效率更高，那么我们很可能会看到城市分崩离析。富人将与富人共同生活在适合通过Zoom工作的隔离环境中。尽管周围环境没有富人区那么豪华，中产阶级也会紧随其后。而富人和中产阶层抛在市中心的东西就只能由穷人来继承了。工作地点的这种彻底转变将从根本上改变世界上的各个城市。那么，这种情况真会发生吗？

城市肯定会随着疫情到来而改变。但我们怀疑，改变的程度将低于许多人的预期。虽然有些城市处于危险之中，但多数地方的市中心距离消亡还很远。大部分日常和易于评估的工作将在家里完成，可能会让员工每周节省一到两次的通勤时间，但工作中的关键问题，还会在同事之间近距离地加以解决。商业租金肯定会下降，一些商业空间将被转化为住宅或分配给斗志昂扬的企业初创者。但城市本身将继续成为富人和穷人的家园。

办公室不会被取代，因为面对面的互动比远程工作要丰富得多。相对独立且产出容易评估的工作，如呼叫中心，可以在家完成但也可以外包到亚洲或实行自动化。大多数工人生产出的东西不易量化，也不太可能单独完成。中层管理人员、行政助理和建筑绘图员都受益于面对面互动碰撞出的思想火花。如果工作继续向更具交互性和短暂性的任务发展，如前一章所述，那么办公室将变得更加重要。

从根本上说，人们重视城市是因为更重视人际关系。基于 Zoom 的工作会很快变得具有互动性，人际互动可以产生更多的灵感并给人带来更大的乐趣。虽然有些人可能因为担心疫情大流行而离开城市，但其他人将在那里接替他们的位置。但这对许多市政府来说仍然是一个危机和机遇并存的时刻。新冠肺炎让企业大规模搬迁更加成为可能。即使大流行仍在肆虐的时候，一些远程办公者已经搬到更好、更便宜的地方。如果公司也认定没有理由留在纽约市或旧金山，那么这种涓涓细流可能会变成滔滔的洪水。如果政府提高税收的话，搬迁将变得更具吸引力。长期以来，将较富裕的居民和企业视为永久固定资产的城市，可能会面临两者都要离开的窘境。未来几年，城市将不得不更加努力地去吸引流动的人才。想要留住富人的同时又要为穷人做更多的事情，城市就要提高他们的办事能力，而不能仅靠重新分配收入。

城市化与分散技术共舞

城市，意味着物理距离的消失；城市，为降低连接成本而存在。因此，交通运输技术决定了城市的命运。让人员或货物在空间里移动，或让思想在其间自由流动，这些能力的变化都会影响城市对物理距离的需求。

大约 30 年前，诺贝尔奖得主经济学家保罗·克鲁格曼，制定了一套经济地理学的基本原则。他的论文侧重于两个力之间的平衡：一个是将人们拉向城市的向心力或城市化的力量，另一个是导致人们疏远的离心力或分散因素。克鲁格曼的第一个空间模型平衡了两个愿望，即降低工业企业和工人之间移动制成品成本的愿望（城市化或向心力）与得到农业支撑的愿望（分散或离心力）。

这一框架与19世纪的芝加哥等城市的经历相吻合，这些城市既受益于彼此靠近的工业企业集群，也受益于靠近艾奥瓦州肥沃的农田。然而，向心力和离心力共舞的舞步是不断变化的。那些把人口密度降低的技术创新，如汽车和电视等，会导致去城市化。让群聚变得有价值的技术突破会把人们拉向城市。19世纪是极度向心化的，导致城市化的各项技术突破占据了主流地位，包括有轨电车、蒸汽火车、电梯和摩天大厦等。下水道和水槽也助城市化一臂之力。

20世纪是一个离心时代，美国尤甚。其标志是将人类的创新广泛普及，如内燃机引擎、收音机和电视等。城市政府施政的失败，如犯罪率上升和城市升学问题等，也迫使人们搬到郊区。事后来看，我们想知道一个时代是离心还是向心的，身处当下，往往很难看清风向。

从飞机靠窗的座位上观察曼哈顿岛，可以鸟瞰19世纪的交通技术是如何塑造了这座城市的。使通勤者能够上下往来的电梯，赋予城市垂直的高度。嘈杂疾驶的地铁，让这座城市从炮台公园向修道院博物馆横向发展。

在空中俯瞰纽约的人很快会注意到集中在两地的摩天大楼群：一群在这个岛的南端，另一群伫立在四十二街周围。城市指南有时会让罗格斯大学经济学家杰森·巴尔所说的基岩神话延续下去:"把摩天大楼建在市中心和商业中心,是因为那里很容易把地基打到基岩上"。事实上,高楼并不需要建筑在基岩上。给了我们"摩天大楼"这个词的芝加哥,那里的高楼是建立在泥土上的。

曼哈顿的建筑造型更多地归功于水而不是石头。旧市中心的楼群都是围绕曾经停靠在城市南部的船只而拔地而起的。纽约证券交易所始于在华尔街一棵梧桐树下签署的协议,签字的是伊弗雷姆·哈特这样的人,遗憾的是他们都是男人,而且他们的生计都和码头息息相关,哈特在1816年将他的职业列为码头建造者。

商业中心的楼群坐落在该市两个主要的火车站:中央车站和宾夕法尼亚车站。宾夕法尼亚车站连接着哈德逊河,比那些把曼哈顿从长岛和布朗克斯区隔离开的普通水道更难穿越。由亚伯拉罕·伊·莱夫考特在显赫一时的纽约时装区建造的那样的高层建筑,在铁路枢纽附近如雨后春笋般涌现,以方便通勤者进出和成品的运出。

能在19世纪把这些大楼建造得这么高,需要当时的两项城市化创新:安全电梯和摩天金属框架。摩天大楼历史悠久。英国园丁、建筑师和国会议员约瑟夫·帕克斯顿,设计水晶宫时借鉴了温室的金属框架结构,该水晶宫是伦敦在1851年举办万国博览会时的标志性建筑。这座建筑似乎激发了法国建筑师维克多·巴尔塔德的灵感,他将铁框架带到了巴黎,用于巴黎大堂市场和圣奥古斯丁教堂的构建。美国建筑师威廉·勒·巴伦·詹尼在巴黎学习过,将部分钢架插入芝加哥的家庭保险大楼,该建筑有时被认为是世界上第一座摩天大楼。摩天大楼用高度替代了水

城市之困

平空间。

电梯可以省去人们攀爬楼梯之苦，但在此之前，对多层建筑的需求少之又少。伊莱沙·格雷夫斯·奥蒂斯造出第一部安全电梯，巧合的是，他于1853年在纽约水晶宫展览上展示了该电梯。他站在电梯轿厢的底部，戏剧性地把在空中吊住他的唯一一根保险绳割断。一群人眼睁睁地看着奥蒂斯的机械装置把俯冲下来的电梯轿底停住，让其发明者平安落地。詹尼则花了30年才把家庭保险大楼建成。但到了1853年，纽约已经拥有可以把人送入云端的金属架和安全的垂直传送器。

鸟瞰曼哈顿还可以看到一条狭长的建筑群蜿蜒在岛上。这座向北延伸的大都市诉说着19世纪和20世纪建筑的传奇。这些建筑首先沿着像百老汇这样的大道前行，然后又从地上钻到地下沿着地铁的轨道继续奔突。亚伯拉罕·布劳尔于1827年在纽约开创了公共交通服务。当时，他派了一辆马车到百老汇，从炮台公园出发驶往布利克街，中间的距离大约有两英里。

从爱尔兰移民纽约的约翰·斯蒂芬森实现了从马车到铁路的转型。斯蒂芬森最初跟着布劳尔做学徒，后来自己建立了公司。一位银行家找到了他，该银行家在1832年获得了特许状，从王子街到哈莱姆河建造一条八英里长的街道铁路。车依然由马来拉，但跑在铁轨上摩擦就小多了。斯蒂芬森设计的铁路花了20年才得以建成，但最终还是让铁路贯穿整个长岛。在人口稀疏的城市北端建造铁路的许可是没有争议的。但要获得让铁路穿过人口稠密的城市南端，特许状却经过了反复的修改。

在大西洋彼岸，与约翰·斯蒂芬森毫不相干的乔治·斯蒂芬森正在开发由蒸汽而不是马驱动的列车。乔治·斯蒂芬森是一名来自英格兰北部的工程师,一个没有受过多少正规教育的补铁匠。他的蒸汽机在人口密集的城市被视为是令人讨厌的东西。1844 年,纽约市议会拒绝让蒸汽火车在三十二街以南行驶。10 年后,他们将无蒸汽火车的区域向北移动了十个街区,从而确定了中央终点站的位置,该站亦称为中央车站。后来,车站周围聚集起一座座高楼大厦。但又过了 80 年,该车站附近的空间需求才足够强劲,让租金高到足以支付摩天大楼的成本。

房地产和交通之间的联系从一开始就存在。塞缪尔·拉格尔斯是"第三大道和第四大道之间、欧文广场和列克星敦大道附近那一大片不动产的业主"。历史学家哈里·卡曼记录了拉格尔斯在 1830 年代"为争取公众支持铁路建设而做出的不懈努力"。拉格尔斯这样做有其强烈的财政动机,因为,他不仅是业主,而且还是纽约和哈林铁路公司的董事和最大股东之一。科尼利厄斯·范德比尔特是纽约和哈林区的另一位董事。他推动了中央车库的建设,该车库最终演变成今天的中央车站。城市随着铁路从中央车站向北延伸而扩展。

所有的城市都是跨越全球的庞大交通网络节点,也是实现城市之间旅行的交通系统枢纽。随着第一艘货船的到来,也随着铁路从一个人口密集的城区行驶到另一个人口密集的城区,全球贸易在 19 世纪大规模扩张。这两种交通技术都涉及大型的车辆和昂贵的地方基础设施。两者的规模都要庞大到成为城市化的向心力。在人口不多的地方建设一座庞大的火车站是毫无意义的。

铁路和有轨电车把城区连接起来,从而扩展了 19 世纪的都市。但它们仍然需要拥挤的办公室和公寓与其相得益彰。地铁固然可以穿越整个曼哈顿及更远的地方,但通勤者仍然需要从车站步行到最终的目的地。正是步行保障了建筑物鳞次栉比，好让行人在其间川流不息，也让城市变成一个连贯的整体。

离心的 20 世纪

如果说 19 世纪的向心交通技术推动了城市的发展，那么 20 世纪的离心奇迹则促成城市人口外流。飞跃芝加哥或几乎任何非沿海的美国大都市，都可以很容易看到这种转变。一个高耸的中心矗立在一张呈放射状的硕大灰色丝带网中间，在那些灰色丝带网的两侧是房屋，不是 19 世纪那种拥挤的城市公寓，也不是第二次世界大战后为中等收入城市居民建造的琉璃砖住宅楼。这些房屋都是单户型别墅，看上去连绵不断。这些房屋沿着小路排列，这些小路汇入大型灰色丝带，将通勤者汇集到城市中心。

在美国东北部，牧场式和殖民地式风格的独立房之间常常绿树成荫。西南地区独立房的间隔更加紧凑。第一次从得克萨斯州飞来的人，常常对马萨诸塞州树木的繁茂感到惊讶。波士顿和休斯敦之间的差异既反映了气候的不同，也归因于马萨诸塞州对土地市场的严格监管，这样的监管让该州难以增加住宅的密度。而正是住宅的密度让休斯敦的房价更加实惠。

芝加哥郊区的绿地更少，房屋间隔更加紧凑。美国中西部郊区房屋供应充足，也有助于使房价保持在可接受的区间内。2020 年第一季度，芝加哥市区中型住宅的售价为 27 万美元。类似的房屋在波士顿卖到 49.4 万美元，而在旧金山竟然高达 98.5 万美元。湾区的房价反映了该地区对技术工作的强劲需求及宜人的地中海气候，同时也反映了当地一系列大幅限制新房供应的政策。

第七章　城市的未来将走向何处

大多数美国郊区的住房都是美国人负担得起的，这是因为第二次世界大战后建设的高速公路，使可用于住房的土地供应让人们感觉几乎是无限的。1949年，美国从22.7亿英亩（一英亩约等于4 047平方米）的土地总量中只拿出不到1%，也就是1 800万英亩，用于保障"城市"的生活。这一官方的"城市"定义，几乎涵盖了美国的每一个郊区。1949年，美国用于城市生活的土地少于修建农村道路的土地。60年后，美国的"城市"土地增加到7 000万英亩，仍不到全国总面积的3%，比美国用于种植大豆的土地还少。

州际公路系统使城际间的生活更加丰富，随着其他技术的突破，土地变得愈加具有吸引力。电台广播在1930年代无处不在，20年后，电视席卷了美国。1900年，住在农村是沉闷的代名词。而1960年，生活在郊区牧场式风格的独立房里，人们可以享受电视台播放的各种节目和收音机放送的古典音乐，同时还能品尝着新鲜的即食餐。也许这离天堂般的生活还很远，但娱乐的长距离传输，让人们看到一个更广阔的天地，对于在人口密度低的地区生活的人来说，就像今天的互联网一样重要，它让距离失去了存在的意义。

联邦政府通过出资修建高速公路系统以及为房主提供税收优惠来支持郊区化。据多伦多大学的纳撒尼尔·鲍姆估计，与周边郊区相比，每新建一条穿过大都市区的高速公路，都会使中心城市的人口减少18%。联邦公路补贴实际上随着时间的推移而增加，因为自1993年以来，为公路信托基金提供资金的汽油税一直固定在每加仑18.4美分。通货膨胀使该税的实际价值贬值，华盛顿已将一般税收的收入用于资助道路建设和维护，从而有效地补贴驾车人以及能源的使用。

  房屋按揭利息免交额最初是税法的一部分，因为家庭支付的所有利息都会有免交额。1986年的税收改革法案取消了更普遍的利息免交额，但对房主却网开一面。第二次世界大战后，联邦政府通过退伍军人管理局为退役的军人提供贷款，从而扩大了对购房的支持。1940—1960年，房屋拥有率从44%增加到62%。房屋所有权类型和房屋结构类型之间存在紧密的联系。82%的独立房是业主自住的，但87%是多家庭住宅，如公寓楼等是住户租住的。因此，联邦政府补贴购房的同时，也鼓励美国人离开城市的公寓并搬到郊区成片的住房去。

  联邦政府暗中补贴郊区化的同时，市政府却很难留住他们的居民。20世纪六七十年代，数以百万计的美国父母带着孩子们搬离，因为他们认为郊区才可以为他们提供更好的教育。其中有些父母可能受到种族主义思想的驱使，但正如我们将在第九章要讨论的那样，我们的同事哈吉·柴提和他的许多合著者共同研究发现，在大城市学区以外长大的孩子成年后会更加成功，即使把他们父母的收入做了控制处理后，结果还是一样。其他搬到郊区的人们（包括带着孩子的父母）和公司，他们搬离城市的动因是躲避城市不断上升的犯罪率和高税率。

  以附加值衡量，芝加哥19世纪最伟大的产业是肉类加工，它聚集在紧邻火车站的北部联邦肉牛围场周围。运输哪怕是屠宰后的肉牛依然极具挑战性，缩短从屠宰场到铁路的距离是非常合理的。美国所有的老城市都以商业和交通之间的密切关系为基础。

  但20世纪的离心式交通创新使工厂易于逃离城市。从空中俯瞰芝加哥，可以看到大量的大型企业与独立住宅向背离城市的方向蔓延。这一趋向是由技术进步驱动的。早期的工厂扎堆且劳动力密集，这样它们才更适合在中心城市发展。在战后的几十年里，机器越来越多地取代了人工，这意味着工厂需要大量的空间。2006年的制造工厂平均每名工人占用892平方英尺工作，这远远超过了典型的办公室或零售商店。随着工厂需要更多的场地，它们纷纷离开市中心去寻找更便宜的土地。到2006年，芝加哥市区超过68%的工作岗位距离市中心超过10英里。结果是，美国中西部散布着许多城市，如西弗吉尼亚州的惠灵和俄亥俄州的汉密尔顿等，它们今天的规模比工业鼎盛时期小多了。

要说搬得最彻底、最迅速的，非我们在前一章讨论过的纽约市服装行业莫属。1947年，仅纽约市就有14万工人生产女性外衣，占美国该行业所有就业人数的45%。到1982年，纽约市生产女性外衣的工人数量已降至不到7万人。

纽约市曾经是制衣业绝佳之地，拥有海港和铁路站场，使进口面料和出口服装易如反掌。大量的移民降低了劳动力成本。服装是由缝纫机而不是庞大的机器制成的，因此即使在狭窄的公寓房间内都能缝制。当时来纽约市的访客，看到典型的服装"厂"规模居然如此之小而感到讶异。这座城市密集而时尚的市场，使设计师们能够大显身手，尝试新的款式。他们的想法可以通过该市富有创造力的广告业进行营销，在该市许多杂志的页面上被描绘得美轮美奂。

拉尔夫·劳伦（原名：利夫席兹），可能是时装区服装制作和创造力迸发最成功的例子。他的父亲给人油漆房子，但劳伦喜欢衣服，而他朋友的父母就是制作服装的。劳伦开始销售领

城市之困

带，先是在布克兄弟服装店，然后又在博·布鲁梅尔领带公司的帝国大厦分店。博·布鲁梅尔把自己的分部拱手让给劳伦，可他拒绝要他在俄亥俄州生产领带的建议。他想要他周围的生产商们能够跟上他对丝绸的愿景。他与布鲁明戴尔百货公司的合作大获成功。像他之前的几代服装业先驱一样，劳伦通过向居住在曼哈顿上东区挑剔的顾客出售大量服装，证明他善于经商。劳伦除了服装还大量销售不同的产品，以此证明了他这个创业天才的灵活性。

劳伦的职业生涯已成为传奇，纽约市不断涌现出重要的时装设计师，如唐娜·卡兰和马克·雅各布斯等。但服装的实际制造厂已经离开了该市的五个行政区。实行劳工就业权的州有成本更低的工厂，因为那里没有工会，工资和福利都很低。中国和孟加拉国的劳动力成本更低。集装箱运输成本如此之低，以至于任何劳动密集型活动都被推向了工资最低的地方。这种转变非常广泛，对亚洲低成本工人的需求提高了这些本来贫困地区的薪酬，从而减轻了全球不平等的程度。但制造业工作岗位从纽约市外流使其陷入危机。

城市的其他创伤伴随着制造业的崩溃。20世纪60年代许多城市都受到了种族骚乱的冲击。同时犯罪率也在20世纪70年代呈上升趋势。市政府需要增加支出应对城市的不平等和失序，但城市的税基也飘忽不定。20世纪70年代，当纽约等城市试图向市内的公司和富人征税时，这些纳税人便逃到了税收较低的地方。我们在引言中讨论的衰退导致的螺旋式下降，似乎预示着城市的未来。这就是阿尔文·托夫勒1980年预测远程办公会兴起的背景。

第七章　城市的未来将走向何处

阿尔文·托夫勒与远程办公的胜利

阿尔文·托夫勒是纽约市真正的骄子。他父亲是做毛皮生意的，这种服装业的原料可以追溯到17世纪初荷兰人贩入的海狸皮。托夫勒在纽约大学遇到了他的妻子海蒂，她在托夫勒的写作中厥功至伟。托夫勒和海蒂离开纽约前往克利夫兰，在一位醉醺醺的治安法官见证下结了婚，并以撰写有关经济的文章开始了他们的职业生涯。

1970年，托夫勒凭借《未来冲击》的出版挣到了第一桶金。他把"未来冲击"这四个字定义为："过早到来的未来把人们搞得眼花缭乱而迷失方向"。托夫勒认为"这很可能是明天最重要的疾病"。20世纪60年代托夫勒曾写道，"社会变革的速度大大加快"，这就是造成人们"萎靡不振、普遍神经衰弱、理性丧失以及产生无厘头暴力冲动"的缘由。托夫勒对这个"未来冲击"问诊下药，他认为，唯一的补救措施是"对未来发生的一切要有一个更清晰、更完善和更强大的概念"。这个世界应该成为托夫勒本人的样子，即未来主义者。

《未来冲击》中不太准确的断言之一是所谓的"住宅租赁趋势"，该趋势"强调了人与物理环境之间的关系日趋短暂"。事实上，郊区化的迅猛发展意味着居住在出租单元中的美国家庭比例从1940年的56%稳步下降到1970年的37%。今天美国人的地理流动性远低于1970年，一反托夫勒"培育出一个新的游牧民族"的断言。

对于美国大部分城市来说，20世纪70年代是灾难性的10年。

城市之困

1980年，托夫勒继《未来冲击》又出版了《第三浪潮》。他写这本书的时候，对城市能够生存的信心要小多了。这本书的主要论点是，人类在10 000年前的农业革命期间经历了第一"浪潮"，在工业革命期间经历了第二波浪潮。第三波浪潮是"工业主义的消亡和新文明的兴起"，这一新的文明只能用"信息时代、电子时代或地球村"这样的词权且称之。

托夫勒写作的时候，货物运输的便利正在扼杀城市制造业。他自然而然地假设，知识传播的便利将对信息密集型城市产业产生类似的影响。但正如我们已经指出的那样，当时很难判断某个时期是向心还是离心的，而且信息技术所能成就的，不仅是让家庭办公成为可能。

《第三浪潮》做出了一项被证明是完全正确的重大预测：计算机化确实从根本上改变了世界。但该书的其他预测则没有那么准确，例如：第三浪潮"将推翻官僚机构，削弱民族国家的功能，并在后帝国主义世界中产生半自治经济"等。像过去40年的许多硅谷科技巨头一样，托夫勒低估了包括官僚机构和民族国家在内的旧政治机构的韧性。让我们感到特别遗憾的是，我们几乎看不到任何能够支持托夫勒以下这个预测的事情发生，即：未来的政府"比我们今天所知道的任何政府都更加简单、有效和民主"。

托夫勒也低估了城市的稳固性。他将他的第三浪潮视为一个巨大的离心事件："第三浪潮通过分散而不是集中人口来改变我们的空间体验"。他用"小城市和乡村生活具有新的魅力"作为论据来支持这一论点。他的论点或许反映了他自己早先从纽约搬到俄亥俄州的决定。他写道，"数以百万计的城市居民向往农村，而城市土地研究所报告说，人口向农村地区转移的情况显著"。然而，即使是在动荡的 20 世纪 70 年代，美国城市人口的增长速度仍然快于农村人口。在第三浪潮之后的 20 年里，美国的城市化率从 74% 上升到 79%，包括纽约、波士顿和旧金山在内的许多城市都经历了经济复兴。1970—2010 年，美国城市人口增长了近 1 亿，而农村人口增长不到 600 万。在英国等总体人口增长较少的国家，在同一时期农村人口实际上还下降了。

托夫勒反对城市的转变源于他在《第三浪潮》里的愿景，即未来的工作场所将是为远程办公而建造的"电子小屋"。《经济学人》杂志在 1974 年做出预测时使用了这个术语。该杂志预测说："由于没有合乎逻辑的理由说明电信成本会随距离而变化，因此在 20 世纪 80 年代后期，会有相当多的人一边生活在太平洋岛屿上，一边每天与远在伦敦的办公室联络，实现远程办公"。托夫勒对《经济学人》用一整章来预测这个未来世界表示嗤之以鼻，认为第三浪潮将意味着"在新的、高度电子化的基础上回归家庭手工业，并重新强调家庭是社会的中心"。

托夫勒是对的，越来越多的工作可以在家里完成，部分原因是"必须与实物打交道的工人数量"在下降。他明白，远程办公会"减少驾车导致的能源需求"，从而产生环保效益。他正确地预测到，那些从事"输入数据、打字、检索、汇总数字列、准备发票"的"'低抽象'办公室工作的员工"以及从事类似工作的人们"可能是最容易被转移到电子小屋的"。他似乎低估了机器的进步将在很大程度上导致这些工作完全消失。

托夫勒担心道："当人们越来越多地通过间接的交际方式进行工作时，当面对面的情感交流在家里越来越强烈时，社会会发生什么变化呢？"然而，他没有预见到，数百万人在 2020 年独居且无法与同事交流而感到的孤独。当然，他想象的只是远程办公，而不是无处不在的社交疏离。

托夫勒认为，"按照目前定义的劳动力"，哪怕"仅有 10% 到 20% 历史性地转移"到电子小屋时，"我们最大的工厂和办公大楼，在我们有生之年可能会有一半空置，或沦为空旷的仓库，或被改造成为生活空间"。然而，在新冠肺炎暴发之前，荷兰和芬兰超过十分之一的劳动力在家工作，而这些社会肯定没有像托夫勒预测的那样"改变得几乎超出我们的认知"。除此之外他忘记了，办公室租金将会下降以抵消需求的低迷。稍后我们将回头讨论这种平衡力。

在新冠疫情爆发之前，美国人居家工作的比例尚不完全清楚，部分原因是许多人的工作方式是混合型的：工作地点既可以在家，又可以在办公室，偶尔还会在星巴克一类的咖啡店。2018 年的一项人口普查数据显示，5% 的美国人报告他们的通勤地是在自己的家庭中，这意味着 95% 的人需要离开家去工作。但也有那种远程工作，其中大部分人是带着笔记本电脑离开办公室的。据美国劳工统计局报告称，2019 年，1/5 的员工在家完成部分工作，84% 的人每天离家工作。2016 年的一项盖洛普民意调查发现，43% 的美国人"至少有一部分时间不与同事在同一个地点工作"。在这部分人中，有 55% 的人"远程工作的时间"超过了 2/5。然而，在新冠疫情暴发之前，许多雇主为每个能够来上班的中层员工提供工作场地。这意味着，像管理咨询那样流动性较大的职业，其办公室里有很多未被充分利用的空间。

劳工统计局和盖洛普的数据（但不是人口普查数据）表明，

超过 1/5 的美国人在新冠疫情之前在家工作。但这并没有像托夫勒预测的那样,将商业摩天大楼变成"空旷的仓库"或"把我们的整个经济、城市、生态、家庭结构、价值观,甚至政治等,都改变得超出了我们的认知"。

为什么信息技术对城市脑力工作者的影响,没有集装箱船对城市裁缝的影响那么大呢?为什么已经发生的远程办公现象,对社会的影响比托夫勒预测的要小得多呢?

第二个问题的答案是未能解释劳动力规模的持续增长。1980 年到 2020 年 2 月,美国就业人口总数增加了 68%,从 9 000 万增加到 1.52 亿。托夫勒在其他条件保持不变的情况下分析了对城市空间的需要,尤其是工作人员的数量。在劳动力固定的条件下,如果有 1/5 的美国人远程办公的话,那么将会有 1 800 万个办公室空余出来。但考虑到劳动力的实际增长,即使有 20% 的人转向远程办公,美国仍需要额外设立 3 000 万个办公室。

但托夫勒的判断错误也有其更深层次的原因。他认为计算机就像电报一样主要是为了实现更远距离的通信。相反的是,技术变革使得我们的经济更加知识密集、联系更加紧密,而且也更加不平等。这些力量将过去的 40 年变成了一个向心城市化的时代。托夫勒坦率地承认:"我们确实做错过一些事情",但在承认错误后,他"总会得到观众的笑声"。他们笑他这样自嘲:"我们未来主义者有一个神奇的按钮:我们每作出一个失误的预测,都会在句末加上一个'然而'"。直到晚年,他仍然坚持他对电子小屋的预言,尽管他更强调在家工作而不是在城市以外的地方工作。

城市之困

城市的回归

到 1990 年代,越来越多的证据否定了托夫勒的假设,即技术正在消除面对面接触或消灭接触的城市。华尔街在 20 世纪 80 年代蓬勃发展,信息密集型金融公司处于领先地位。1986 年,玛格丽特·撒切尔用她放松管制的"金融大变革"唤醒了伦敦一度沉睡的金融服务业。伦敦很快杀回全球的领先地位。从 1980—1990 年,洛杉矶县的房屋名义价值增加了 132%,即在调整通货膨胀后相当于增加了 35%。城市并没有变成鬼城。

最让托夫勒有关脑力劳动的预言颜面扫地的是硅谷。到 20 世纪 80 年代初期,硅谷出现了一批相邻和互动性强的公司,它们已经成为世界领先产业集群的范例。世界各国竞相建立自己的硅谷,如英国的硅沼、苏格兰的硅峡谷、伦敦的硅环岛和以色列的硅溪等。安娜利·萨克森宁的《地域优势》把硅谷的主导地位归因于"该地区密集的社交网络和开放的劳动力市场",通过"非正式交流和协作的做法"来"鼓励实验和创业"。这些交流都是面对面的,发生在办公室和像步行者车轮酒吧这样的休闲场所。

托夫勒描写这个行业时写道,"可以用一位研究人员的话来讲,只不过是人们簇拥在一台电脑的周围而已"。然而,硅谷否认了他"把电脑放在家里,人们就不再需要挤在一起了"的说法。即使每个地下室都有一架服务器,仍要许多人挤在一起工作。

托夫勒给自己留了余地,他的解释也许能够解开硅谷的一个难题:"'超高抽象'工作人员,如研究人员、经济学家、政策制定者、组织设计师等,既需要与同行和同事进行高密度接触,又需要'有独自工作的时间'"。托夫勒显然将这样的工作人员视为罕见的例外,但在 20 世纪 80 年后的几十年里,这种情况发生了变化:计算机和全球化正在从根本上增加技能和创新的回报。中等技能、不那么抽象的工作已被机器取代,员工必须更具创新能力才不会落伍。即使是看似冥思苦想的人,在有人的地方才会受益。最近的一项研究表明,受新冠肺炎疫情影响不得不上网下棋的国际象棋棋手,要比在实际赛场上的表现糟糕。

工作性质的变化意味着越来越多的人,尤其是在硅谷工作的人,从事那些受益于面对面互动、充满挑战并需要协同的工作。随着工作中出现的问题越来越复杂,远程工作在领会各自意图方面会丢掉一些细微的东西,这让实时互动时的面部表情和形体动作变得更有价值。用托夫勒自己的话来说,沟通复杂性得益于"伴随(面对面)接触的所有潜意识和非语言沟通"。不信的话,试着通过电子邮件来教会别人证明代数的基本定理。一项研究表明,在英格兰曼彻斯特,当接听电话的人和派出警察的人在同一个房间时,他们对紧急呼叫的响应时间更短,而当他们的办公桌靠得更近时,他们响应紧急呼叫的时间则进一步缩短。

通常任务越复杂越难衡量任务完成的结果。这使得经理和下属之间物理距离近一些更有价值,既可以注意到过长的休息时间,也可以培养团队精神。在纽约的时装区,工人们按缝制服装的多少来按劳取酬。计件比较容易,也激励了工人,而且服装可以在家缝制。今天的呼叫中心也是如此。但玛丽莎·梅耶尔需要抽象思维和复杂的协调来重新启动雅虎,她那里的工作无法以计件的方式支付薪酬。

即使在某一个工作本身，互动的程度也发生了变化。以我们自己的职业学术界为例。20世纪60年代，经济学家通常独自撰写论文。在1995年之前的30年间，合作人数急剧增加，部分原因是通信技术的改进使相互协调变得更加容易。论文也变得更加复杂，需要更广泛的知识范畴。然而，大部分合作研究发生在同一城市或同一栋建筑内，而且，研究人员要进行大量的面对面接触。即使我们工作在一起，我们的生产力也取决于实时举行会议并通过电子邮件共享数据和草稿。有证据表明，人际距离对研究的质量也很重要。合作者的办公室距离较近时，就算是在同一栋楼内，他们的文章也会被更多地引用。

自那以后的25年里，经济学越来越多地仿照生物科学在实验室中进行，这比1990年代的两人团队更具互动性。这些实验室依靠技术，尤其是计算机来处理大量数据集，从而发现有关人类生存的新线索。在新冠疫情之前，这些实验室里的研究人员总觉得有必要聚集在一起，提供研究方向、分享研究信息，以及相互给以鼓励。

更有效的电子互动会彻底取代面对面的沟通，这是一个简单化合固化的思维。这种思维忽略了通信技术对整体人类联通性的影响。正如廉价的能源使人们使用更多能源密集型的生产手段一样，便宜的通信从总体上也会导致更多的人际沟通，进而更加鼓励人们线下沟通。电子邮件、网络社交平台等，可能会省去已经认识的朋友聚会的麻烦，但它们让用户认识了更多的朋友，其中很多人会有见面的欲望。1980年代，尽管电话和传真可以代替长途旅行，但商务旅行数量依然飙升。包括托夫勒自己的咨询公司在内的商业服务提供商，尽管他们可以享受到最新的信息技术，但每年还是与数百个客户举行了面对面的会议。用经济学的语言来说，电子互动不仅可以代替面对面的会议，还可作为这些会议的补充。再说，居住在城市里会让面对面的会议更加方便。

即使在1980年，也有很多证据表明，新媒体通常会成为面对面互动的补充。住得近，常见面的人们，打电话交流的现象更为普遍。今天，网络社交平台的友谊更会在近邻之间发生。

几个世纪以来，人类远距传播知识的能力一直在提高。直到2020年，通信技术的进步似乎从未对城市造成太大的伤害。16世纪早期，把《古登堡圣经》传播到偏远的农业社区乍看上去好像是对低密度生活的祝福。农村的牧师当然会发现，准确地背诵福音书或用最新的路德教会祈词进行祷告，变得更加容易了。但是许多农民的子弟开始自己阅读《圣经》，文化修养越来越好的人们纷纷跑到法兰克福和柏林去改善他们的命运。19世纪的预言者认为，电话将限制20世纪的城市增长。事实并非如此。1980年之后，计算机非但没有对全球的各个城市造成伤害，反倒帮了它们的忙。

不平等与2020年的远程办公热潮

当新冠疫情开始蔓延的时候，托夫勒有关一个分散世界的愿景又起死回生了。2020年5月，有35%（约49万）的美国人，告诉劳工统计局：疫情让他们开始远程办公。这个数字不包括已经在新冠肺炎暴发之前就开始远程工作的那些美国人。因此，根据斯坦福经济学家尼古拉斯·布鲁姆报告的统计数字，超过美国就业总人数的 40% 在从事远程工作。

这个 5 月份特别引人注目,因为有 5 000 万美国人报告说,他们因新冠肺炎的大流行而失业。这意味着,两个月内,近一亿美国人没有去单位上班。这惊人的一亿人中有一半是幸运儿,可以舒适地通过 Zoom 工作而得到薪资,另一半就没这么幸运了,他们只能把拿到失去的薪资的希望寄托在联邦政府身上。

但是,在家工作的人数渐渐地少了。到了 11 月,由于新冠肺炎而不得不远程工作的人已经下降到 22%,这意味着,3 300 万美国人仍在线上工作。远程工作人数下降的原因是一些失业的人已经重返工作岗位,有些原本通过 Zoom 远程工作的人也返回到了他们的办公室。到 11 月,由于新冠疫情而无法工作的美国人已跌至 1 500 万。

这个 5 月份,远程工作的人数和因新冠疫情而无法工作的人数旗鼓相当。这让我们看到疫情大流行给我们带来截然不同的经济体验。很多远程工作的幸运儿发现工作没有那么紧张,当然,通勤也比较轻松。失业的人很少会感到如此轻松。这两部分人数量都非常强大,而且他们的教育背景和收入也大不相同。

2020 年 5 月,4 900 万远程工作的人中有 3 600 万人来自被劳动统计局称为管理、专业和相关职业的工作岗位。该特权阶层占 2020 年 2 月美国劳动人口的 42%,占居家工作的美国人的 73%。管理和职业部门的人员中,仅有 15% 因新冠肺炎而失业。同月因该疫情而失去工作的金融和保险部门的员工只有 7%。

在这个光谱的另一端,2 200 万从事服务类工作的人员中,进行远程工作的只有 150 万。新冠疫情大流行让从事服务类工作的 32% 的员工失去了工作。

第七章 城市的未来将走向何处

职业上出现的这些差异反映了相关人员受教育程度的不同。同时期 2/3 拥有高级学位的在职成年人开始进行远程办公，而高中辍学的人中远程办公的仅有 5%。远程工作的成年人中 54% 拥有大学学位，没有上过大学仅有高中学历的人只占 15%。虽然远程工作的人数在 11 月有所减少，但教育背景造成的差距依然存在。近一半拥有高等学位的人在从事远程工作，而在没有大学学位的成年人中，这一比例还不到 10%。我们自己的经历或许具有代表性：我们中的卡特勒从 2020 年 3 月上旬到 2021 年初只进入他的办公楼一次，花了半小时的时间收集邮件。而格莱泽在此期间根本就没返回过他的办公室。

向远程工作转移带来的这种可怕的不平等，托夫勒在其愿景中可丝毫都没有提到过。就像过去 40 年来几乎所有重大技术的创新一样，让我们能够进行虚拟沟通的电子界面非常有利于富人和受过教育的人。远程工作并不是什么灵丹妙药。它只保护了那些有幸获得稳定工作的人，就像我们两位，他们可以通过 Zoom 为社会提供一些传真的服务。远程工作对 14% 的美国人和 21% 的非裔美国人来说就没有那么大意义了。他们在 12 月份人口普查中表示，他们的家庭在上一周吃了上顿没下顿。此外，受过教育的人在家办公这一现象波及整个经济，因为我们不再从餐馆或流动餐车购买午餐，也不再从咖啡店购买咖啡。这就意味着没有高等学位的人失业率会更高。

受教育程度较低的人失业问题较严重，可这只解释了问题的一半。数百万计较不富裕的美国人在基础行业里继续工作，操作着杂货店里的收银机或清理着养老院里的垃圾。这群人更易感染新冠肺炎。他们中年长或有慢性病的人更有可能死亡。

城市之困

在中世纪,将鼠疫杆菌带入欧洲港口的船只主要是为富人运送奢侈品。今天,富有且受过良好教育的世界公民最容易传播流行病。在波士顿举行的一次卫生技术会议将新冠病毒传播给成千上万的人。可一旦疫情来袭,富人便可以通过远程工作把自己保护起来,而不幸的穷人则被暴露在病毒的淫威之下。自古罗马的尼禄以来,还没有发生过如此极端的事件,即富人把自己的享乐建筑在穷人付出高昂的代价之上。

大流行性疾病之前和期间的远程生产力

新冠疫情对生产力有何影响?说起来一言难尽。我们此前讨论过娜塔莉亚·伊曼纽尔和爱玛·哈灵顿的发现,即远程工作与提高呼叫中心的生产力有关。她们的发现在以后的随机调查中也是成立的。斯坦福大学经济学家尼古拉斯·布鲁姆和约翰·罗伯茨及其中国同事分析了一家中国旅行社的数据,该旅行社进行了一项在家工作的实验。在对远程工作感兴趣的员工中,该公司随机分配一些人在家工作,一些人继续来办公室工作。结果是,被允许在家工作的员工的生产力,比必须通勤到办公室工作的员工高出13%。

既然呼叫中心的员工在家工作效率更高,为什么公司要等到新冠肺炎暴发才开始推行远程办公呢?伊曼纽尔和哈灵顿的数据给出一个可信的答案。公司只为远程工作招聘员工的时候吸引来的人工作效率都不高。他们发现,"新冠疫情之前,员工们通过远程接听的电话比在现场接听的少9%—11%",而当把在现场工作的员工切换到远程工作时,他们的工作效率又高了起来。为远程工作雇来的员工"每次通话都要多花 45—61 秒钟",而"延长的通话时间并没有让客户更加满意"。两位研究者发现,当"所有员工在 2020 年因新冠肺炎都处于远程工作状态"时,"专门为远程工作而雇用的员工比雇来做现场工作的员工的工作效率低 12%"。因此,"专门为远程工作而雇用员工会吸引到那些工作效率低的人,而他们的表现在招聘的时候是无法观察到的。"

这种"选择效应"是后新冠肺炎时期推广并坚持远程工作的一大障碍。要想吸引到更多兢兢业业和雄心勃勃的员工,重视内部驱动力的公司就得保留办公的空间。

再说,很多人家里没有足够的工作空间。1/4 的美国人家里没有宽带网络服务。即使有,速度也满足不了远程工作的需要。在家工作也会有来自需要关注的孩子或其他方面的干扰。克里斯托弗·斯坦顿通过研究发现:"新冠疫情之前,远程工作的家庭,住房支出要比非远程工作的家庭高 8% 以上"。他们也许需要额外的空间才能有效地工作。像伦敦这样充满狭窄公寓的城市,很少有人愿意失去他们的办公室。远程办公无法消除对工作空间的需求,只不过是把提供办公空间的负担从公司转移到雇员的身上。

最后,即使看似例行公事的工作,也可能涉及需要强力协调的复杂任务。即使是伊曼纽尔和哈灵顿研究过的呼叫中心,较复杂的通话也会交给资深的员工。可以这样说,坐在一个经验丰富的同事旁边听他与一个愤怒的顾客投诉通话,一个新手更有可能学习如何处理这类棘手问题的经验。

这些因素不应阻止更多人从事远程工作。事实上,我们非常有信心,未来世界上的许多脑力工作者会更多地使用 Zoom 这个平台。然而,与托夫勒不同,我们认为这样的变化是微不足道的，是非革命性的，而且也不太可能解决我们的交通问题或导致办公楼空置。

为调查跨行业远程工作产生的不同影响，我们中的格莱泽参加了一个研究小组，该小组分析了新冠疫情高峰期间进行的两项调查。第一项调查涉及的对象是上述可结盟网络涵盖的小企业的领头羊。第二项调查的对象是隶属于全国商业经济协会的大型企业的经济学家。格莱泽他们让可结盟所属的小企业的总裁提供一个数值，以反映他们的员工在远程工作时所经历的生产力变化。研究小组要求隶属于全国商业经济协会的大型企业的经济学家们将结果粗略地分成几个大类。

属于全国商业经济协会的大型企业的经济学家们大都认为，远程工作并没有给工作的产出造成重大损失。他们中有28%的人认为，远程办公后提高了工作效率，这与布鲁姆和罗伯茨以及伊曼纽尔和哈灵顿的研究结果不谋而合。可结盟网络所属小企业的总裁里，也有29%的人表示，尽管许多人受到严重的干扰，远程办公还是提高了他们的工作效率。

可结盟网络所属公司的总裁认为，他们的员工远程办公时生产力会平均下降20%。在低技能行业里的那些可结盟网络所属小公司发现，远程工作会给他们带来更多的麻烦。可结盟网络所属的较大一些公司里生产力也下降得十分厉害，这表明通过互联网管理许多员工是比较困难的。

通过查看线上招聘广告，可以对远程工作的未来有更多的了解。何塞·阿里拉是我们的一名研究生。他和作者之一的卡洛斯·达布因研究了一家线上招聘公司的招聘信息及时间路径。这家公司几乎囊括了所有的在线招聘广告。他们把工作分为两种：

第七章 城市的未来将走向何处

可以远程完成的和必须面对面完成的。正如我们之前讨论过的，在疫情初期，那些需要面对面才能完成的工作（例如餐馆服务）就业率都急剧下降，而可以通过互联网完成的工作（例如会计师）就业率就没下降得比较缓和。疫情初期，无论是面对面的工作还是潜在的远程工作，它们的招工广告均有所减少。能够远程进行的工作都安排成远程的了，但新员工的招聘却停滞下来。

进入9月份，面对面工作的就业已显著恢复。网上的招工公告也恢复了，并且在许多情况下飙升到超过疫情大流行前的水平。与2020年2月相比，2020年9月工业卡车和拖拉机驾驶员的职位增加了66%。专门从事混合配料的工业食品工人的职位也增加了42%。

但是，那些基本上转成远程工作的招聘广告并没有恢复。与2020年2月相比，9月份的远程工作招聘信息可能减少了1/3以上。虽然微软的研究人员发现，"用工程系统数据衡量的生产力似乎趋于稳定或略有提高"，但燃玻科技公司收集的软件工程师招聘广告说明，9月与2月相比下降了42%。这个下降趋势从某种程度上讲，可能反映了这样一种情况，即需要更换的员工人数减少了（在疫情大流行最初几个月，辞职率开始下降），而且，总体来说，有待完成的工作量也相应减少了。然而，老员工就业的稳定和新员工招聘的急剧下降也表明，公司可以靠多年的面对面工作的社会资本来维系老员工的职位，但他们却对在Zoom这个网络平台与新员工建立关系有所戒惧。

一个多世纪以来，经济学家在很大程度上认同伟大的英国经济学家阿尔弗雷德·马歇尔的观点，他写道：在密集的产业集群中，"交易的奥秘不再是奥秘，可以这么说，是悬而未决"。我们都从身边的同事那里，也在不期而遇的午餐桌上或饮水机旁学到了一些东西。从工资较低的城市搬到较高的城市时，人们的工资会随着时间的推移而上涨，虽然不是一蹴而就。工资的提高需要数月或数年的时间，可能是因为人们需要在他们的工资环境中不断学习。

伊曼纽尔和哈灵顿发现，在现场工作的代理人更有可能被提拔到高级职位上去。这些职位需要他们做出更具风险的决策并处理更多的客户，这大概是因为，他们在通过观察和倾听来学习。布鲁姆和罗伯茨对中国旅行社的研究还发现，远程工作者不太可能获得晋升，也无法保持稳定的工作效率。他们把这一现象的原因归咎于这类员工无法与老板建立比较紧密的关系。人类从周边人那里学习的能力极强，即使我们意识不到这种潜移默化的熏陶。随着信息技术和全球化增加了技能和创新的回报，面对面的接触也变得更有价值。

可否在虚拟空间复制面对面的学习机会呢？答案尚未可知。我们对能够复制一切学习的机会表示怀疑。人与人在真实世界一起工作或在真实世界的城市里工作乐趣无穷，我们更加怀疑互联网办公能否取代这样的乐趣。

群居动物在原地避难时

人类是群居动物，我们重视活生生的人际交往。在线互动总比没有互动好，但一系列研究表明，见面总比单纯在线上交流更让人们感到高兴。包括美国、加拿大和中国在内的许多国家进行的研究都表明了这一点。在研究中，把人们随机分成面对面和在线两个小组,结果是,人们更喜欢面对面的互动。无论是在专业还是在私人的环境,情况都是如此。即使有了冲突,当面解决也比书面解决来得容易。

面对面接触带来的额外情感联系,让人们更加有理由相信,那种认为将来人们会完全远距离生活的观点是错误的,因为面对面地工作会使人们的工作和生活更加愉快。人们大都需要更加紧密的社会纽带,哪怕能与伙伴们进行少许或表面的互动都可以。实时接触带来的乐趣解释了为什么科技公司会纷纷在其办公地点安置游戏设备和沙发的原因,也回答了为什么许多城市会在1980年后开始复苏的问题。20世纪90年代的电视剧,如《老友记》《宋飞传》以及《欲望都市》等,大都渲染人们流连在咖啡店和酒吧的乐趣。

像雇用着大批年轻技术员工的高科技雇主,如谷歌、苹果和优步等,都试图将办公场所变成游乐场。把工作变成趣事会留住员工,并让他们减少抱怨。借用罗伯特·普特南一句话:在孤独的码农面前只有一条路,即薪水。如果没有共同的使命感,员工付出的努力就会减少,除非他们的工作仅仅是简单的操作或以计件的方式获得酬劳。新员工的质量也会下降。愿意在城市办公空间上舍得花钱的雇主才能雇用到愿意加入其创意团队的年轻员工。

面对面工作的环境对不同年龄段的人具有不同的吸引力。那些拉家带口且与社区关系密切的中年员工,不大可能在单位工作到半夜还不愿离开。正因如此,相对我们这样缺乏活力的中年人来说,远程工作对年轻和追求时髦的人更具吸引力。

面对面接触带来的乐趣解释了纽约、伦敦和旧金山等城市的

城市之困

回归。经济学家用工资和价格来衡量城市的吸引力。如果一个地方的工资高于生活成本,这个地方肯定有其他方面的问题,譬如天气恶劣等。阿拉斯加的工资高就毫不奇怪了。如果一个地方的物价不合理地高于工资的话,那么人们一定是被这个地方的其他东西,而不是劳动市场所吸引。夏威夷和蓝色海岸属于这一类。如果一个城市多年来物价上涨的速度快于收入增长的速度,那它很有可能会有一些特别的东西使其更具吸引力。

在1980年之后的25年间,纽约、伦敦和旧金山等城市的物价增长超过了人们收入的增长。但人们仍愿意住在那些游乐场般的城市。1970年代,雇主需要向工人支付高于生活成本的工资才能让他们屈居在纽约市;权且把这样的工资叫作作战津贴吧。而进入2005年,人们宁愿接受减薪也要生活在《欲望都市》中描写的那样一个乐园里。

城市创新也包括休闲活动。大量的城市餐饮企业家(通常是移民),创建了各个价位的一流餐厅。大量城市居民有能力分担共同基础设施的固定成本,能让博物馆和音乐厅给市民带来乐趣。最重要的是,让年轻的单身汉欢聚一堂,会对其他年轻的单身汉产生巨大的吸引力。

大约10年前,商业记者开始注意到,一些科技公司,如星佳和赛富时,都位于旧金山市里而不是硅谷。其他公司,如谷歌,会用班车把他们的员工从城市送到他们办公的郊区。这些公司及其员工,来到城市并不是因为其港口或铁路提供了便利。他们到城里来,是因为那里的生活有趣。一些科技公司已经宣布了他们的计划,即新冠疫情过后会扩大公司在纽约的存在。当我们回顾这场疫情大流行时,我们会发现城市能让人们从互动和交流中体味乐趣，正是这种能力最大限度地避免了市民成批出走。

正如在我们自己孩子身上看到的，中小学生也喜欢面对面交流给他们带来的乐趣。春天学校进行远距离教学的时候，孩子们的大部分课程都一成不变。作为家长的我们，看到孩子好像在坚持学习的样子颇感欣慰。可欢乐没有了，快乐地奔向朋友的那种欢乐很难再现。随着世界变得更加富裕，人们越来越为了乐趣而非薪水而工作。能够远程工作的脑力工作者已经很少从事苦差事了。新冠肺炎来袭之前，各个公司纷纷把工作场所变得既愉快又富有成效，以此来争取人才。即使科技发展到把所有工作场所远程化的程度，这些公司仍然会这样做。

不确定的城市未来

城市有利于人际间的互动，这一优势似乎确保让办公空间未来在城市里大有可为。然而，不是每一个城市都是如此。远程工作使公司搬迁到异地比以前容易得多。年龄大些且富裕的人一定觉得不用通勤到城里工作更惬意。这种新增的流动性迫使城市要比20世纪70年代更加努力地留住作为税基的公司。城市的成功比以往任何时候都更加依赖其提供智慧和廉洁的公共服务。

我们对全国商业经济协会下属的经济学家和可联盟所属的公司首席执行官进行了调查，调查结果表明：20% 远程工作的员工在疫情过后会继续在家工作。在对联盟所属的公司首席执行官的调查中，我们发现大约 1/4 的工作已经向远程办公转型。如果整

城市之困

个经济都和这些预测相符的话，那么，新冠肺炎暴发之前的大约 700 万个工作岗位，都会转型到远程办公，这个数字略低于全美劳动力的 5%。但这并不意味着大量的办公室会被腾空。2016—2020 年，美国的工作岗位总数增加了超过 700 万个。这表明，即使有大量的工作岗位转型为远程工作，这些空出的岗位也会在 5—10 年内被正常的就业增长填补上。

但这样的就业增长不一定发生在把工作岗位转为远程工作的城市。新的公司可以在任何地方创建。许多公司会被吸引到像得克萨斯州奥斯汀那样的地方，因为那里的价格和税收都比较低。科罗拉多州的韦尔和博尔德市自然景色优美，堪萨斯城为鼓励创业给出优惠不封顶的承诺。一个浴火重生的创新经济将会放眼世界，因为它们知道，它们的潜在商业合作伙伴比以往任何时候都更愿意通过 Zoom 与他们沟通。

事态如何发展呢？远程工作人多的城市，房地产需求都会下降。对城市来说好在租金是灵活的。如果波士顿或芝加哥市中心的办公空间需求因远程工作激增而下降，商业房东就会削减租金。他们也可能升级物业的服务，这与削减租金异曲同工，即：每平方英尺的价格在质量调整后有所降低。城市空间将变得更加实惠，这对所有不想出租办公楼的人来说都不是坏事。

对办公空间的需求下降如此之快，会不会像托夫勒 40 年前预见的那样导致办公楼空置呢？只要商业租金仍然高于运营费用，那么仍然会有办公楼出租。但事态会发展到房东跑路，不再支付水电、维修和房产税等费用的地步。2020 年第三季度，在美国约 1/4 的主要写字楼市场中，商业租金平均低于每年每平方英尺 24 美元。像俄亥俄州的克利夫兰和密歇根州的大急流城①这样的地方，都面临办公楼长期空置的风险。在大约 1/5 的写字楼市场中，租金都高于每平方英尺 42 美元，而在纽约市和旧金山湾区，租金则高于每平方英尺 60 美元。

在同一地区，有些办公楼的需求将会急剧下降，导致更大的空置风险。现代设施最缺乏、卫生条件欠佳的老旧办公楼受到的影响会更大。通风条件更好的新办公楼情况会好一些。

公共空间变得更加实惠，会让那些因租金昂贵不得不远离城市的企业重新考虑迁回到城里。10 年前，波士顿市长托马斯·梅尼诺在滨水沿岸设立了一个创新区，想建设一个原创性的企业集群以激发那些勇于拼搏的波士顿人的创业精神。该创新区的座右铭是"工作、生活、娱乐"，旨在吸引那些不囿于朝九晚五的工作模式并以计划创业为乐的科技潮人，希望他们的个人生活同样其乐无穷。

该创新区取得了巨大的成功。波士顿人满为患，对新的、时尚的城市空间需求旺盛。但该区始终面临这样一个挑战，即初创企业家底薄弱，无法和银行竞价以取得该市最佳的地段。梅尼诺市长不想看到创新区变成一个新的金融区，但在 2020 年之前，这似乎是创新区的唯一出路。企业家们搬到了城市更便宜、更贫穷的地方，这引起围绕中产阶级化的争执。这些争执正是我们要在下一章讨论的主题。

但是，如果这些银行把工作转为远程或干脆整体搬迁到其他城市，那么办公空间又给腾出来了。作家、记者和活动家简·雅

---

① 大急流城：Grand Rapids，亦称大溪城，是美国密歇根州第二大城市。

城市之困

各布斯，是20世纪美国最明智的城市观察者之一。她1961年出版的专著《美国大城市的死与生》仍然是非小说类图书中的佼佼者。雅各布斯在书中写道，城市需要"廉价和临时"的空间来允许新企业的发展。她的说法是对的，尽管她错误地认为历史保护会减轻企业的负担。如果远程工作导致原有工作岗位外迁，那么新的工作岗位就会取而代之，前提是这座城市能为创业提供便利。

在一些城市里，监管许可审批的办公室可能已被改造成公寓。企业家可能会认为，他们不再需要太多的面对面接触的空间了，但年轻的美国人已经清楚地表明，他们迫切希望再次与他人在现实世界里见面。对面对面社交生活的需求，解释了佛罗里达州在5月份放松封锁后的这一现象，即人们立即重新回到餐馆聚会。这一需求也解释了许多大学生的恼怒：他们不得不放弃校园生活，在儿时的卧室里憋屈地盯着电脑屏幕上的讲座课堂。问题不在于线上的课程质量低下，我们无法让每个老师都能玩转电脑，尽管许多人为此付出了巨大的努力。问题在于学生们不愿与他们的同学分开。在家的感受远不及在校园的社交体验令人愉悦。

如果更多的中年人离开城市，同时又有更多的年轻人进来，那么城市构成将会发生变化。这倒不是一件坏事，但需要市政府具有新的思维。2020年前，许多最成功的城市都觉得自己是富人的领地。严格的建筑规范把房价抬高到可能让年轻人买不起房，甚至让许多人也租不起房的地步。年轻人会比上年纪的人更加关心这些限制的改变。

城市要在帮助弱势的外来群体和赶走既有的富人之间取得微妙的平衡。美国的两极分化使向来左倾的城市比以往任何时候都更加左倾。只要联邦政府未能对气候变化和收入不平等这样的大事采取行动，城市居民就会指望他们的市政府做出回应。为地球的未来和赤贫的美国人的命运而奋斗是值得钦佩的，但要行动，就必须认识到城市的局限性，尤其是在税基不保的情况下更是如此。

纽约和底特律等城市的市长曾比较激进，50岁以上的城市人都还记得当他们忽略了富裕居民所享有的退出选择权时发生了什么：他们成群结队地离开了城市。如果城市将富人视为随时可以砸开的存钱罐，或者任凭公共服务质量下降的话，那么，我们可能会再次看到同样的事情发生。

幸运的是，城市进步人士可以在不大幅提高地方税率的情况下做很多好事。他们可以争取让学校更好地教育孩子。他们可以积极消除阻碍经济房建设和鼓励穷人创业的障碍。他们可以创建社区组织，以促进社区安全，防止犯罪和警察滥用职权。

Zoom的兴起不会从整体上危及城市的生活，但会增加个别城市的风险，可能会让那些城市的常年沉疾变得更加凶险，陷入衰落的怪圈。我们将在接下来的章节中探讨这些城市问题：表现不佳的城市学校、警察暴力和大规模监禁等。我们先来探讨一下关于城市生存的更大危机，即围绕中产阶级化的角力。

第八章

疫情下的城市边境

2001年9月11日下午2点35分,纽约市长鲁迪·朱利安尼告诉美国有线电视新闻网记者,"我要让纽约人民成为全国和世界其他地区的榜样,让他们看到,恐怖主义无法阻止我们前进的脚步"。这座城市刚刚遭受了可怕的袭击,似乎有可能开启一个恐怖主义肆虐全球的新时期。市中心的一大块房地产被摧毁了。支撑该市经济的旅游收入面临风险。从孟买到伦敦再到马德里,世界上每个主要城市似乎都可能成为暴力反民主的目标。纽约市的生存似乎面临着威胁,危险程度与新冠疫情不相上下。

事实果真如此吗?正如我们在查士丁尼瘟疫中看到的那样,负面冲击对公民社会的影响取决于该社会蕴藏的力量。到2001年,纽约自20世纪70年代的谷底以来一直处于上升的趋势。这座城市在20世纪90年代犯罪率直线下降,人口稳步增加。金融服务的经济引擎已经足够稳固,不会让纳税大户一有风吹草动便会逃离,但选民仍然明白,该市需要提供核心服务以保住其税基。政治共识使得城市领导更加务实,而在恐怖分子摧毁双子塔后,这种共识变得更加牢固。恐怖袭击之后,纽约不但幸存下来

城市之困

而且还繁荣起来了。

但 20 年后，这种共识荡然无存，它的消失与朱利安尼市长在恐袭后突然享有的普遍赞誉一样让人摸不着头脑。对现状的愤怒（其中大部分是可以理解的）取代了对共同目标和命运所抱有的共同信念。社会更加不平等了。许多人开始视警察为压迫者而不是保护者，在他们眼里，警察不再是那些冲进燃烧的双子塔为拯救同胞而不惜牺牲自己生命的英雄。中产阶级化引发了冲突，在世界上最富裕的城市中，火药味十足的相互攻讦取代了对希望的执着。

与 2001 年 9 月 11 日相比，这种不和谐使纽约和其他西方国家的城市在应对新冠疫情时更加脆弱。城市和环境经济学家马修·卡恩的研究表明，与一个政府无能、国民教育有限的国家相比，地震给管理良好且公民教育程度高的社会造成的死亡要少得多。智利长期以来一直优先考虑教育改革，因此，2010 年大地震仅造成该国 525 人死亡；同年，在海地发生了一场较小的地震，死亡人数居然高达十万。公元 541 年袭击君士坦丁堡的那场瘟疫带来巨大的灾难，因为那时的地中海地区正陷入混乱的边缘。19 世纪的霍乱对迅速工业化的西方城市几乎没有什么影响。

2020 年的美国城市状况尽管比公元 541 年的罗马要好得多，但仍然面临着一系列严峻的挑战，如有限的住房供应致使房价高企、围绕中产阶级化的斗争日趋激烈、刑事司法对非裔美国人似乎异常残酷、社会向上流动未能抵消社会的不平等。制度在很多人眼里已经失灵，乔治·弗洛伊德被杀给他们的愤懑火上浇油，引爆街头抗争。政治野火卷着聚积已久的挑战，使后新冠肺炎时代的城市的情势更加凶险。

第八章　疫情下的城市边境

本章重点关注中产阶级化以及将洛杉矶博伊尔高地等社区变成社会矛盾热点的某些经济力量。我们将在下一章讨论种族、治安维系以及受到局限的向上流动。这些伤痕反映了一个主题，即我们的地方法规对穷人创业设置重重限制，导致我们的城市和整个社会一样，对内部人保护太多，给外来人权利太少。

我们确保富有的公寓业主不会被新的高层建筑挡住视线。我们却对没有经济条件住进城里的年轻人视而不见。我们愿为街道安全而接受严酷的维安措施，却不担心年轻人正在监狱里虚度年华。我们保护不良教师免于减薪或失业，却对糟糕的教学制度贻害穷人的孩子熟视无睹。在任何情况下，我们都优先考虑内部而不是外部的人。

人们对这样的老生常谈司空见惯，即城市的冲突既是白人针对非裔美国人也是拉丁裔美国人针对"美国佬"的冲突。从历史角度看，这一说法几个世纪以来都是正确的：白人奴役非洲人并屠杀美洲原住民。然而，就城市化的深层次经济原因和最基本的性质来讲，这样的说法就大错特错了。中产阶级化之争可以被视为白人中产阶级与长期居住的少数族裔之间的斗争，但事实上，这两个族群在扩大城市空间方面有着共同的利益。反对增长的活跃分子和阻止新建房屋的土地使用官僚们是他们的共同敌人。我们似乎深陷于种族之争这一老旧的观念而不能自拔，其实，真正的冲突发生在维持现状与志在变革之间。这是一场名副其实的战斗，一方急需扩张城市，另一方却极力反对城市的增长。

城市化的本质是给人提供机会。城市为白人、黑人、墨西哥裔美国人和华裔移民提供创造经济奇迹的空间。如果从"不识庐山真面目，只缘身在此山中"的视角去看中产阶级化的斗争的话，我们只会把注意力集中在固定的现有资源上。然而，城市化绝非零和游戏。我们可以让大都市地区更加公平和人性化，但前提是我们要允许这些地区进行自我改造。我们可以为所有人创造空间，但前提是我们要了解我们真正的敌人是人为地为城市增长设限，而不是碰巧有着不同肤色的邻居。

斗争的背景：博伊尔高地的形成

在我们的城市中，种族和族裔分歧日益严重，一方面，城市密度大，不同族裔的居民几乎是摩肩接踵地住在社区里，另一方面，城市历来就充斥着种族排斥和歧视的现象。博伊尔高地是中产阶级化斗争的中心，因为该社区历史上歧视和宽容并存。博伊尔高地还说明，城市密度能够增强协调的能力，从而使反对歧视的抗议活动更加有效。

东洛杉矶的博伊尔高地社区以19世纪爱尔兰移民安德鲁·博伊尔的名字命名，他辗转来到南加州山区。在淘金热期间，博伊尔来到西部向淘金者出售鞋子，后来成为洛杉矶河东岸的第一位盎格鲁定居者。博伊尔的女儿玛丽亚嫁给了来自中西部的移民威廉·沃克曼。沃克曼是个房地产开发狂魔，20世纪80年代洛杉矶房地产大繁荣期间，他命名并重新划分了博伊尔高地社区的房地产并将它们出售。

"比利叔叔"沃克曼是传奇的洛杉矶建筑大亨之一，他把房地产投机、政治运作和多少出于私利的慈善行为完美地结合起来。1888年，沃克曼在洛杉矶房地产大热的时候担任了该市的市长。他还兼任财务主管，负责监督渡槽的第一笔债券发行。该渡槽把从欧文斯河取来的水输送到不断发展的大都市。他捐赠土地建造"教堂、公立学校"和其他公共空间，如麦克阿瑟公园和霍伦贝克公园。沃克曼也许是在做慈善，然而，他的善举产生了一个对他有利的效果，即让他的房地产增值。

影业把邪恶的洛杉矶房地产商描绘成在唐人街横行霸道的股票恶棍诺亚·克罗斯。当然，进行城建的人都会在道德上打一些折扣。尽管如此，即使开发商的动机是贪婪的，他们建起的城市客观上为数百万人提供了住房。沃克曼通过一系列再开发，把博伊尔的葡萄园变成一片多元且充满活力的多族裔居住的社区。如果这片土地受到严格的分区规则的保护，就像今天在旧金山以外的一些县盛行的那样，它可能仍然是富有的洛杉矶白人的周末度假村。与其相反的是，这片土地容纳了成千上万的人。博伊尔高地的开发让洛杉矶成为墨西哥裔美国人的重要门户，就像埃利斯岛曾经是爱尔兰裔移民进入美国的门户一样。

19世纪开发博伊尔高地的人把多样性视为一件好事，这有点儿令人惊讶。1899年发行的一本名为《洛杉矶美丽的高地》颂扬社区和沃克曼本人，说他"是博伊尔高地的鼻祖和创始人。他始终是所有致力于造福该城这个区域的企业的佼佼者"。但是，除沃克曼的豪宅外，这本小册子还刊登了邢常金先生较为简陋的房子的图片。赞誉邢的话虽然口吻有些居高临下："邢先生和他的娇妻和可爱的东方小宝贝们，就住在这间温馨的小屋里"。但内容还是正面的："我们人口中有一个族群从未失去兴趣，那就是中国人"。作为法庭翻译的邢先生是典型的中产阶级公务员。

同一页上还有杰·博纳尔的住宅。这本小册子对博纳尔的态度和对其他人一样，平淡无奇却不失正面，说他是"著名的测量员"，但对他的墨西哥背景却只字未提。这个册子使用了他名字的缩写而不是他的全名何塞·阿道夫。沃克曼把房地产卖给拉丁裔美国人，但在他的推销资料上却刻意对买家隐瞒这一事实。

尽管如此，博伊尔高地后来还是多元化了，最终成为拉丁裔美国人的天下。1899年，博伊尔高地还不在洛杉矶市的中心，它"健康而宜人的位置"吸引了沃克曼和他的朋友约翰·霍伦贝克等大人物，以及没有他们那么显赫的邢和博纳尔等人。19世纪后期，城市瘟疫仍然困扰着像纽约这样的高密度城市，生活在洛杉矶上方那块更通风、大家希望更健康的高处似乎具有明显的优势。

但在接下来的50年里，因为有了汽车，有头有脸的人陆续搬出了这个社区，穷人纷纷搬了进来。从1900年到1970年，这一过程发生在美国大多数城市，各方面的力量将靠近市中心的区域变成较贫穷市民的居民区。从某种意义上说，当代中产阶级化逆转了一个世纪前在博伊尔高地发生的从富到穷的演变过程。

房屋自然会从较富裕的业主那里转移到较贫穷的业主手里，这一过程被城市经济学家称为过滤的衰减过程。较贫穷的人经常购买较富有的人拥有的二手车。房屋和汽车一样，不精心维护就会随着时间的流逝而损坏。大多数房主不会一发现房屋出现问题就及时维修，所以房屋通常会像汽车一样贬值。因此，富裕的房主可能会从一所新房搬到另一所新房，将他们的旧屋留给不嫌弃破旧的新主人。20世纪上半叶，大量中低收入人群希望来到像洛杉矶这样的城市。他们中许多人没钱买车，于是就搬迁到博伊尔高地等靠近市中心且公共交通便利的地区。那时，洛杉矶是个很棒的公共汽车枢纽。这座城市的有轨电车，包括大型的红牌电车

第八章　疫情下的城市边境

和小巧玲珑的黄牌电车,按时驶过博伊尔高地,所以,这里的中等收入居民不需要自己开车。

有钱的洛杉矶人早在20世纪20年代就拥有私人汽车了,很方便他们搬到更远的地方。虽然沃克曼生活在博伊尔高地直至去世,但后代成功的房地产开发商则住在离市中心更远的区域,首先是在城市西部的温莎广场,然后是布莱尔山和比佛利山。不过,他们仍然在博伊尔高地建房,为成千上万的洛杉矶新人提供了充足的住所,其中有很多犹太人。

即使移民具有一定的经济基础,限制性契约等法律障碍也会阻止他们进入离市中心更远的郊区里更新的那些开发项目。1917年,最高法院一致决定地方政府不得明目张胆地按种族划分街区。但这个决定并没有防止私人住房在开发中出现种族隔离问题。因此,私人建筑商采用了限制性契约以阻止向少数族裔出售房地产,同时向未来的购房者保证,他们入住的会是一个单一族裔的社区。许多白人买家觉得单一族裔社区很有吸引力,要么是因为他们本身就是种族主义者,要么是因为他们认为未来的白人买家不会愿意和有色人种的房主做邻居。

这些契约的影响力持续到1948年,最高法院在那一年裁定,种族隔离契约可以写在书面上,但不能通过州里的警力强制执行。尽管后来政府于1968年通过了《公平住房法案》,在打击种族隔离方面迈出了一大步。但较早时候最高法院的那个裁决树立了一个自由进步的标杆,说明政府哪怕做出点滴努力都能为弱势群体带来一些好处。限制性契约之所以引起人们的兴趣,是因为三位大法官在审议该契约的时候自行回避了,这是因为他们就住在有此契约保护的房产中。

城市之困

市政府还通过对高密度住宅的建设设限以促进种族隔离，因为高密度住房会吸引较贫穷的住户。1921年后，洛杉矶禁止在城市最豪华的地方建造多户住宅。即使是今天，允许多户住宅的区域也比仅允许单户住宅的社区更多元化。博伊尔高地早在1921年就已经是多族裔混住了，当然不足以高档到被列入具有限制性的"甲级"单户社区。

当美国政府通过联邦住房管理局和房主贷款公司支持贷款时，博伊尔高地被划在没有资格获得联邦支持的贷款的城市社区之列。联邦行政人员认为白人不够多的社区是不可靠的。一份有关博伊尔高地房主贷款公司的报告，将该地区的"阶级和职业"属性描述为"犹太专业人士、商人、墨西哥劳工和公共事业振兴署工人等"。该报告声称，"该社区挤满了多元和具有破坏性的种族分子"。报告撰稿人甚至怀疑：该地区是不是每一个街区都有着具有破坏性的种族分子。这份报告撰写于1939年4月，在美国与纳粹德国的种族主义政权开战前两年多一点。

虽然博伊尔高地不会获得抵押贷款补贴，该社区还是会受到联邦政府的关注，只是关注的形式不会带来太多的好处而已。房主贷款公司在这份没有编辑评论的报告中指出，"联邦政府正在与市政府一起，在该地区最东北部开展清理占地41英亩的贫民窟的工程"。像拉莫纳花园和埃斯特拉达院落这样的公共住房项目，随着贫民窟的清理而建设起来。正如20年后简·雅各布斯警告的那样，用新的住房项目取代人口稠密的贫民窟，通常会将那些功能性的（尽管有些不尽如人意）的城市空间变成犯罪猖獗的无人区。这些地方不断发生自制燃烧弹攻击事件与这个住房计划脱不了干系。但装饰在墙壁上的宏伟壁画提醒我们，即使是在战后城市规划中，城市创造力也能幸存下来。

联邦政府在博伊尔高地的最大投资，用在修建了横穿该社区并将其污染的那些公路上。在艾奥瓦州农村建设州际公路系统没有争议且相对便宜，但在业已建好的城市空间中植入大量的混凝土路，情况要复杂得多，就像19世纪时在曼哈顿南部建设铁路一样。道路的设计通常会穿过中心社区，那里的市民相对贫困，也没有什么权利。纽约的建筑大师罗伯特·摩西以他的一个大动作而闻名于世：让克罗斯布朗克斯高速公路把布朗克斯行政区里中等收入的特雷蒙特社区一分为二。波士顿的道路建设者用一条高架公路将较贫穷的北端与城市的其余区域隔开。

博伊尔高地很容易受到这种道路建设的影响，因为它地处中心位置，且无丝毫政治影响力。1944年—1965年，联邦基础设施支出将该社区变成了世界上最大的高速公路交会处之一，道路面积占地135英亩。历史学家吉尔伯特·埃斯特拉达写道："工程师们为如此庞大的项目建设了32座桥梁和20堵墙、挖掘了150万立方码（115.385万立方米）的土方、铺设了2.3545万英尺（7176.516米）的混凝土管道、使用了420万码（323.077万立方米）的结构钢和1 320万磅（2 933.33万公斤）的钢筋"。

5号、10号、60号和101号公路穿过社区，并在城市街道上方相互交叉。有人估计每天有240万辆汽车驶过博伊尔高地。霍伦贝克公园是城市里的一片天然景观，是威廉·沃克曼和霍伦贝克的遗孀捐赠的，而今天，与其毗邻的是5号州际公路。博伊尔高地早期开发商大肆吹嘘的优质空气已经成为怀念的记忆。

博伊尔高地的一些居民早在1953年就因建路展开过抗争，反对在其附近建设高速公路。埃斯特拉达写道："在反对高速公路侵占他们社区的社团里，布鲁克林大道商人协会、反对高速公路东区公民委员会和反金州高速公路委员会等是组织结构最好的，它们团结了多元文化和工人阶层的东区社区成员"。抗议者声音很大，他们一直在呐喊，直至输掉抗争那一刻。

更多人决定用脚投票，以离开该地区的方式来抗议高速公路的建设。一个曾经以犹太人为主的多元社区被拉丁裔美国人占领。到2000年，博伊尔高地95%的居民在美国人口普查中认为自己是西班牙裔或拉丁裔。有人猜测，到1960年，有100万墨西哥人和墨西哥裔美国人住在东洛杉矶。博伊尔高地仍然靠近洛杉矶市中心，而且由于高速公路上弥漫着烟雾和噪声，它的房地产变得更加便宜。

博伊尔高地新来的居民不够富裕，无法轻松地搬迁到异地。他们要达成更有利的政治目的，就要敢于公开表态。渐渐地，博伊尔高地和东洛杉矶其他地区开始对糟糕的学校条件感到愤怒。二十世纪三四十年代在该社区出生的孩子领导了同世纪60年代初展示出力量的运动。

萨尔·卡斯特罗、朱利安·纳瓦和东洛杉矶罢工的原因

所有移民都会在文化遗产与同化之间挣扎。而一些少数族裔成员继续根植于各自族群的社区，同时又让另外一部分成员融入美国社会的主流，往往会让移民群体受益匪浅。博伊尔高地当然受益于朱利安·纳瓦博士和萨尔·卡斯特罗之间非凡的伙伴关系。前者曾在哈佛接受过教育，服务于洛杉矶学校董事会，后来又担任了美国驻墨西哥大使；后者是一位热情高涨的高中教师，

第八章　疫情下的城市边境

领导了东洛杉矶高中的罢工。这一连串的罢工是美国城市拉丁裔政治机构史上的一个转折点。

在 HBO 出品的《罢工》电影中，卡斯特罗由迈克尔·佩纳扮演，迈克尔曾经扮演最出名的角色也许是《蚁人》中可爱的路易斯。扮演纳瓦的是爱德华·詹姆斯·奥莫斯，他也是该电影的导演。《罢工》讲述了成千上万的拉丁裔师生出洛杉矶公立学校的故事，他们的诉求是双语教育、更好的教育设施以及免遭政治报复。

这场大罢工的主体虽然都很年轻，但声势浩大，原因是他们有像卡斯特罗这样年长和更加精明强干的领导人，还有像纳瓦这样的内应。卡斯特罗和纳瓦分别于 1933 年和 1927 年出生在博伊尔高地。纳瓦在他的回忆录中写道："我的记忆始于我们住在东洛杉矶的一个叫作博伊尔高地的社区"，他将其描述为"就像联合国一样，因为学校里所有的移民学生都来自不同国家"。纳瓦 17 岁时勇敢地报名参加第二次世界大战的空战，但他没有来得及接受战斗训练战争就结束了。他穿着海军制服从罗斯福高中毕业。纳瓦的职业生涯提供了一个教科书式的范例。《军人法案》及加州早期对教育的承诺和投入，给像纳瓦这样的人才创造了机会，不仅让他们成功而且也让他们能够服务于社会。

纳瓦首先就学于东洛杉矶初级学院，然后进入波莫纳学院，后来又上了哈佛大学，在那里获得奖学金完成了他的研究生学业。一位曾在寒冷的东部生活过一段时间的老记者把他的羊毛大衣送给了纳瓦。后来，纳瓦到委内瑞拉为他写有关 19 世纪独裁者的博士论文进行实地研究，从而摆脱了新英格兰的酷寒。他于 1955 年获得哈佛大学博士学位，两年后开始在加州州立大学北岭分校任教。他在那里一教就是43年。

当纳瓦接近美国体制的边缘时,他的哥哥亨利作为博伊尔高地社区服务组织的负责人,仍然扎根于西班牙裔贫民区。亨利是爱德华·罗伊巴尔的盟友,后者首先在洛杉矶市议会为博伊尔高地代言,后来又在美国众议院为高地发声。社区服务组织是社区组织者在城里的培训基地。凯撒·查韦斯就是在洛杉矶社区服务组织里接受政治技能培训的,后来凭借这一技能,在美国西南地区把拉丁裔农场工人组织起来。纳瓦与查韦斯的关系十分密切,后来在查韦斯的葬礼上还为他抬棺。

1967年,人们说服纳瓦竞选洛杉矶教育委员会。纳瓦得到大人物和普通百姓的广泛支持,成为第一位在该委员会任职的墨西哥裔美国人。纳瓦回忆道:"正是因为我是他们'野马骑士团'的一员,'无数'的罗斯福高中的毕业生团结在了我的周围为我提供帮助"。在社会阶层的另一端,电影明星格雷戈里·派克和电视先驱史蒂夫·艾伦,共同为纳瓦和查韦斯举办了一场募捐活动。国会有人"在公开场合表示,墨西哥裔美国人的孩子懒惰,所以学习欠佳"。这样的歪论为他当选送去临门一脚。

1968年,当成千上万的拉丁裔"学生在街头游行抗议教育低劣和种族歧视"时,在学校董事会任职的纳瓦站在了暴风眼。身在体制内的纳瓦却认为,指导抗议学生的老师萨尔·卡斯特罗是个"向学生教授书本上学不到的东西"的"英雄"。卡斯特罗也在博伊尔高地长大,并通过上学摆脱了贫困。他曾为纳瓦竞选校董事会出过力。

和纳瓦一样,卡斯特罗也曾在军队服役,但卡斯特罗没有哈佛博士学位,他在市中心的一所高中任教而不是顶尖高等学府。

卡斯特罗的父亲在他还是孩子时就被强行遣回墨西哥了。

据纳瓦回忆,"洛杉矶警方和学区警方协同调查,很快发现林肯高中有一名高中老师在为学生提供学运指导"。作为学校董事会成员,纳瓦知晓警方正在调查卡斯特罗的情况,因"担心"自己的私人"电话会被窃听",于是用公用电话给他通风报信。学区一位做保安工作的朋友事先悄悄地把窃听电话的事告诉了纳瓦,纳瓦于是"在使用办公室电话的时候,故意传递假消息"以便误导"录音的窃听人"。纳瓦告诉卡斯特罗,"执法部门正在组织镇压这次学生运动"。他还提醒卡斯特罗提防窃听,卡斯特罗笑着回答说他早就不再使用自己的手机了。

纳瓦想保护卡斯特罗免于被解雇。但卡斯特罗被控15项串谋扰乱治安和15项串谋扰乱学校教学活动的罪名而被捕,对此,纳瓦也感到无能为力。卡斯特罗在监狱里被关了5天。虽然指控最终被撤销,但学区仍然将他踢出了学校。纳瓦为留住卡斯特罗游说各方,但最终无果。可是这位校董里的朋友无法做到的事,纳瓦在西班牙裔聚居区成千上万的朋友给做到了。他们为卡斯特罗上街游行和静坐。学生们还睡进校董事会的礼堂里。卡斯特罗最终被恢复原职。

东洛杉矶的罢工并没有推翻几个世纪以来对墨西哥裔美国人的偏见。他们没能结束洛杉矶学区的不公正,但他们却燃起了希望的火炬。《洛杉矶时报》报道说,"罢工的最大成就是在墨西哥裔美国人社区中埋下了一切皆有可能的种子","罢工一年后,加州大学洛杉矶分校的墨西哥裔美国人入学人数从100人飙升至1 900人"。纳瓦认为:"罢工实际上让我更容易做更多的事情,因为现在的董事会可以看到教育改革的替代方案了"。卡斯特罗的

城市之困

抗议能够改变学校，部分原因是纳瓦等有权有势的体制内人士，多年来也为此付出了艰辛的努力。今天，那些希望通过抗议改革学校和治安的人必须认识到，他们也需要像纳瓦这样的内应把希望转化为持久的改变。

这场罢工激励了一代墨西哥裔美国人的积极分子，并在整个西南地区产生了仿效的效应。萨尔·卡斯特罗得到一小群自1967年以来自称为"布朗贝雷帽"的年轻抗议者的支持。城市人口密集更有可能让志同道合的人们随时随地地聚集在一起，也更有可能组织起群众运动。

棕色贝雷帽是从年轻的墨西哥裔美国人在洛杉矶举行的学生会议上的谈话中脱颖而出的。布朗贝雷帽的成员强烈支持纳瓦，把他推进校董事会并协助动员人们参加东洛杉矶的高中大罢工。据该组织的一位领导人卡洛斯·蒙特斯回忆，"布朗贝雷帽"成员第一个喊出："'罢课了！''罢课了！'冲进学校"。与保护卡斯特罗一样，纳瓦也用通风报信的方式保护着贝雷帽们。

在一次学校董事会会议上，纳瓦得悉警察要搜查布朗贝雷帽的总部，说是寻找毒品。纳瓦打电话给贝雷帽的领袖大卫·桑切斯，然后跑到索托街和布鲁克林大道的拐角处与他碰头。布鲁克林大道现在以纳瓦的朋友凯撒·查韦斯的名字命名。纳瓦把警方的行动告诉给桑切斯，后者一阵风似的跑回总部。如纳瓦回忆的那样，"警察赶到的时候，那些年轻人几分钟前已经把总部的各个办公室翻了个底朝天，在一间厕所冲水马桶的水箱里，发现了一个装有毒品的塑料包"。体制内的温和派与体制外的激进派结盟，保护了体制外的人们免遭逮捕。

布朗贝雷帽在组织1970年的"奇卡诺暂停"抗役活动中，

也发挥了超常的作用，动员成千上万的拉丁裔市民走上街头，抗议美国发动的越南战争。示威活动的中心是位于博伊尔高地边缘的拉古纳公园，该公园现在以《洛杉矶时报》记者鲁本·萨拉查的名字命名。萨拉查死于警察在镇压游行队伍时向抗议者从高空掷下的催泪弹。

然而罢工和政治活动的记忆犹新。人们仍然把萨尔·卡斯特罗视为神一般的存在，经常唤起他的名字。在博伊尔高地的贫困中长大的一些年轻人，仍然梦想着领导一场社会革命。当中产白人占据博伊尔高地十分显眼的地块儿时，那些记忆的火花便会很容易被重新点燃。

部分因为纳瓦和卡斯特罗的缘故，博伊尔高地成了拉丁裔美国人的成功故事，至少在社会向上流动方面是这样。我们的同事拉吉·切蒂和纳撒尼尔·亨德伦，还有他们的合著者们，对出生在不同社区的儿童于1978—1983年的向上流动的情况进行了评估。他们最标准的衡量标准是这些孩子成年后的平均收入。

按照这个标准来衡量，很多城市的社区，特别是那些少数族裔聚居区，全都糟糕透了，唯独博伊尔高地鹤立鸡群。数据显示，在大洛杉矶地区贫困家庭长大的孩子成年后平均年收入是3.5万美元，洛杉矶县的情况亦然。而在博伊尔高地贫困家庭长大的西班牙裔孩子，成年后的平均收入为3.9万美元。洛杉矶贫穷白人家的孩子长大后拿回家的年薪也不过是4.1万美元。换句话说，住在博伊尔高地让那里的西班牙裔孩子相对于低收入家庭的白人孩子而言，把机会的差距平均缩小了2/3。

博伊尔高地经历了美国市中心所经历的许多噩梦，包括可怕的暴力，但社区也展现出强大的生命力，成为抗议运动的发祥地。它有着艺术的传统，一如展现在埃斯特拉达大院经济适用房墙壁上的壁画和奏响墨西哥街头乐队广场上的乐师。社区组织的传统让那里的居民初尝社会地位上升的甜头。难怪即使不是西班牙裔的洛杉矶人也会被吸引到博伊尔高地落户。

中产阶级化大爆炸

盎格鲁白人和犹太人最初大批离开博伊尔高地的时候，高速公路和纷纷建成的房屋意味着南加州住房供应正在高速增长。1950—1970年，洛杉矶县的住房数量增加了76%，从140万幢增加到250万幢。新建的高速公路穿过都市市区，沿路建起成片成片的住房。尽管棕榈树成荫、电影明星璀璨，但房地产开发方兴未艾，仍然给人路边房屋负担得起的印象。

钻石和水的悖论是，尽管生存离不开水而钻石则可有可无，但钻石要比水昂贵得多。对这个悖论的解释是，水资源丰富而钻石却很稀有。一件物品，哪怕再重要、再漂亮，如果容易获得或制造的话，那它的价格仍会保持在低位。1970年的洛杉矶住房廉价，是因为战后的加州是建筑商的天堂。

到了2010年，加利福尼亚沿海地区已成为建筑商的地狱。当地的土地使用法规把地块的下限规定下来。加州最高法院裁定，每个重大的新项目都需要通过环境影响审查。这些审查增加了成本并阻碍了新的项目，而且还非常主观片面。

在加利福尼亚州沿海搞建筑本来就是环保的，因为该地区受地中海气候影响，制冷和供暖的需求比美国其他地区少得多。因此，在加州建房可以降低美国的碳足迹，应该受到环保主义者的

第八章 疫情下的城市边境

积极鼓励。然而，法院授权的环境审查只评估对当地环境的危害，而不是评估因在美国低碳的地方建房所带来的好处。地方反对增长的活跃分子无法阻止美国所有地区的开发活动。他们只能确保不要在他们身边进行开发。当无法在旧金山或洛杉矶附近的天然绿色区域盖房的时候，房建会转移到外围郊区或休斯顿或拉斯韦加斯等地，可是，在那里建房对环境造成的危害要大得多。

1990—2015 年，洛杉矶县的住房数量仅增加了 11% 即 34 万个单元。微不足道的新房源供应不可能满足加州的中产阶层对房屋的需求，宜人的沿海气候和经济的繁荣让这一需求更趋强劲。年轻的都市人向往阳光和海滩，对人口更稠密、环境更时尚的都市生活兴趣盎然，洛杉矶中部对他们来说就更具吸引力了。洛杉矶的金线，即轻轨 L 线于 2009 年开通，此后，博伊尔高地让人们可以不受交通拥挤之苦而直达市中心，从而成为吸引中产阶层住户的磁石。

城市经济学家经常提出看似自相矛盾的观点，如对贫困地区的投资会让这些地方的穷人日子更不好过，如果这些穷人是租屋房客的话，情况会更加糟糕。新建一个地铁站会振兴一个区，但对于不想乘坐地铁的长期居民来说，除了头痛和更高的生活成本外，地铁带来不了任何好处。的确如此，人们常把金线建到博伊尔高地说成该地区中产积极化的滥觞。洛杉矶市中心的核心地带已逐渐重生为一个更适合行人和公共交通来往的地方。许多追求时髦的都市人都想到附近街区转一转，例如可以搭乘地铁到博伊尔高地来。

很多先来这里的是比较富有的拉丁裔美国人。他们喜欢该地区离市中心不远、生活成本较低，且文化遗产丰厚。当地人把这

城市之困

一现象称作"gentefication（中产阶级化）"，该词里嵌入了西班牙语的"gente"，即"人们、人民"的意思。到2016年，网络上充斥着这样的头条新闻：就像在博伊尔高地那样，中产阶级化的迹象无处不在。2017年，才华横溢、风趣幽默的马文·莱姆斯制作了几集《上游梦》的数字剧集，并在2020年改编成为一部成熟且广受好评的网飞连续剧。

该电视剧以博伊尔高地的中产阶级化为例，探索了带来经济好处的族群融合与带来社会效益的社区忠诚度之间的冲突。这是许多城市既古老而又核心的话题。世界上第一部有声电影《爵士乐歌星》的核心冲突是主人公的痛苦抉择：要么代替父亲在犹太人的赎罪日演唱布鲁赫的晚祷《神之日》，要么在一个首次公演的百老汇歌剧中扮演主角。该爵士乐歌星最终还是演唱了《神之日》，但幸运的是，在好莱坞的版本中，他的爵士乐事业后来得以东山再起。《上游梦》剧中的克里斯·莫拉莱斯也面临同样的困境：是拯救祖父的墨西哥夹饼店还是去巴黎蓝带厨艺学校上学深造。

但是，尽管拉丁裔人在其社区内为"扮演白人"而感到自残般的焦虑，但无论是在节目里还是在现实生活中，博伊尔高地里的非墨西哥裔中产阶层的居民，人们对他们的身份认知倒是确定无疑。在节目中，他们通常被描绘成粗鲁、富有或愚蠢。在现实生活中，这些中产阶层通常被视为十足的恶棍。"保卫博伊尔高地"是一个反中产阶级化的组织，它宣称："中产阶级化是地地道道的最高形式的仇恨犯罪"。考虑到20世纪发生过的大屠杀，这个说法还是十分夸张的。

2017年，在朱利安·纳瓦给布朗贝雷帽透露警方要对他们进行突袭的地方，建起一间叫怪浪的咖啡店。这个咖啡店一落成，"几乎立即成为公众议论中产阶级化的焦点"。怪浪咖啡店本不应该成为人们眼中的恶棍，因为它装饰朴素，有个章鱼的标志，它的目的也很明确："把社区团结在一起"。但事与愿违，抗议和破坏行为无处不在。当咖啡店的玻璃窗被打碎时，捍卫博伊尔高地这个组织非但没有对这一行动担责，反而为那些行为煽风点火。

怪浪咖啡店最终还是幸存了下来。著名的商店点评网站耶尔普对该咖啡店的正面好评促使许多人"无视那些不知情的抗议者"，他们既不知道也不关心这样一个事实："该咖啡店的一个业主其实是个萨尔瓦多人"。其他中产阶级人士的遭遇要惨多了，最终由于坚持不下去而放弃。

咖啡店在中产阶级化的社区开业，是希望让当地居民和外来游客在清晨喝上一杯可口的饮料，也许再配上一个家做的松饼。艺术画廊在高档社区开业是来寻找便宜的空间向其他地方的顾客展示昂贵的艺术品。也许一些当地的企业会受益，但居民更有可能因更高的生活成本而蒙受损失。2016年在博伊尔高地开设艺术画廊的艺术家，比创立怪波咖啡店的潮人更容易被妖魔化。与博伊尔高地隔河相望的洛杉矶艺术区几十年来一直在中产阶级化。市中心曾经是工业区。艺术家搬进了阁楼。他们在公共区域的墙壁上绘画，而这些壁画是很少得到有关部门允许的。画廊老板买下曾经比较便宜的空间。由于该地区到处都是仓库而不是长住居民，因此他们改天换地的行为几乎没有遇到任何阻力。

时尚的食肆和酷炫的夜总会开业了，如当代艺术学院和建筑与设计博物馆等也在这个地区落户。艺术区似乎给高速公路纵横交错和地中海风格住宅鳞次栉比的洛杉矶带来真正的城市体验。

城市之困

所以到了2015年，科技企业家也被吸引到该地区来。生活成本开始飙升，一间套房公寓的月租金超过了2 000美元，一居室公寓的售价高达百万美元或者更多。

当代艺术学院距离博伊尔高地的怪浪咖啡店只有2.5英里。中产阶级化在向四处蔓延。寻找更便宜地段的企业和居民把目光投向地平线那边最近的社区，那里的价格还没有上涨。博伊尔高地比艺术区便宜得多，因此，艺术画廊蜂拥而至，显然没有注意到该社区长期以来就有着有组织抗议的传统。

像布朗贝雷帽们曾经穿过的类似准军事制服，又重新穿在了"博伊尔高地反对艺术洗白和迫离家园联合会"会员的身上。他们身着连衫裤，面戴滑雪面具。该组织是个敢作敢为的反艺术画廊联盟。画廊被粗暴地损坏。更老练的抗议者横跨美国，到纽约市的惠特尼博物馆扰乱了一位画廊老板的展览。那次抗议的视频显示，许多对此类行动习以为常的纽约人见怪不怪，毫不理会那帮属于另一海岸的外来人。

黑客黑进一个画廊网站，登出一个虚假的正式道歉书，签名是"用我们的画廊占领了博伊尔高地的时髦中产兄弟"。一些画廊老板甚至报告说收到了死亡威胁。截至2018年，至少有4家画廊受不了如此这般的骚扰搬迁到其他地方。博伊尔高地的第一代抗议者曾与洛杉矶警察局和几个世纪以来的盎格鲁统治对峙。不出所料，新一代抗议者发现驱赶画廊老板要容易得多。即使是那些对死亡威胁无所谓的人，也为了保护自己的名誉免受政治不正确的影响而离开。

围绕中产阶级化的斗争如此激烈，是因为洛杉矶可以买得起的居住空间非常有限。根据美国全国房地产经纪人协会的数据，

第八章 疫情下的城市边境

2019年洛杉矶公寓的中位销售价格超过47万美元，除价格更贵的城市旧金山外，高于美国任何其他大都市区。洛杉矶房屋的中位价超过60万美元，比大纽约市的房屋中位价高出60%以上。

洛杉矶的优势是其文化、气候和强大而多元化的地方经济，该市也是墨西哥移民的天然门户。天使（洛杉矶的原意）之城需求旺盛。供应无法满足需求时，价格就会上升，争地的冲突就会激化。洛杉矶的房价无须如此昂贵，20世纪70年代之前建房如火如荼，房子并没有贵得让人买不起。

1970年，加利福尼亚州的房产中位价是2.31万美元，相当于2020年的15.8万美元。虽已经比全国平均水平高出36%，但还是低于新泽西和康涅狄格等州的房屋中位价。到1990年，加州的房屋中位价飙升至19.6万美元，相当于2020年的40万美元，比全国平均水平高出145%。1970年，加利福尼亚是一个普通的州，洛杉矶也是一个普通的城市，至少就房价而言是如此。进入1990年，这个"金州"及沿海大城市的房价一路飙升，而且自此再也没有下跌过。

加利福尼亚的气候在1970年—1990年没有发生什么变化。进入1970年，该州的经济已很强劲。可以说，在接下来的20年里，相对于美国其他气候比较寒冷的州，这里的经济更成功，但最大的变化是我们已经提到的住房建设的崩溃。洛杉矶县的新房供应量从1940—1970年的每年5万套下降到接下来30年的不到一半。

洛杉矶县的低水平建设并不是反映土地缺乏。洛杉矶县土地拥有量惊人，高达300万英亩。目前，那里每英亩只有1.38套住房，其中还包括产权公寓。洛杉矶是一座大城市，可以在一英亩

城市之困

土地上轻松地容纳 50 个人。但洛杉矶选择假装自己是比利·沃克曼当年开发博伊尔高地时的茂密橘园和平缓丘陵。

抗议者应该抗议谁？

博伊尔高地的抗议者抗议得很有道理。他们的房租高得太离谱。然而，他们把矛头对准愿意支付更高租金的外来者，而不是最终导致他们租金上涨的那些法规。这是错误的，因为它忽视了 21 世纪城市政治的根本问题。我们的法律和体制，已经发展到反对变革以保护内部人士的程度，无论这些内部人士是郊区的房主还是当地的活动家。通过冻结城市空间，确保城市无法增长到不能让每个人安居的地步。土地使用法规加剧了对有限资源的竞争。抗议者不应把中产阶级人士作为斗争的对象，因为他们也是洛杉矶住房建设制度不完善的受害者。反之，抗议者应该团结与他们一道，与那些限制每个人都可以使用城市空间的邻避主义者（主张"不要在我家后院"建房的人）作斗争。他们应与规模虽小但战力十足的伊姆比（在我家后院建房）组织成员并肩战斗。伊姆比成员希望允许建设更多的房屋，美国经济记者康纳·多尔蒂广泛追踪报道了他们的活动。

洛杉矶县有很多土地可以建造艺术画廊和公寓楼而不会打扰到博伊尔高地。由于 50 年的土地使用限制和保护现状的法律裁决，太多的空间变成了禁区。这些决定对在 1970 年买了房屋的人十分有利，却对新来的人和租房者不利。博伊尔高地制定的法规保护了年长和富裕的郊区房主，却在弱势的多种族洛杉矶人之间引起冲突。

第 13 号提案是一个偏袒内部人欺负外来人的恶例。在美国大部分地区，房主通过缴付提高了的房产税来支付不断上涨的房价。但在 1978 年，加州选民为他们已经拥有房屋的业主提供了一个避风港。当年通过的第 13 号提案要求"对不动产征收的任何从价税的最高金额不得超过该不动产全部现金价值的 1%"，所谓"全部现金价值"是指县评估员对 1975—1976 年税单上"全部现金价值"项下不动产的估价，或此后在购买、新建或所有权发生变化时不动产的评估价值。

对内部人的偏袒并非来自 1% 房产税的上限，而是来自"全部现金价值"的定义，它仍然是 20 世纪 70 年代中期对老年房主的评估价值，通货膨胀的最大年增长率仅为 2%。但是，建造新房或出售房屋时，这个"全部现金价值"就要重新计算。从 1975 年到 2020 年，洛杉矶房屋的名义价格上涨了 19 倍，这意味着从那以后，没有卖掉房屋的老洛杉矶人缴付的房产税只是新买家所要缴付的 1/10。该提案在内部人和外部人之间造成巨大的不平等，也让内部人更有理由不愿出售他们的房屋，从而进一步冻结了洛杉矶房地产市场。

全市房地产市场冻结了，博伊尔高地就会长期受到威胁。如果建筑商随着上涨的价格去了其他地方的话，那么这里的租金就会下降，人们过河去东洛杉矶的压力就会减少。如果艺术区降低了开辟建房空间的难度，许多画廊的主人会很高兴地留在那里。假如博伊尔高地的变化没有带来房价和租金的飙升，那里的许多居民会对发生的变化更加迎而不拒。电视剧《上游梦》中有关身份的冲突，是由祖父为挽救其濒临倒闭的玉米夹饼店奋起抗争所引起的，威胁夹饼店的就是上涨的租金。是留住墨西哥的根还是被同化,这个挣扎是不可避免的。但如果生活和工作的空间充裕且价格低廉,那么这一挣扎就没有那么痛苦。如果抗议者更多地强调扩增宜居空间的总量,那么墨西哥夹饼店和画廊就会有大量空间成为他们的立足之地。

内部人和外部人与大都会边疆的关闭

城市文化、治安执法以及为了挣点儿小钱把东西出售给不喜欢的人,城市常常可以把这 3 个因素结合起来,让完全不同的族裔和平共处。但人和人近距离接触总会产生摩擦,尤其是在很多情况下,个人行为会影响其邻居的福祉。在艾奥瓦州的农村放大音量播放收音机不会打扰任何毗邻的农家。但在人口稠密的市区,许多邻居都会不堪噪声的污染。如果满大街都是随意倾倒的垃圾、到处交通拥堵,而且不锁门就会遭窃,那么城市的居民就会有生不如死的感受。

城市密度带来的这些负面影响,可以通过集体行动来解决,譬如投资下水道、向司机收取拥堵费,或雇用守夜人等。然而,经济学家曼库尔·奥尔森所说的搭便车问题,削弱了城市解决这些问题的能力。当集体行动惠及集体的每个成员的时候,每个成员就会出于私人动机去依赖别人作出努力。这种搭便车的问题困扰着任何共同的努力,从高中科学俱乐部到大都市都是如此,而且群体越大情况越糟。

奥尔森在《国家的兴衰》中写道:"随着群体规模的增加,群体行动的动力会衰减,因此相较小一些的群体,较大的群体更难以为共同利益采取行动"。所有的人都曾遇到过这种情况:一个和尚提水喝，两个和尚担水喝，三个和尚没水喝。在大的集体里，人们更难统一意志，也更难确保每个人都会发挥出自己的作用。奥尔森认为，这一事实意味着稳定的社会最终将被小型、专注且组织良好的利益集团所主导。奥尔森还认为，这些小团体的力量最终会导致经济停滞和衰退。

在奥尔森看来，内部人士组成的群体害怕变化和竞争。他们设置障碍以阻碍他人成功，比如禁止流动餐车，或至少是防止有任何力量的人来削弱他们的权威。奥尔森认为这个过程一再重复，如罗马共和国的垮台、日本德川家族的衰败以及英国在20世纪70年代面临的困境等。他认为在每一种情况下，强大的内部人士，如前现代日本的行会或英国工会，都实施了限制创新并伤害外人的规则。根据奥尔森的说法，除非发生动摇体制的重大事件，否则这些内部人士会继承阻碍创新以便巩固他们掌控一切的地位。他认为，德国和日本在第二次世界大战后的繁荣反映出军事失败暂时消除了内部人士的势力。

在美国历史的大部分时间里，从1800—1970年，这个国家变化快得让内部人士无法控制未来。如果既得利益者掌握了马萨诸塞州的议会，外来人就会西迁到俄亥俄河谷更加肥沃的土地去。如果棉花产业由少数大种植园主和棉花贸易商主导，企业家就会在亚拉巴马州的伯明翰开办钢厂。

此外，一些内部人士群体有很强的经济动机来迎合外部人士。哈维·拉斯金·莫洛奇和约翰·罗根在他们颇具影响力且富有洞察力的著作《都市财富》中描述了城市"增长机器"，这些城市"增长机器"在扩张突增期间经常主导着阳光地带城市。曾经拥有博伊尔高地的洛杉矶市长"比利叔叔"沃克曼，就是政治

城市之困

和金融力量合流并位居这些机器顶端的具体体现。这些增长机器是迎合城市最富有的银行家、雇主和房地产开发商的小型利益集团，但他们都想要城市增长。这种增长意味着能为银行家提供更多贷款，为雇主提供更多工人，为开发商提供更多的建房机会。

这些家伙做事并没有考虑到他人的利益。莫洛奇和罗根正确地指出，从偷农民的水到污染当地的水道，他们做了很多龌龊甚至是缺德的事情。他们利用这个体制养肥了自己。然而，由于这些增长机器的基本目标是要求城市吸引外来者，因此他们强调城市要对移民更具吸引力并建设更多的住宅。由于每个城市的增长机器都必须与其他城市的增长机器进行竞争，因此它们有强烈的动机为外来者提供廉价住房。

几个世纪以来，美国的城市提供了一个远比西部荒野边疆重要得多的大都市边疆。弗雷德里克·杰克逊·特纳在1893年声称："直到今天，美国历史在很大程度上都是大西部殖民化的历史"，而且"自由土地的存在，荒原的不断退缩以及美国殖民的向西推进等诠释了美国的发展史"。几十年来，历史学家一直在争论特纳关于"边疆在美国历史上的意义"的文章，但事实是，组成边境的十个州和地区的人口在1890年与曼哈顿岛的人口大致相同。

特纳看重的可能是自然的边疆。但对普通美国人来说，不断发展的城市更加重要。在1890年之前的30年里，美国城市人口从620万增加到2 200万，而在特纳发表论文之后的30年里，城市人口增加到了6 900万。奥尔森是对的，小利益集团有时可以通过解决他们自己搭便车的问题来占据主导地位。纽约的坦曼尼协会让其政治马前卒四处用免费火鸡公关，承诺提供公共工作的岗位。但在第一次世界大战之前，这些利益集团通常想要的是城市发展带来的财富。

然而，美国郊区逐渐出现了一种反增长的新模式。1873 年，繁华的布鲁克莱恩拒绝融入波士顿这座城市的大熔炉。那个镇上较富裕的市民不想被城市老板统治，也不想被爱尔兰移民抢去他们的地盘。19 世纪的布鲁克莱恩停止了兼并行动，但它法律资源有限，无法阻止建筑新的房屋。有关法律只有到了 20 世纪初期才出现。在最高法院于 1926 年裁定俄亥俄州欧几里得镇实施的法规并非无端地"夺取"安布勒房地产公司的产权之后，城市区划法在 20 世纪 20 年代席卷全国。安布勒房地产公司辩称，新法规非法降低了其房地产的价值，但最高法院认为，将房屋与工业污染和有害活动物理隔离开，普遍被认为是对公权力的合法使用。在此之前，最高法院曾经推翻了地方明目张胆地按不同种族来划分区域的企图。许多人认为欧几里得的区划法很受欢迎，因为它隐晦地按种族和收入把人们隔离开，例如禁止在富裕的郊区建造公寓楼等。

这些法规据称是出于关心居民的健康而制定的，比如让小孩子远离芝加哥牲畜围场的大量动物等。然而，这些法规开始对任何地区所允许的活动施加广泛的控制。不幸的是，法规也有性别歧视之嫌。郊区不仅可以免建工厂，还可以拒绝办公园区或连锁店的进入，而这些单位都是第二次世界大战后女性的主要雇主。卡罗琳·克里亚多·佩雷斯写道，由于女性"最有可能担负起照顾儿童和年迈亲属的主要责任，因此，用法律把家与正式工作场所分开会使她们的生活变得异常困难"。

从法律上把家和工作分开的结果是，郊区到处都是这样的

城市之困

房主：他们不愿看到密密麻麻的住房，也讨厌新建住房搬进来的邻居。他们不想让当地的雇主降低工资，也不太关心当地银行有没有新的客户。有的时候，郊区仍会有实力较大的房地产商，争先恐后地开发房地产。等生米做熟了饭也就没人为新建的住房唠叨了。

从某种意义上说，美国大都市区的政治结构使圈内的利益集团很容易控制大片土地。美国比较老旧的地区有人定居的时候还没有汽车，甚至连火车都没有，因此 10 英里都算是远距离。于是，我们最老旧的大都市区就出现了很多适应小型地方经济的弱小地方政府。最终，这些小城镇成了纽约、波士顿或费城这样的大都市的一部分，有时它们甚至成为一个大都市政府的一部分。纽约市在 1898 年的合并潮中把外围的行政区全部划为己有。

然而，正如布鲁克莱恩的例子说明的那样，较富裕的郊区学会了如何说不。正如肯尼思·杰克逊在其具有权威性的美国郊区史中记载的那样，1900 年之前，郊区通常还会同意被兼并，但在那之后，他们就越来越反对了。因此，大都市地区就像蜂窝似的出现了一个个小而独立的社区来吸引那些有钱有车的人。从 1920 年代开始，美国各地发生了从城市搬迁到郊区的热潮。这种迁移的政治影响是富裕的房主设法控制了他们的地方政府。

这些政府随后与房主沆瀣一气，把小镇打造成上层中产阶级可以接管的地方，让他们在那里利用手中的权力把好事和坏事做尽。他们经常投资于较好的公立学校，以节省父母为送孩子去私立学校要支付的高昂费用。他们出资雇用警察以保护私人财产。同时，他们又限制建造新的房屋，尤其是那些吸引贫困居民的小型住宅和公寓，因为这些居民缴纳的税款低于为他们提供的公共服务的成本。

这一过程早在20世纪60年代就开始了，但依然有少数的美国大城区接受建造新的房屋。汽车时代兴起的阳光城市地带比东部城市大得多。波士顿有48平方英里的土地；凤凰城也有517平方英里。因此，中心城市内依然有建设的空间。那些中心城市有很多支持增长的声音，比如构成城市增长机器的银行家、雇主和房地产开发商。在郊区尽头也有建房的空间，因为农民希望开发商购买他们的土地并建造新的房屋，让他们发上一笔意外之财。还有一些地方，比如尚未被兼并的拉斯韦加斯县，从行政划分来讲，仍然对建筑商来者不拒。

然而，自1970年以来，大都市边疆剩余的空间也越来越多地被内部人士所占据。在城市范围内，包括伟大的简·雅各布斯在内的社区活动家，都学会了如何阻止有权有势的人推倒他们的社区。雅各布斯对奥尔森讨论过的搭便车问题有出色和直观的理解。她帮助领导了格林尼治村反对在曼哈顿下城建设高速公路的运动，是抗争建设高速公路的先驱。这些抗争高速公路建设的现象将在较富裕和组织较好的社区中变得司空见惯。

比起反对在中等密度的社区为一些不太富裕的人提供住房所作的抗争来，为反对让高速公路横穿社区而战要合理得多。然而，抗争公路的组织策略也可以用在反对建设多层建筑上。雅各布斯曾经居住过的街区于1969年成为格林尼治村的历史保护街区，不仅阻止了罗伯特·摩西主持建设的公路，也叫停了改变该区的一切努力。

一个接一个的城市做出一个又一个的决定，让当前的房主（有时也包括租户）享有特权，而不是可能因包容可以获益的外来者。随着政治形势的改变，我们的思维也发生了变化，开始接受人们有权维持现状。如果您窗外一直都有那么一个公园，没有人有权在那里建房时挡住您观景的视线，即使他购买了那块土地而且也没有法规阻止他建房。如果您附近从未有过艺术画廊的话，那么您也有权阻止有人搬进来开设一间。

随着大都市边境的关闭，美国变成了一个不那么有活力的国家。经济学家雷文·莫洛伊、克里斯托弗·史密斯还有阿比盖尔·沃兹尼亚克，前两位在华盛顿联邦储备委员会工作，最后一位在明尼阿波利斯联邦储备银行工作，他们记录到，从1970年到2010年，州际迁移率下降了一半；与此同时，州内迁移率下降了1/3。以前人们笃信树挪死人挪活，但越来越多的人开始扎根在原生地了。这也解释了为什么长期失业成为美国经济格局挥之不去的问题。失业者留在原地，部分原因是搬到经济更具活力和生活成本更高的地区要支付额外的住房成本。许多失业者和他们的父母住在一起，如果去其他地方寻找工作的机会，他们将不得不放弃这点自由空间。1980年之前，受教育程度较低的美国人会迁移到收入较高的州。但经济学家彼得·加农和丹尼尔·肖格发现，这种"定向"移民基本上已经消失，其中部分原因是高工资的地方房屋建设供不应求。

美国有史以来都是穷人迁移到生产力高的地方。19世纪初农民离开山石嶙峋的新英格兰前往土壤肥沃的俄亥俄河谷。非裔美国人逃离种族隔离的吉姆·克劳法施威的南部，前往北部各个城市寻找收入高一些的工作和政治自由。黑色风暴事件驱使成千上万的俄克拉何马州人逃到加利福尼亚。生产发达的地区为房屋建设处处设限，使得这一迁移过程愈加困难重重。

历史经验证明，穷人向富人区迁移有助于消除不同地域之间的收入差异。就像工人离开后会导致低工资地区的工资上涨一样，随着新工人来到工资较高的地区，工资不可避免地会降下来。140年来，美国较贫困地区的收入比较富裕地区增长更快。自1980年以来，区域趋同的进程已经停止。我们的停滞有个地理特征：像锈带、阿巴拉契亚和密西西比三角洲这样的地区1980年时长期失业率居高不下，到了2015年，那里的长期失业率仍然不低。

美国生产力最高的城市正在让全国的经济失望，部分原因是它们没有为普通人提供足够的生活空间。芝加哥大学的谢昌泰和加州大学伯克利分校的恩里科·莫雷蒂两位经济学家估计，如果人们能够更容易地迁移到纽约市和旧金山等生产力高的地区，美国经济将会大幅增长。如果硅谷工人的生产力比底特律高30%，那么当移民向西迁移时，美国的生产力就会自然而然地提高。然而他们并没有西进，因为高昂的住房成本侵蚀了高工资带来的好处。

随着洛杉矶等地房价飙升，美国经历了财富从年轻人到老年人手里大挪移的现象。1983年，35—44岁的人拥有房产的财富（以2013年美元计）中位数是5.6万美元。30年后，这个数字骤降为6 000美元。相比之下，65—74岁的人，在同一时期的住房财富的中位数增加了20%。65—74岁的第95个百分位的人，他们的住房财富扣除通货膨胀因素后，从42.7万美元增加到70.1万美元。这种财富的重新分配让内部人变得更加富有，却让外部人输得一塌糊涂。

建筑新的房屋可以减少房价的波动，因为新的房供能力可以满足繁荣时期对住房的需求。随着房供更加有限，房价也会更加急剧地涨跌。更大、更具破坏性的房地产泡沫是内部人士对新住房建设施加限制导致的又一个副作用。

奥尔森的论文在美国活力四射的40年前似乎不太合时宜，但在今天看来，他还是很有先见之明的。美国城市和各州越来越多地保护内部人并让他们成为实权派。地方盘根错节的监管网络阻碍了创业，从整体上讲，美国企业成立的比率远低于1980年代。年轻的美国人往往是外来人，他们为此付出了代价，就像他们为因新增长受限使住房成本飙升所付出的代价一样。

在下一章，我们将把讨论的话题转向警方执法策略、长期监禁和表现不佳的城市学校等。这也可以被看作保护内部人惩罚外部人的例子。但是，建房不足的问题与学校和警察执法的问题相比，解决难度可谓天壤之别。建房不足有个简单的解决办法，即让城市不断地向上发展即可。但对于城市犯罪和警察暴力执法却没有简单的解决方案，因为城市有义务保护他们的孩子免受暴力侵害的同时也要保护公民免受警察的射杀。解决学校的问题挑战就更大了。这将让我们涉入一个复杂的深水区，即改革体制和重新设计政府的政策。可是，要想解决好这些问题，比登天还难。

第九章

城市化带来的冲突

2020年5月25日,据称乔治·弗洛伊德在明尼阿波利斯高档社区的一家便利店使用了一张20美元的假钞。随后便利店报了警,警察赶来并要求弗洛伊德下车。警察虽非客气有礼但也不是特别粗暴。被吓坏了的弗洛伊德试图挣脱,但并没有袭警。警察指控这个手无寸铁的嫌疑人犯了罪,而这个罪行是我们任何人都可能在无意间犯下。

在明尼阿波利斯警察局工作了19年的警官德里克·肖万赶到现场,决意维持治安。肖万用腿把弗洛伊德按在地上,膝盖压住弗洛伊德的脖颈。弗洛伊德大声呼喊说他喘不过气来。旁观者开始拍照并要求肖万放开弗洛伊德。肖万对他们的呼吁置若罔闻,将膝盖压在弗洛伊德的喉管长达8分钟之久最终导致他死亡。

根据美国"警察暴力地图跟踪"数据库的统计,仅在2018年,美国警察就杀死了259名非裔美国人,其中28人像弗洛伊德一样手无寸铁。然而,大多数杀人的案例因为难以判定而不会将警察以谋杀罪定罪。肖万永远无法为自己开脱,说他是在自卫，因为旁观者的视频显示弗洛伊德是孤立无援的，而肖万周围还有其他警官。这些视频将乔治·弗洛伊德事件从一个独立事件演变成捍卫正义的斗争。弗洛伊德事件的视频在网络平台流传，其中有五条点击率最高，截至2020年12月1日，这五条视频在网络上的浏览量已经超过5000万次。

视频中恐怖的画面推动了随后的抗议活动。人们冒着感染新冠病毒的风险涌向热闹的街头。被冲突撕裂的社会更易受到瘟疫或自然灾害的影响。人们对乔治·弗洛伊德被杀的愤怒使他们不顾空气中有病毒的危险，纷纷走上街来示威。

这次抗议活动是否对新冠肺炎的传播起到了推波助澜的作用，我们不得而知。但1918年，人们认为爱国集会"对结束战争几乎起不到什么作用，反而把致命的流感传播开来"。2020年的一项研究发现，与乔治·弗洛伊德相关的抗议活动发生后，"在被分析的八个城市中，所有城市新冠感染率都出现了上升趋势"。但另一篇论文发现"没有证据表明在抗议活动发生5个多星期后再次引发新冠病毒感染病例或死亡人数的增长"，这可能是因为没有参加抗议的人们变得更加谨慎。对警察的不信任会导致群众集会或公民反抗（如在拥挤的场所故意不戴口罩），一旦这种现象发生，就会阻碍抗疫工作的进行。

城市多样性很容易产生不信任并进而引发冲突，除非城市能够让所有居民都稳步发展。只有当城市履行其将贫困儿童转变为富裕成年人的历史使命时，市民方能容忍城市财富的巨大不平等。我们的同事和朋友拉吉·切蒂、约翰·佛利德曼和纳撒尼尔·亨德伦以及他们的合著者对社会向上流动的问题进行了研究并发现了惊人的数据。这些数据表明，美国城市在赋予贫困儿童权利方面做得比我们想象得要糟糕。与在大城市学区内长大的孩子相比，在大城市学区边界外长大的孩子收入更高，成年犯罪的可能性也更小。

城市学校和执法部门都偏爱内部人士而不是外来人。就执法而言，所谓内部人士指的是富有的都市人，他们要求安全保障，而警察工会则保护滥用职权的警察免受惩罚。外来人指的是那些开车被随意拦下、被搜身、被判处无期徒刑的年轻人。就学校而言，内部人指的是像我们一样住在郊区的父母和教师工会，他们保护像我们一样在终身制保护下的教师不被解雇。外人指的是那些家长收入低的孩子们。

仅凭怒气和愤慨无法解决这些问题。与公共卫生改革一样，要改革学校和警务就需要对制度改革做出认真和持久的承诺。"三振出局法"或"削减警方经费"之类的做法只是政治上的偷懒。容易做的事政府能够雷厉风行，比如实施职业许可要求或开出联邦医疗保险支票等。然而，遇到难做的事情就踌躇不前了，如建立有效的公共卫生系统或修复城市学校等。

建造房屋或建立企业的规章制度足以为人们提供新的住所和就业机会，因为私营部门可以提供充足的住宅并开办一大批新公司。但私营部门既不能教育穷人，也不能保护他们免受伤害。本章集中讨论执法和学校教育所需的公共力量，并从执法和学校教育这两个方面，对自上而下的立法和基层管理做一对比，前者永远无法单独满足城市所需，而后者难以实施且至关重要。

我们先从20世纪80年代以来执法部门的巨大变化入手。被关押的美国人从1988—2006年增加了一倍多。联邦调查局下属的司法统计局报告称从1993—2008年，被谋杀的美国非裔女性中,年龄范围在 14—17 岁的被害人数下降了近 2/3,也就是说从每 10 万人中 13.1 人被害下降到每 10 万人中 4.6 人。我们先来谈一谈日趋严苛的执法和不断加重的刑期,同时也来探讨一下如何在不关押这么多年轻人的情况下保障城市街道的安全问题。

三振出局法

1988 年 9 月 26 日下午 5 点 30 分,29 岁的广告主管黛安·巴拉西特斯下班前往停在西雅图先锋广场附近的停车场。她是里根时代的典型代表,留着"齐肩的卷曲赤褐色头发",身着"海军蓝短裙和网球毛衫"。但她并未走近她的爱车。她失踪了一周,寻人启事"张贴得到处都是"。她的尸体一周后终于被一名"公园管理部门的员工"发现,该员工正在"寻找被倾倒在城镇另一处的垃圾"。

吉恩·雷蒙德·凯恩因该案被判有罪。凯恩是"一名曾被定罪的性犯罪者,曾在监狱服刑 13 年,在谋杀案发生时,他在西雅图市中心一个监狱的重返社会工作项目进行改造",他接受改造的场所离先锋广场和巴拉西特斯的停车场只有一个街区之隔。蕾切尔·布拉黑尔在《莫瑟尔法律评论》期刊上写道:"凯恩没有接受心理治疗,因为他被判定太危险,不适合在指定的精神病院接受治疗"。显然,人们轻视了这种释放后无人监管的后果。

黛安的母亲艾达·巴拉西特斯成为一个民间社会运动的组织者。该运动与简·雅各布斯领导的保护格林威治村的斗争一样成功。据《洛杉矶时报》报道,艾达"听到杀害并强奸她女儿的男子曾经的犯罪记录后",首先想到的是"把这个人释放出来做什么？"艾达·巴拉西特斯以故意不当行为的罪名起诉了华盛顿州惩教部并获得胜诉。更重要的是，她领导了该州推动加重刑期的运动，提交了州里第593号倡议，要求"犯三次'严重罪行'的罪犯"应"被判处终身监禁不得假释"。这个倡议于1993年以3：1压倒性的优势被通过正式成为法律。

黛安·巴拉西特斯的被杀之所以产生如此大的影响，是因为它不是在政治真空中发生的。在黛安被杀前5天，一个共和党政治行动委员会开始播放一个名为"周末通行证"的广告，指责民主党总统候选人迈克尔·杜卡基斯让被定罪的凶手威利·霍顿从马萨诸塞州监狱走出去休假一周。而后霍顿逃离该州并又犯下强奸和武装抢劫的罪行。在他的第一个任期内，杜卡基斯否决了一项"废除让一级无期徒刑犯人休假"的提案。他认为该提案会"抽掉为改造犯人所做努力的灵魂"。

从1984—1989年，美国的谋杀案犯罪率从每10万人7.9起仅上升到8.7起。但自1957年艾达·巴拉西特斯年满21岁以来，谋杀案犯罪率上升了118%。与她同时代的许多美国人认为，美国似乎已经失序并走向混乱。那些美国人更加关心他们孩子的安全，而不是被告人的权利。杜卡基斯希望即使是杀人犯也能得到救赎和改造，但选民们寻求的却是复仇和安全。在黛安·巴拉西特斯被谋杀后的几天里，威利·霍顿的广告一夜又一夜地滚动播出，与此同时，艾达·巴拉西特斯建立了"黛安之友"组织，该组织"开始举行集会并分发请愿书"。

每一次新的犯罪都给她们抗议增加了士气。1988年12月，加里·明尼克斯强奸并"割伤"了一名23岁的华盛顿州女人。他曾在1986年被指控犯有4起恶性的持刀强奸罪，西雅图警方也把 22 起类似的案件与他联系起来。精神病院却每周末都给他放假，说发现他智商过低，"无法接受法庭审判"。

1989 年 5 月 20 日星期六，"一个 7 岁男孩在塔科马自家附近骑自行车时，被罪犯拖进附近的树林遭其强奸，他几乎因窒息而死，私处也受到残害"。男孩认出侵害他的凶手是个名叫厄尔·史林纳的连环性侵者和杀人犯，他的鞋子被发现"沾满了泥土和鲜血"，鞋底"看起来与现场的脚印相匹配"。史林纳被控一级谋杀未遂以及一级强奸和袭击罪。在接下来的一周里，一个接一个的报道都把注意力"集中在很多官员都知道史林纳的犯罪史并预知他会犯下暴力行为的事实上"。只是他因智商低让他免于刑事定罪。5 月 25 日星期四，艾达·巴拉西特斯 53 岁生日那天，《西雅图时报》报道称，由于"不能让遭他侵害的儿童出席并在法庭上作证，史林纳在 1987—1988 年犯下的重罪已被减为轻罪。"

正如乔治·弗洛伊德事件的视频所表明的那样，一个绘声绘色的事件可能比堆积如山的统计数据更有说服力。西雅图时报文章发表后的第二天，"一群抗议者聚集在奥林匹亚国会大厦的台阶上，要求州长召开立法机关特别会议，对性犯罪者实施更加严厉的处罚，特别是对屡屡犯案的罪犯要判处终身监禁"。黛安·巴拉西特斯的弟弟是该组织的召集人之一。民主党州长召集了一个工作组，由曾试图在上次选举中击败他的共和党地方检察官领导。尽管艾达·巴拉西特斯也呼吁马上立法，但她还是和另一位受害者的母亲参加了这个工作组。

该工作组建议对性犯罪者的判刑更加严厉并将他们进行登记。一旦被视为"暴力性侵者"，即使是服刑期满的囚犯也可以继续关押。华盛顿州立法机构在1990年一致将这些建议纳入法律，但巴拉西特斯告诉《洛杉矶时报》，这个有关性侵犯的法律"只是迈向良好的第一步"。

巴拉西特斯于1992年当选为华盛顿州众议院议员，在这个位置上坐到她66岁。她与一位名叫约翰·卡尔森的右翼广播和电视评论员合作，带头争取对性犯罪者实行更严厉的刑责。他们为这个倡议收集了超过25万个签名并将其印在选票上。

巴拉西特斯法被加利福尼亚和其他很多州示为典范。1994年，美国国会通过了《暴力犯罪控制与执行法》的提案，克林顿总统欣然签字使其成为法律。该法律包含了重责的条款。此前，克林顿看过威利·霍顿的广告，深知被视为对犯罪态度软弱会对民主党人带来怎样的伤害。1994年签署暴力犯罪法案时，克林顿声称："帮派和毒品占据了我们的街道并破坏了我们的学校"，该法案采取措施"使我们国家的法律朝着符合我们人民价值观的方向前进"。他对重责条款感到满意并说道："这会给我们提供一个手段，有了它，我们在惩罚罪犯时心里就更有底了"。1995年，一些州决定走得更远，纷纷通过了两次犯罪便加重判罚的条款，从而法降低了终身监禁的标准。2015年的时候，克林顿总统为支持该法而道歉。当时，他告诉全国有色人种协进会全国代表大会，"我签署了一项使问题变得更糟的法案，我想承认这一点。"但在1994年，他是一名政治家，他要给选民想要的东西：更多的惩罚和更少的犯罪。

这段历史向今天要为乔治·弗洛伊德复仇的人们发出了警告。那些当年曾经推行严苛的法律导致众多年轻人被监禁的激进分子，他们的愤怒是可以理解的。对他们来说，如果能保护住哪怕是一个像黛安·巴拉西特斯这样的女孩，多么严苛的政策都不算过分。今天有些抗议者似乎认为，如果能够避免未来再出现一个乔治·弗洛伊德，任何政策都不算过分。两种观点都可以理解。但不幸的是，两者都错了。我们必须找到一个保护我们的孩子既能免受私人暴力又能免遭警察渎职之苦的中间立场。

更长的刑期会减少犯罪吗？

加重判罚法案法通过之后，犯罪率恰好立即开始下降。从1993—2000年，全国谋杀案犯罪率逐年下跌，在克林顿总统任期的最后一年跌到每10万人中有只有5.5人被谋杀。纽约市的谋杀案数量从1990年的2245起下降到2000年的673起。在2016—2019年，纽约每年的谋杀案不到350起，即每10万人中有不到4起谋杀案。纽约不仅比以前更安全，而且现在比全国都安全，至少从凶杀案来看是这样。

美国城市在1993年之后安全性提高，难不成是加重判罚以及关押更多人的功劳？不幸的是答案尚不清楚。犯罪率下降还有其他原因，包括警察人数的增加（尤其是在纽约市）、警察策略的改变、与毒品有关的帮派冲突减少、堕胎合法化以及儿童接触铅的机会减少，等等。有人甚至提出电子游戏也减少了犯罪。

大规模监禁可以通过3个不同的渠道影响犯罪率。首先，监狱可以通过震慑作用来防止犯罪，因为较长的刑期可能会使犯罪分子对被捕的风险更加戒惧。其次，监狱可以使有犯罪倾向的人丧失行为能力。艾达·巴拉西特斯固然不会相信吉恩·凯恩和厄尔·史林纳会被监禁吓到，但她确实相信，把他们关起来会减少他们作恶的机会。最后，当罪犯被释放后发现很难找到一份合法工作时，由于在监狱接触了其他罪犯，他们重新犯罪的概率会更高。

克莱蒙特·麦肯纳学院的埃里克·赫兰德和乔治梅森大学的亚历克斯·塔巴洛克最近的一项研究特别关注了加重判罚的威慑效果。这项充满巧思的研究比较了两组罪犯，他们都被指控犯有两项严重罪行。其中一些罪犯因两项罪行被定罪，下一次再定罪时将被终身监禁，即所谓"出局"。另一组犯人因一项重罪和一项较轻罪行被定罪，再犯被定罪的时候不会被判处无期徒刑。作者们把两组罪犯做了比较，对他们担心会在狱中度过余生对他们产生多大震慑做了评估。

评估结果是加重判罚把已经犯罪两次的犯人的重新犯罪率降低大约1/5。然而，监禁一个人的公共成本相当高：每年要在每个罪犯身上花费约3.5万美元，这还不包括囚犯自己承受的繁重负担。两位研究者比较了成本和收益后发现，每避免一次犯罪都会导致监狱额外支出近15万美元。对其他因素估计的结果表明，每避免一起犯罪给社会带来的收益是3.4万美元。一个致力于监狱改革的"开放善举"基金会资助了一项对监狱量刑研究进行的大数据分析。分析的结果对"即使是那些较温和的评估也提出了质疑"。长期监禁充其量只能产生一般的震慑效果。

丧失行为能力与犯罪之间的联系更能说明问题。芝加哥大学经济学家史蒂文·莱维特的一项经典研究，着眼于美国公民自由联盟就监狱过度拥挤提起诉讼的时机。这些诉讼导致囚犯获释，附近犯罪率随之也会上升。跟进莱维特分析方法的人们估计，释放的囚犯人数每增加10%就会让暴力犯罪率增加4.5%，财产侵犯犯罪率增加2.5%。让暴力罪犯出狱似乎会增加暴力，这并不奇怪。同样的情况也发生在2020年，当时一批囚犯因新冠肺炎暴发而被释放。

但是，长期监禁后会使罪犯获释后增加犯罪率，这会不会抵消其遏阻犯罪的效果呢？这个问题不会让艾达·巴拉西特斯感到困扰，因为她在致力于把罪犯关上一辈子。可对大多数轻罪犯人来说，坐了牢以后还要继续生活。长期监禁可能会让他们更有可能成为惯犯。但这方面的有关证据并不完全清楚。多项研究发现，服刑时间越长再次被捕的概率也越高。但是，如果法院判处更具攻击性或犯罪倾向明显的人更长的刑期，那么这可能会造成一种错觉，即更长的刑期会使罪犯对社会造成更大的危害。无论如何，那些容易犯罪或具有攻击性的人将来更有可能违法。其他用更随机的刑期资料进行的研究得出了相反的结论。普林斯顿大学的经济学家伊利亚娜·库兹姆科曾经是我们的学生。她研究了刑期与累犯的关系。通过研究假释资格的随机变化与入狱时间长短的关系，以及入狱时间的变化与累犯的关系，她得出的结论是："入狱时间降低了累犯的风险"。

社会科学中最关键的一步是认识到我们知识的局限性。即使有这么多不同的研究，人们还是得不到清晰科学的答案：监狱刑期对出狱后的行为到底有什么影响。然而，严谨的统计工作和常识都支持这样一个事实，即监狱可以通过将潜在的罪犯关起来而减少犯罪。要是吉恩·凯恩当时在狱中，黛安·巴拉西特斯今天也许依然会活得好好的。

这一事实也并不意味着加重判罚政策就是好的政策。相反，它利弊兼有。更长的刑期给社会带来更多的安全，但也让囚犯和纳税人付出代价。显然我们需要一种平衡。将成千上万的年轻人关押一生既残忍又不人道。然而，对于凯恩和史林纳这样的人来说，放虎归山也会后患无穷。

在过去几十年里，钟摆朝着一个方向摆动，即延长刑期及让更多人入狱。令人震惊的是，2018年有超过200万美国人被监禁，另有440万人处于缓刑和假释状态。这些美国人中有近50万人因毒品犯罪而入狱，"非暴力毒品定罪仍然是联邦监狱系统的一个决定性特征"。没有任何其他民主国家的统计数字是这个样子的。除了其他害处，传染病特别容易在拥挤的监狱暴发。减轻对非暴力毒品犯罪的处罚可能会减少监狱人口，而对公共安全造成的风险也是有限的。

大规模监禁的问题不在于所有的监禁都是错误的。吉恩·凯恩和厄尔·史林纳都应该被关起来。问题是我们在大幅增加监禁的人时，几乎忽略了那些被终身监禁的人的长期福祉。我们的所作所为给人感觉内部人的安全高于一切，而局外人的权利则一文不值。当我们鼓励警察把碰巧走在街上的少数族裔青年拦下搜身的时候，我们便和这有失偏颇的做法同流合污了。

凯利：政策改革的化身

艾达·巴拉西特斯取得的加重判罚胜利需要政治活动能力，但无须对公共官僚机构进行持续的监督。更改规则相对简单。正如最近的历史所表明的那样，我们可以很容易地在关人和放人之间来回摇摆。以减少犯罪和监禁规模的方式来改善警务工作要困难得多。这需要更强大的公共办事机构，而这些机构还要有更明确的问责制度和更完善的管理机制。而建立这些制度和机制又谈何容易。

好消息是，警察部门在过去一再证明有能力重塑自己，即使我们不喜欢他们今天的处境。20世纪七八十年代的警察部门是围绕911电话出警组织起来的。到了1990年和2000年代，警察部门在减少犯罪方面由被动反应转向主动出击。警方的积极行动产生了局部效果：拥有超过百万居民的城市，凶杀案犯罪率从1991年的每10万人35起下降到2008年的每10万人12起。对于这些变化，虽不完全是警方的努力，但多少也作出了一些贡献。

想想雷蒙德·凯利的职业生涯吧。凯利于1992年成为纽约市警察局长。当时警务预算折合2020年的币值为31.8亿美元，当年纽约有1 995人被谋杀。凯利作为警长的第二个任期于2013年结束，当时该市在警务方面的支出是52.7亿美元，而谋杀案仅发生了333起。凯利在丁金斯市长手下服务了两年，又在布隆伯格市长麾下供职12年。截至其任期结束时，他成为"有史以来支持率最高的纽约市警察局长"。

凯利受欢迎的程度从行政部门的角度，与艾达·巴拉西特斯的加重判罚倡议相呼应。受到惊吓的公众为警方严厉执法欢呼雀跃，几乎不担心在人力成本所付出的代价。然而，与巴拉西特斯不同的是，凯利管理着一个雇用超过5万人的公共机构，负责保护超过800万人的人身安全。他受到称赞，不仅因为他打击了犯罪，还因为他是个"管理魔术师"，信奉着一个"控制所能控制的一切的管理信条"。

凯利于1963年毕业于曼哈顿学院，获得工商管理学位。他曾在越南战争中做过军官，并在海军陆战队后备役工作了几十年，期间获得上校军衔。他 1966 年回到纽约时，"在上西区巡逻了仅 7 个月就升职了"。在接下来的 25 年里，"他指挥了布鲁克林和皇后区的辖区，在哈佛大学获得了硕士学位，并在计算机出现前的年代掌管了该部门的管理分析和规划办公室，负责处理统计数据"。后来，他"越级被提拔到该部门的二把手，成为第一副局长"。到 1992 年凯利成为警察局长时，他已经拥有了从布朗克斯区和东南亚摸爬滚打中获得的终生领导经验。

强大的副手可以成为有效的领导者。凯西·瑞恩在凯利的反家暴部门担任副主任。在瑞恩的领导下，"警察探访有家庭暴力前科的家庭"的次数从 2001 年的 3.04 万次上升到 2007 年的 7.6 万次。纽约市在 2001—2007 年被谋杀的女性人数下降了 38%。《纽约》杂志报道说："家庭暴力谋杀案的大幅下降发生在那些警方已经掌握了家暴问题的家庭"。

警察家访是侵入性的。他们的目标之一是"让施虐者有一种被监视的感觉"。这些探访还可以"让家中的弱者有一种拥有盟友的感觉"，甚至"抓住一个被法院勒令禁止进入家庭的罪犯"。瑞恩标榜"严厉和未来主义"，首先试用电子脚镣，意在一旦有家暴者"走进受到保护令保护的家庭、学校或工作单位时，配备无线电通信系统的警车就会马上被通知赶到现场，并向身处险境的个人发出信号"。瑞恩和凯利利用警察的力量保护女性免受男性暴力。他们创新地利用公共力量保护弱势群体而不是接受现状。

凯利还领导了一场创新的反恐斗争。2010 年 5 月 1 日，一枚汽车炸弹在拥挤的时代广场爆炸，但两名街头小贩"注意到一辆日产探路者小轿车尾部在冒烟，于是拦下一名骑警，这辆探路者一直随意地停靠在路边没有熄火"。简·雅各布斯强调，人群就是"街上的眼睛"，他们看到犯罪行为就会呼叫。

凯利的高科技拆弹小组带着"看起来像月球车的机器人"出现了，拆除了炸弹。该案在53小时内破获，把嫌疑人从欲飞往迪拜的飞机上带走。凯利以这次失败的恐怖袭击为由，"花费4 000万美元在市中心安装了更多监控摄像头"。

凯利的反恐努力涉及组织和技术变革。"纽约市的章程禁止在纽约警察局领薪水的警员在其他执法管辖区工作"，因此，凯利便利用非营利的纽约市警察基金会的私人资金来资助"国际联络计划"。根据这个计划，纽约警察局就可以把侦探派往特拉维夫、安曼、伦敦和其他城市。这些全球关系户为纽约警察局提供了有关来自地球其他地方的恐怖袭击情报。

拦截和搜身的兴衰

凯利最具争议的行动是拦截和搜身计划。该策略与一个名为"冲击行动"有关，该行动旨在"通过向高犯罪率热点，即'冲击区'部署更多警力来减少整个城市的犯罪率"。在这些地区，警察会拦截他们认为可能是罪犯的人并对他们进行盘查和搜身，看他们是否携带武器或违禁品。警方声称，"冲击行动"与他们"前所未有的成就"是"密不可分"的。在实践中，拦截搜查意味着对手无寸铁的非裔和拉丁裔美国人进行数百万次的搜身。

科学文献普遍认为，将警察资源集中在犯罪率高的地区可以减少犯罪。最近的一项大数据分析得出这样一个结论，即"在热点地区执法是一项预防犯罪的有效策略"。宾夕法尼亚大学的约翰·麦克唐纳、哥伦比亚的杰弗里·费根和纽约大学的阿曼达·盖勒进行了一项研究，他们发现"这些被冲击的地区与报告的总体犯罪率的减少息息相关，这些犯罪包括袭击、入室盗窃、吸贩毒、轻罪、财产侵害重罪、抢劫和其他暴力犯罪等"。与此同时，"报告的拘捕人数也随之上升，被拘捕的人犯有入室盗窃、违法携带武器、轻罪和财产侵害等罪行"。

然而，这些文献在研究热点地区执法策略的同时，对拦截和搜身的效果却语焉不详。这项研究对热点执法的结果予以肯定的同时还得出这样的结论："大部分拦截（和搜身）的行动，在减少犯罪方面没有发挥重要作用"。纽约大学富兰克林·齐姆林的另一项研究不无调侃地指出，警方认为"2009年超过50万次拦截和20万次轻罪逮捕"有助于"提高预防干预的有效性，但给纽约市带来哪些附加值却提不出确凿的证据"。

拦截和搜身带有十分明显的种族色彩。2013年代表纽约市的少数族裔平民提起联邦集体诉讼。雷蒙德·凯利和迈克尔·布隆伯格均被列为被告。此案由希拉·沙伊德林法官审理。法官指出，"在2004年1月—2012年6月"，纽约警方进行了440万次拦截，"这440万次拦截的对象超过80%是黑人或西班牙裔美国人"。

美国有一档1978年开播的喜剧小品综艺节目，叫《周六夜现场》，其中有个恰如其分的讽刺模仿情节。丹·艾克罗伊德饰演一个经验丰富的行李检查员，他告诉他的实习生"检查时，永远不要放过黑人！"他们在一个由加勒特·莫里斯扮演的非裔美国人衬衫上发现了一粒明显无害的种子，结果非得把它说成大麻，开始对他"实施搜身"。与此同时，他们却放过了一个叫约翰·贝鲁西的白人，而他明显携带了大量的可卡因。

这段简单的描写使人想到一种常见的社会科学测试的逻辑，即少数族群在被拦截和搜身的对象里不成比例。如果警察出于犯罪率的考虑而过多地针对少数族裔的话，那么被拦截的少数族裔都不大可能做错什么，就像加勒特·莫里斯扮演的那个无辜的非裔美国人旅行者那样。与此相反，如果拦截和搜身的目标不分种族，拦截后的逮捕率在不同种族群体中应该大体相当。对此有人进行了研究。很不幸，结果是相互矛盾的。加拿大应用经济研究所的德西奥·科维埃洛和西北大学的尼古拉·珀西科在他们的研究中未发现任何偏见的证据，他们说在被拦下的行人中白人"比非裔美国人被捕的可能性略小"。然而，哈佛大学博士生约翰·底比斯的研究发现，被拦下的非裔美国人更有可能是无辜的。当然，随后的逮捕本身并不能证明该政策没有偏见。拦截后作出逮捕的决定或许也是出于种族的原因。

沙伊德林法官对"拦截和搜身在威慑或打击犯罪方面有无效果"不置可否，但在裁决中谴责了凯利和布隆伯格，认为："纽约市故意对警方违宪拦截和违宪搜身的做法置若罔闻"。她认为"任何人都不应生活在出门从事日常活动时被拦截的恐惧中"，并裁定"警察不得根据种族进行有针对性的拦截行动"。

拦截和搜身的规模惊人。沙伊德林法官指出："在230万被搜身的人中，有98.5%没有发现携带武器"，而且"在2004—2009年，警官未能说明具体罪行的拦截百分比从1%上升到36%"，另外"440万起拦截事件中，88%没有采取进一步的执法行动"。她还指出："每一次拦截都让当事人经受一次贬低和羞辱"。由于超过4/5的拦截事件涉及非裔和西班牙裔美国人，少数族裔遭受的屈辱超过80%。尽管限制警察过度执法的传统可以追溯到罗伯特·皮尔首相,但英国在警察拦截中也存巨大的种族差异。

白思豪取代布隆伯格当了市长后,所有反对沙伊德林法官裁决的官方反对意见都销声匿迹了。雷蒙德·凯利的时代也告一段落,拦截和搜身成了他传奇事业的污点。但他毕竟是纽约警察局的一位强有力的领导人。此外,他给了纽约想要的东西。假如当年选民明确表示他们无法容忍激进的执法,凯利也会改变策略的,就像他的继任者在2013年之后所做的那样。展望未来,选民需要赋予他们的警察局长明确无误的双重职权:既要打击犯罪又要尊重每个公民的尊严。但是,要对一个冥顽不化的警察部门实施可以减少暴力执法的改革,选民还需要像凯利那样有效控制官僚机构的领导人。

警方的自己人

明尼阿波利斯警察联合会宣称,他们的"工作是为了改善我们的成员——在明尼阿波利斯工作的警察——的工作条件,并确保他们的权利得到保护"。乔治·弗洛伊德被谋杀后,明尼阿波利斯警察工会主席鲍勃·克罗尔中尉明确表示,工会的劳工律师将为保住涉案的四名警察的工作而战,因为"他们未经正当程序就被解雇了"。此外,他还指责媒体掩盖了"乔治·弗洛伊德的暴力犯罪历史",并暗示抗议者是一场"恐怖主义运动"。其实,克罗尔本人已因22起投诉成为内务部门调查的对象。

《华尔街日报》报道称,"1995—2019年,明尼阿波利斯警察工会与市政府之间的合同从40页增加到128页",而且"现在包括了更多的保护措施,例如在调查警察不当行为和其他事项时,在面谈之前要给他两天的等待期、涉及重大事件的警员被迫休假时薪金必须照发无误、投诉未导致纪律处分的警员,要及时删除他们不当行为的记录等"。路透社的一项研究发现,大多数警察工会的"合同要求警局删除处分记录,有些甚至要求处分6个月后就删除,这使得解雇有滥用警力记录的警察更加困难"。

2014年10月20日,芝加哥警官杰森·范·戴克向拉泉·麦当劳连开16枪将其击毙。美国有线电视新闻网报道称,"在范·戴克警官14年职业生涯中,市民至少投诉了他20次"。芝加哥警察问责特别工作组随后的报告发现,"警察工会与市政府之间的集体谈判协议基本上将沉默守则变成了官方政策",即使对不当行为的投诉被立案后,集体谈判协议也为当事者提供了申诉的程序,可以最大限度地减轻惩罚程度,或是彻底推翻一个案子。

芝加哥大学的达米卡·达玛帕拉、理查德·麦克亚当斯和约翰·拉帕波特进行的一项研究通过考察2003年的一项司法判决对工会合同的影响进行了调查,在该判决中"县警长的警员们赢得了组织集体谈判的权利"。这些警员可与"有权在该日期前后进行集体谈判"的市警察局相提并论。该研究的作者们在他们的评估中暗示:相对警察局的警员而言,集体谈判权导致县警长办公室的警员们的暴力执法急剧上升。

警察工会在保护其成员方面不遗余力。但为什么各县市都会签订合同允许6个月后就销毁因违纪受处分的警察的记录呢?长话短说吧,要么发给公务员莫名其妙的福利,比如不清不楚的养老金承诺和免受未来纪律处分的保护等;要么给他们大涨工资。然而,地方政府希望向选民表明他们是谨慎地看管选民税金的。

所以，他们的合同旨在为做了坏事的警察提供一些保护以免给他们加薪。如果选民愿意为增强警察问责制而掏更多的钱，那么许多优秀的警察都会欣然接受。

波士顿采用随身摄像头表明工会愿意接受有益于所有人的合理改革。波士顿警察巡逻队协会起初曾经提起过诉讼，要求停止"一项要求警察佩戴随身摄像头的计划"。但警察局长威廉·埃文斯和工会都愿意虚心地学习新鲜事物。他们在一项试点项目上作出妥协，只在警官中随机配备了一百个摄像头。当警官们发现"摄像可以澄清对他们的投诉"时，工会看到了摄像头透明度的好处。此外，一项随机对照试验发现，随身摄像头提高了"警察与公民接触时的礼貌行为，幅度虽然不大，却很有意义"。警察工会于是接受了摄像头。

我们应该取消对警察的资助吗？

取消对警察的资助似乎是对德里克·肖万无法无天的行为的自然反应。但资金不足的警察部门不会改善少数族裔社区的安全。如果警力减少会导致更多犯罪的话，那么倒霉的还是穷人：压力更大的警察队伍会更加暴力。

2018年一年之间，警察就杀了259名非裔美国人和490名白人。同年，有7 407名非裔美国人和6 088名白人死于与警察执法无关的他杀。因此，死于其他原因的他杀比死于暴力执法的要多得多，也更加频繁。而且受害者也多是非裔美国人。鉴于犯罪对弱势和少数族裔群体造成更可怕的伤害，削弱警力，使其无法更有效地完成其执法使命似乎是不明智的。

城市之困

我们的同事罗兰·佛莱尔和以前的学生塔纳亚·德维的研究表明，当对执法偏见进行调查而导致警方避开少数族裔社区的时候，少数族裔自己也会受到负面影响。司法部民权司有权调查那些违反联邦法律的案子，其中包括"执法人员的行为模式和做法"。佛莱尔和德维发现，"在对网上疯传的一个致命暴力执法事件进行调查以后，巴尔的摩、芝加哥、辛辛那提、里弗赛德和弗格森等城市的凶杀案和总犯罪率都显著增加"。他们解释说，"一些调查的结果显示犯罪率增加，主要原因是警察的行动显著减少"。他们在对芝加哥的调查中发现，"警民互动"减少了89%，并报告说警察活动的减少"在我们能够收集数据的所有城市中都很明显"。为了检验犯罪激增是否反映了对警察的愤怒，他们还调查了"发生过在网上盛传但尚未调查过的枪击事件的那些城市"。从调查结果中他们发现，尽管愤怒情绪普遍存在，但"凶杀案或总犯罪率并没有显著的变化"。他们粗略的计算表明，当这些城市恢复到调查前的水平时将会发生1 200多起凶杀案。

警察只有通过侦破谋杀案才能防止谋杀案的发生。芝加哥的谋杀案，从20世纪90年代初每10万人30起下降到2005—2014年每10万人的15起。而后再次飙升，先是在2015年上升至每10万人有17起，转年每10万人有27起。从历史上看，在美国超过60%的谋杀最终会成为刑事指控的案子。但2016年，芝加哥的谋杀破案率降至30%以下。2017年以来，芝加哥雇用了更多的侦探，从而让破案率上升到50%左右，谋杀率随之便有所下降。

警察改革需要的不是削减开支或取消执法。关键是要认识到我们关心的不仅是减少犯罪。正如耶鲁大学法学院的特蕾西·米尔斯所写的,"不用担心政府过度干预和压迫也是公共安全的一个关键要素"。任何右翼和自由主义的人听了都会热烈拥护这句话。米尔斯在乔治·弗洛伊德遇害后与人合写了一篇文章,呼吁"建立一种国家和社区共同营造公共安全环境的关系,重点是将权力从警察转移到社区主导的组织"。这种共同营造的公共安全十分符合社区警务让普通民众与警方合作的目标。

当人们害怕报复时,合作起来会特别困难。20世纪80年代后期的谋杀案激增与血帮、瘸子帮和眼镜蛇帮等帮派有关,这些帮派为了霹雳可卡因的交易相互厮杀。影响力大的帮派通过恩威并施在社区巩固势力。因此,警察在调查帮派犯罪过程中,人们会对帮派的作为噤若寒蝉。

社区警务旨在通过在警察和社区之间建立起信任来打破这种缄默。通常,为了做到这一点,警方会和市区组织加强合作。例如,1992在波士顿发生了一场针对教堂的帮派战争,宗教领袖聚集在一起成立了十点联盟,帮助警方摆脱狭隘和种族主义的恶名,并协助他们培训与普通百姓打成一片的技能。

这些技能是通过与感兴趣的公民在日常互动中培养起来的,就像2011年在加利福尼亚州霍桑市开展的"和警察喝杯咖啡"计划一样。现在有一个"和警察喝杯咖啡"的非营利组织,在与市民进行互动方面,给警察提供培训(大概警察已经知道如何购买咖啡了)。当地的星巴克和唐恩都乐连锁店在免费提供咖啡的同时,也欣然享受某种程度的免费广告和宣传。该组织的网页声称"和警察喝杯咖啡活动在50个州全部开展起来了",因此成为"全国最成功的基于社区的警务计划之一"。

有人把"取消对警察的资助"解释为将资金从警方转移到

可以减少暴力的其他政府机构去。布鲁金斯学会的拉肖恩·雷指出，十之八九的报警电话都与非暴力事件有关，而"警察接到电话就要出警，哪怕是路上有个坑或树上卡只猫那样的琐事都要去看看"。雷说，"警察大都接受过如何使用武力以及对付最坏警情的训练以减少潜在的危险"。但"他们与平民的接触大都是从交谈开始的"。也许更多这样的互动应该发生在不携带枪支的非警察公务员身上。上文提到的特雷西·米尔斯也支持资助非政府实体，包括那些可以共同让街区更加安全的组织，如纽约的来福康、芝加哥的阿普斯维尔以及加利福尼亚州的"让里士满更安全"等。

一些城市正在行动起来。例如，巴尔的摩计划将警察的"资金转向娱乐中心和创伤康复中心，并为黑人拥有的企业提供可免除的贷款"。针对早期儿童的计划有个好处，就是可以降低这些儿童成年后的犯罪率。可免除的贷款是否能够减少犯罪或产生可以弥补其成本的收益，目前还不得而知。

政府应该资助贫困程度较高的社区，为它们提供更多的社区设施。这样做如果可以减少犯罪的话，那么回报就会翻倍。但是，在非执法活动上花更多钱的决定应该与在警务身上花多少的决定脱钩。这两方面的城市预算规模不是固定的，而警察部门也不是可以随意掏空为其他目的提供额外资金的存钱罐。

安全与自由

我们不应将改革警察执法视为预算问题，而应从组织方面去思考。社会有两个目标：尽可能降低犯罪率，并确保所有公民都受到有尊严和公平的对待。我们不能物极必反，要两者兼顾。要做到这一点需要更多的经费，而不是更少。这需要我们对尊严和公平展开评估。

犯罪率由于其数字昭然若揭，从某种意义上讲，对选民和警察的行为影响极大。过去30年的改革给人们打下深刻的烙印，觉得犯罪统计数据与警方领导的政绩之间有着密不可分的联系。如果既要求犯罪率低又要求警察行为端正，那么对警察行为的评估也必须更加系统化。这一观察反映了官僚主义和政治的一个基本原则，即人们会关注我们评估的事情，漠视不评估的事情。如果我们要把治安和平等地保护公民平衡起来，我们就要对两者进行综合的评估。

我们应从几个维度去评估警方与百姓的互动。独立的警察执法满意度社区调查可以评估警方在社区工作的质量。这样的调查应该有一定的广度，才能了解每个辖区，进而可以用来对每个警长及整个警察部门的表现进行全面评估。这样的调查以及其他有关社区满意度的评估，都可用来问责警察的领导，让他们为警方的整体表现担责。

调查问卷应该问些什么问题呢？有人正在试着提出一些。譬如，社区可以询问公民因轻微违法被拦截的频率，也可以询问对警察的总体满意度，或对警察的信任度有多少，还可以聚焦公民在与警官接触中多少次是不愉快的或多少次是愉快的等。

每个城市都可以决定自己的优先事项，但调查问卷无须每次都要重新设计。一种模式是，调查先在纽约和洛杉矶等少数大城市试点，然后再在其他城市根据自己的情况加以修改后铺开。联邦政府也可以支持开发和管理一项调查活动，然后对其加以修改来满足各个地方的需求。调查不得由警察部门或与其相关单位进行，以免社区的居民对调查的独立性和完整性失去信心。

任何调查都不是完美的，但它会让减少犯罪和维护公民的尊严更加名正言顺。一旦掌握了更准确的社区满意度的调查结果，市长和警长就必须决定如何把上述的双重任务完成得更好。顶层设计是必要的。警长必须从这两个方面设定衡量尺度，并立下军令状，不达标即离职。

既然在涉及社区福祉的事务上要有双重保险，那么，社区的监督组织也应该进行补充调查。这些组织既要支持警察执法，也要举报他们滥用警力的行为。市长应该有足够的处置权，一旦掌握了这些组织提供的有力证据证明警察有不可接受的行为，他就应该处罚他的警长。

除了对警方的表现进行评估并建立社区监督机构之外，让警长设计他们自己的运作和监督系统也是合情合理的。如果警长觉得一个想法可行，那么无论实现难度怎样，他都会去努力实现。如果有个想法他不喜欢，就算外部压力再大，他也会用懈怠的办法让这个想法流于形式。以往的纪律处分常常对纠正警察的行为无济于事，原因是这些处分没有得到上边的支持。这种支持必须从高层开始。

优秀的警长可以通过机构控制的标准工具来塑造他们的部门，如监督、激励、培训、雇用和留住他的警员。随身摄像头可以确保每次执法都可以被监视，尤其是涉及像德里克·肖万这样被投诉过的警察。对未能提高社区满意度的警队队长可以给予降职处分。对警士们可以加强培训。选择警员的时候可以参考他们与社区相处的能力大小作为依据。一个好的警司有了目标就能找出有效的工作方法。有了准确评估标准可以激励警司把其单位的警务工作搞得更加人性化一些。

令人担心是，警察现在的行为已经根深蒂固，警长就是想把工作搞好也无法改变他们的所作所为。说到这儿我们还要强调，天下没有免费的午餐。要想让警察做得好，就要让他们挣得多。工会要同意惩罚或解雇更多违法乱纪的同僚，就一定会为他们争取更高的薪酬。

城市机会的鸿沟

警察局的基因来自组织严密的古罗马军团，而公立学校前身的影子则可以在雅典集市上嘈杂的苏格拉底式对话中找到。自上而下的改革在这两者中一个可以顺其自然，另一个可就困难多了。没有哪个学区主管像雷蒙德·凯利那样可以对纽约市警察局颐指气使。教育改革难的原因是人对我们学校的需求各异。另一个原因是衡量学校的运转情况要比衡量警察部门执法的好坏困难多了。

自20世纪60年代以来，学生家长借助高速公路系统搬迁到郊区，以便让孩子们接受他们自以为更好的公立学校的教育。这个过程就像滚雪球一样，中产阶层的家长离开后，留下的家长也不断想着离开。交税金额上涨，大家印象里还不错的学校质量却下降了。种族问题让这种螺旋式下降更是一发不可收拾。最高法院作出两项裁决之后，许多白人家长离开城区的意向基本已定。

1971斯旺诉夏洛特-梅克伦堡教育委员会案裁定，学区需要取消种族隔离的学校，即使这意味着要让孩子们乘校车长途跋

城市之困

涉。3年之后,在米利肯诉布拉德利案中,最高法院裁定虽然在学区内乘坐校车是绝对必要的,但绝不能强迫学童跨学区乘坐校车。留在城里的家长不得不接受把孩子送到种族混合的学校这样一个现实。而搬到郊区的家长却可以保证他们的孩子在他们家附近几乎完全是白人的环境中接受教育。这种乘坐校车的博弈在我们家乡波士顿更加恶劣。

长期以来,城市中学的标准化考试成绩一直欠佳,到底是学校有问题,还是城里的孩子一开始就处于劣势的环境呢?我们在本书前一章提到过的拉吉·切蒂、约翰·佛利德曼、纳撒尼尔·亨德伦和他们的合著者制作了一部反映社会机会的图集,为我们回答了这个问题。该图集是衡量每个美国社区里向上流动性的一次巨大尝试。

他们对出生于1978—1983年的人们进行了终生跟踪。该图集侧重于那些出生时家长收入处于第25个百分点的孩子成年后的收入。他们比1/4的家庭富裕,比3/4的家庭贫穷。这些数据勾勒出美国城市机会的可怕图景:如果按收入对今天所有3.3亿美国人进行分级的话,那么1980年出生在美国人口密度高的大都市地区低收入家庭的孩子们,今天会落在1 300万出生在人口密度较低地区的美国人后面。在美国,城市密度似乎有利于生产力而不利于向上流动。

哈佛大学一名叫布兰顿·谭的研究生与我们中的格莱泽,利用这个图集确立了很多有关城市流动性的事实。在一个典型的大都市内,在最密集市区长大的美国人最终会落后于1 500万个在该市最不稠密地区长大的孩子。一个在市中心出生的孩子最终会落在2 000万个在10英里外长大的孩子的后面。

第九章 城市化带来的冲突

虽然机会的增长和离开市中心的距离成正比，但增长最显著的却在市中心学区的边缘。搬到城外最近的郊区可以让孩子成年后在收入方面至少领先 600 万个美国人。搬出市中心学区的孩子成年后犯罪被监禁的比例也有所下降，大约从 2.75% 降至 2.1%。

这个机会图集表明，即使在同一个学区内，社区对向上流动也是至关重要的。平均而言，在洛杉矶中部贫民窟社区长大的贫穷西班牙裔父母的孩子成年后的平均收入为 2.4 万美元。在小东京地区附近以北的几个街区，孩子长大后的年收入可以达到 3 万美元。在史齐洛贫民窟靠南一点儿的奥林匹克大道上的孩子，长大进入劳动市场后每年居然可以平均挣到 3.6 万美元。

社区对非裔美国人尤其是非裔美国男孩尤为重要。种族隔离就像对城市治安的影响一样，加剧了城市学区的弊端。加州大学伯克利分校的埃洛拉·德雷农考特曾经是我们的学生，她进行了一项研究，说明第二次世界大战后，北方城市为非裔美国人提供的所谓光明前景变成了许多人的噩梦。北方城市的种族隔离制造出贫穷和与世隔绝的社区，导致犯罪在那里泛滥。美国城市的去工业化尤其伤害了那些受过正规教育比较少的人。

在大迁移时代从南方来到北方城市的非裔美国人大大增加了他们的收入，因为城市居民和非城市居民之间的收入存在很大差异。麻省理工学院的戴维·奥托发现，在 1970 年，一个拥有高中或以下学历的城市居民比有同等教育程度的非城市居民生活要好得多，从底特律到达拉斯，几乎所有地方都是如此。到 2020 年，城市工资溢价在受教育程度较低的城市消失了。由于受教育程度较低的工人通常居住在那里，他们的收入并不比美国农村居民多。受教育程度更高的"超级明星"城市，如纽约、波士顿和

城市之困

西雅图，将自己重塑为信息时代的首都。至少在新冠疫情之前是这样。那里每个人的工资都比别的地方高，即使是低收入工人也是如此。富人和穷人的工资都随着他们周围人的受教育程度而提高。这一事实在发展中国家尤其如此。

然而，受教育程度高和受教育程度低的城市也各有利弊：前者的住房供应有限。低收入人群在那些受过良好教育人口多的城市赚得更多，但住房和所有需要空间（如超市）的商品成本要高得多，以至于让他们感觉不到有多富有。

正如柏拉图在《理想国》中指出的那样，城市长期以来一直充斥着不平等现象，因为它们对富人和穷人具有同样的吸引力。假如城市里贫困的儿童长大后能在收入上更上一层楼，城市的不平等也算有给人一些可以期待的希望。可惜，正如我们讨论过的那样，事实并非如此。城市要想成功地从新冠疫情及其造成的后果恢复过来，就必须为贫困家庭的孩子提供更多的机会。

解决城市流动性低的问题有一种政策性措施，就是鼓励低收入家庭搬到有希望令人成功的社区。大约在30年前进行的"奔向机会：公平住房"的实验，随机向较贫穷的家长分发住房券。最初的结果并不乐观，因为青少年似乎从搬到更好的社区中获益甚微。然而，当年幼孩子的父母收到代金券时，这些孩子长大后会更加成功。切蒂和他的合作者在西雅图启动了一项计划，旨在向有幼儿的父母提供住房券，然后帮助这些父母搬到机会较多的社区。

第九章 城市化带来的冲突

冲向顶端和自上而下的教育改革

向有年幼子女的父母提供住房援助为他们获得机会提供了一种支持方式，但教育仍然是我们促进经济成功的主要公共工具。在瑞典或德国出生的较贫困儿童，向上流动性水平远高于美国的同龄人，部分原因是这些国家对弱势儿童的教育比美国做得好。

学校教育是美国城市最大的失败，也许是美国社会最大的失败。学校保护内部人员，包括表现不佳的终身教师，因而让外部人员，如穷人的孩子无法成功。与整治执法队伍一样，学校改革也牵涉立法问题，譬如那个《不让一个孩子落后法》；同时也牵涉到机构的建设，这项工作就落在校长和学区领导的肩上。立法比较简单，大笔一挥便可能产生全国性的影响。然而，改善学校教育离不开体制改革，改革的成功又离不开基层的艰苦努力。

教育改革就像刑事执法改革一样，先从立法入手。2008年民主党的纲领希望"促进我们公立学校的创新，因为研究表明，单靠资源无法创建我们帮助孩子成功所需的学校"。该纲领还强调，"要根据21世纪的需求来调整课程和校历"。然而像土地使用监管一样，学校教育在美国是高度地方化的事务。要改革学校或分区，联邦政府必须首先让各个州政府参与进来，再让州政府迫使顽固不化的地方政府作出改变。

奥巴马政府为"冲向顶端"计划提供了43.5亿美元资金，形成各州政府的竞争机制，"迫使需要该资金的州政府实施四项相互关联的核心改革"。政府把这项计划宣传为"联邦政府提供的一次千载难逢的机会，为美国学校进行具有深远意义的改革创造激励措施"。各州当然都急于获得这样的认可和现金,经济大衰退造成各州税收锐减,这让他们更加欢迎这项举措。

教育部长阿恩·邓肯优先考虑的四项"相互关联的改革"是:"扭转学术标准和评估水平普遍低迷的趋势""监测学生学习增长并确定有效的教学实践""确认对教学有贡献的教师和校长",以及"改变教学质量最差学校的状况"等。该计划希望联邦拨款可以彻底改变美国各地根深蒂固的机构:"各州和各学区必须为影响深远的改革做好准备,替换学校教职工并改变学校文化"。

该奖项基于500分制。其中,"能够清楚阐明州教育改革的议程和地方教育机构参与程度"得65分,"根据绩效提高教师和校长的工作"得58分,"制定和采用通行的标准"得40分。

短期效果振奋人心:"共有46个州和哥伦比亚特区制订了全面教育改革的计划,以便申请'冲向顶端'计划第一轮和第二轮的联邦资金"。第一轮有两个州胜出,第二轮有10个。其中纽约州获得7亿美元,华盛顿特区获得7 500万美元。美国教育部声称,这一竞争机制取得的成果是"35个州和哥伦比亚特区在阅读和数学方面采用了严格的通用、高校和就业准备的标准,34个州为提高教学质量修改了法律或政策"。在当时,这几乎是奇迹般的成就:政府仅掏出一点儿资金并设计出一套魔法般的竞赛机制,就让教学改革者感到他们的梦想正在变成现实。

然而,尽管各州政府被调动起来,但各个地方政府却进行了顽强抵抗。一个在纸面上看起来不错的改革思路可能会在实际操作中一败涂地。究其原因,可能是教师和校长串通一气在衡量教学绩效的考核上打马虎眼,也可能是因为共同标准与地方的实际情况水土不服。

通过参加"多州联盟",一些州在执行这项计划的"共同标准"方面获得了满分。参与这个联盟的州正在"努力共同制定和采用一套(如本通知中所定义的)从幼儿园到高中教育的共同标准,而有证据表明,这些标准具有可以对标的国际基准,可以让从幼儿园到高中的教育为大学的学业和未来的就业做好准备"。2009年唯一符合此定义的多州联盟是共同核心州立计划,该计划包括47个州和哥伦比亚特区,原则上"由各州主导"并由美国全国州长协会最佳实践中心和州首席中小学教育官员理事会召集。

州首席中小学教育官员理事会和全国州长协会最佳实践中心多年来一直得到那些致力于教育改革的组织的支持,尤其是盖茨基金会。盖茨基金会于2005年向美国全国州长协会的中心拨款1 960万美元,"向各州提供赠款和援助用以制订和实施高中重新设计的综合计划,并提高能够升入大学的高中生毕业率"。盖茨基金会又于2009年向美国州首席中小学教育官员理事会拨款997万美元,"通过强调教学标准和评估、建立数据系统、开发教育者的能力以及确定新的教学支持系统等,来提高各个学校校长的领导能力"。该书作者之一格莱泽是盖茨基金会美国项目顾问小组的成员,因此,我们对这一过程的内部操作多少有些了解。

从2009年5月开始制定"共同核心和具备大学入学水平的标准",到2010年6月美国全国州长协会和州首席中小学教育官员理事会发布"最终的共同核心州标准",制定这些标准仅用了13个月的时间。整个过程具有极大的包容性,从一个"反馈委员会、一个验证委员会和一个由州首席中小学教育官员理事会和全国州长协会引入的诸多教育机构"那里收到"大量的反馈,与此同时还收到来自个人和不同组织大约一万条公众意见"。一篇 2012 年关于数学共同核心国家标准的论文发现，"数学共同核心国家标准与教学成就最高国家标准之间有着相当高的相似度"，这或许是美国想要的，因为只有这样才能赶上像韩国和荷兰等教学效果更好的国家。

任何在美国实施教育标准的尝试都将面临三个问题。首先，表现出色的学区会抱怨他们现有的标准比任何新的共同核心标准都更加严格，他们不想"降低标准"。其次，在有很强数学基础的学科之外，标准将不可避免地涉及文化方面，这些方面将遇到难缠的美国社会异质性问题。最后，任何标准都需要在地方很好地实施，这就意味着艰苦的管理和行政工作。因此，规则的改变不一定想当然地带来组织系统上的改变。

2010 年之前，在采用高标准的马萨诸塞州，先驱研究所的詹姆斯·斯特吉奥斯带头反对那些"冲向顶端"计划的倡导者，其中就包括格莱泽。詹姆斯·斯特吉奥斯认为："对于马萨诸塞州和许多其他标准已经很高的州来说"，共同核心将意味着把"他们的教学和学习标准急剧地'降下来'"。斯特吉奥斯的研究所委托专人写了一个白皮书，题为"降低门槛的共同核心数学，是如何无法让高中生为学习理工科做好准备的"。白皮书强调，即使是共同核心的一位作者也承认，该核心提及的为上大学做好准备的概念，要求低得不能再低，而且只注重那些招生时来者不拒的大学。这些字眼在波士顿教育密集型郊区居住的家长中引起了恐慌，因为他们无不望子成龙。由于共同核心标准在测试之前就在全国范围内推出，斯特吉奥斯可以不无道理地声称："联邦政府正在推动充其量是未经测试的东西，而且在许多情况下已被证明是错误的,并且对提高学生成绩有百害而无一利"。

像马萨诸塞州那样的一些州,可以合理地担心共同原则会降低他们的标准。但对于美国大部分州来说事实并非如此。然而,美国各地都反对共同核心标准,认为联邦政府过度扩权。当这一标准不再囿于理工科的时候,人们便指责它旨在把东西海岸的精英文化价值强加给美国其他地区。

反对共同核心标准的保守派称其为"进步教育工作者"的工具,说他们"以通过课程来推动改变社会的态度、价值观和信仰而著称,这常常导致孩子们反对他们持有传统观点的父母"。在福克斯新闻频道工作过并善于政治鼓动的格林·贝克出版了一本书,题为《照章行事:揭露共同核心和公共教育的真相》。他在书中辩称,共同核心标准对"信息文本的"注重的是"让我们的孩子变得愚蠢,并进一步将父母从他们的教育过程中剥离的一种系统性方法,这样他们更容易对孩子们灌输他们的理念来达到控制他们的目的"。

但"冲上顶端"计划出现的最大问题是从立法到行政执行的转化上。纽约州在2010年6月1日撰写"冲到顶端"计划的申请书,这个长达449页的申请书承诺:"所有学校将在2011—2012学年实施新的共同核心标准",并将"从该学年开始将利用学生学习进步的数据,对教师和校长进行评估"。这一长期的承诺让纽约州获得了7亿美元的资助,这是"冲上顶端"计划拨出的最大一笔单项资金。

事实证明,要改变一个有着成千上万的师资队伍,并教育着千百万学生的学校系统,比起草拟一个法律或提案来要困难多了。纽约州州长安德鲁·科莫在其2015年的工作报告中写道:

城市之困

"从2009年开始,纽约州的教育工作者在踊跃执行共同核心标准的过程中还未来得及参与开发一些方法并将其融入课程教授给学生之前,就被排山倒海似的信息和新资料弄得晕头转向了"。更要命的是,"由于这些失误,现在成千上万的家长、教育工作者和其他与教育利益相关的人们,竟然将'共同核心标准'这个词与其实施失败的努力相提并论,他们还说造成失败的原因是行动仓促,给教学造成了不应有的干扰"。该州尽管在2011年初就采用了共同核心标准,但州教育部门却在2012—2013学年开始之后才"把大部分符合该标准的课程辅导资料发布到网上。其结果是,教师们无法及时调整或选择课程、更新教案以及常规的成绩评估方法、重新安排课堂学习等以便让教学活动符合共同核心的标准"。

有人分析了纽约州实施"冲上顶端"标准计划的失败原因。其中一项分析发现5个明显的管理失误。首先是"地方预算紧张。这是因为,'冲上顶端'计划只拨给相对少量的联邦经费,让地方拿出配套资金来实施各自所需的改革政策"。其次,标准实施过于仓促,导致新的"课程没有经过试点、验证或实地测试"。而且,到了"年初,仍然缺少教案的模块"。而要实行的教学模块,特别是数学课程的,还存在着错误。第三个失误是测试制度让"许多学区感到即使不是完全依赖,也得严重依赖那些微观管理教学的模块",这些模块"针对每个年级和每个科目,提供逐日逐时的教案,而这些教案都是十分模块化的"。第四个失误是仓促实施导致"数据失实"。譬如,一份州政府的报告称,"南奥兰治敦学区2012年高中毕业生中只有62%还在大学上学。而学区计算的数据则是89%"。第五个失误是家长们强烈反对将时间花在标准化考试上，教师工会也反对把教师的工作与这些考试的结果捆绑在一起。

负责监督这一灾难性计划的州政府库莫州长事后竟然退出政坛，他在2014年的一场政治辩论中宣称："我与共同核心标准计划无关"。他召集的工作组提出了一个稍微慢一点实行共同核心标准的时间表：该系统应该等到"2019—2020学年再开始"实行，然后再"根据当前共同核心标准得出的评估结果"来"评估具体教师或学生的表现"。

"冲到顶端"计划虽然遇到一些尴尬，还不至于以惨败收场。但也绝非教育部长在2009年宣称的："是个与登月等量齐观的教育改革壮举"。美国教育部的全国教育进步评估测试，对四年级、八年级和十二年级学生几个科目的学习情况进行了评估，提供了"全美最大规模、最具代表性的学生认知和学习能力的评估结果"。这个全国教育进步评估测试评估的结果表明，十二年级学生在2009—2013学年的数学平均分数没有任何变化，而且自那时起，他们的数学分数已经开始下降。十二年级学生在2019年的阅读课分数同样低于2009年。

任何用低成本、基于规则的方法来解决城市学校的问题的尝试，难度都是不可想象的。改善教育需要严肃的管理工作。即使是最耀眼的政治明星，也难以在大都市的学校教学政治旋涡里全身而退。

米歇尔·李在华盛顿特区

2008年12月8日，米歇尔·李以教育管理的巨人形象登上

城市之困

《时代》杂志的封面。封面赫然写问道："如何修复美国的学校"，并提出"和坏教师的战斗……也许可以改造公立学校的教育"。米歇尔·李当时是华盛顿特区公立学校系统总监，也是学校改革的超级明星。

李是韩国移民的女儿，最初是一名由精英人士参加的"为美国而教"组织的教育工作者。后来，她成立了"新教师计划"，这是一个由"为美国而教"衍生而来的组织。她既有才华又有魅力，但缺乏的是雷蒙德·凯利的历练，她没有后者在真正的行政战场上摸爬滚打几十年的经验。由于缺乏行政经验，她无法驾驭一个十分复杂又高度政治化的机构，难以胜任其繁杂的工作。

美国大城市学区的领导人要么由民选委员会选出，就像朱利安·纳瓦所在的洛杉矶市的那个委员会一样；要么由市长直接委派或经由其任命的委员会选出。2007年，华盛顿特区效仿芝加哥和纽约市，学区领导人转由市长任命。由市长来控制的理由是选民应该能够让市长对学校教育的质量担责，而市长则唯学校负责人是问。

2007年将华盛顿特区学校转为市长控制的法案有一个好处，就是需要对华盛顿特区的公立学校进行详细评估，于是一份长达300多页的严肃文件于2015年正式出炉。特区市府把这一评估纳入立法，并把评估的工作交给既能做事又能独立评估的机构，即美国国家科学院，此举是值得称道的。李和她的继任者领导的学区后来转为向市长负责，因此，美国国家科学院的报告基本上可以被解读为对他们任内工作的评判。

报告得出的结果尚且积极。虽然"大多数学生群体的考试成绩在2007年—2014年有所提高"，但也有人指出，"数学的提高幅度大于阅读",而且"两门学科的习得指标仍然很低"。此外,"毕业率每年都在波动,没有明显的规律",而且"仍然低得令人不安"。例如,全国教育进步评估测试的八年级数学,特区与全国比较,差距缩小了28%,从32分缩小到23分。这样的结果虽不算失败,但也谈不上改天换地。

全国教育进步评估测试的管理是独立的,所以能够衡量学校教育的进步并提出权威的结果。可是,大多数标准化测试是由学校自己完成的。即使是一位经验丰富的管理员,甚至是读过《魔鬼经济学》中有关教师作弊的人,也应该明白,用教师自己实行的测试来评判教师自己,那只是在自找没趣。而这恰恰是米歇尔·李所做的。

《今日美国》的一项调查把目光聚焦在华盛顿克罗斯比·诺伊斯教育校园,即现在的诺伊斯小学上。2006年,该学校只有10%的学生"在联邦'不让一个孩子掉队'法要求的标准化考试中,在数学方面取得'熟练'或'领先'的成绩。两年后,58%的学生达到了同样的水平"。教育部将诺伊斯评为国家蓝丝带学校。李从经济上奖励了诺伊斯教育校园的员工。2008年和2010年,每位教师都分别获得了8 000美元的奖金,校长的奖金为1万美元。大部分资金来自慈善机构和李亲自筹募的资金。

《今日美国》发现,"在过去的三个学年里,诺伊斯教育校园的大部分课堂在标准化考试中对考试分数进行过多次涂改","把错误答案涂改为正确答案已经蔚然成风"。虽然大量涂改并不能证明为作弊,但至少是一个危险的信号。据《今日美国》报道,诺伊斯的校长阿德尔·科索恩带着三人走进一个房间,其中一个手握一块橡皮。屋里的桌子上摆着200份试卷。其中一人用一种

城市之困

轻松的口吻说,"校长,我不敢相信这个孩子居然在试卷上画了一只蜘蛛,我来把它擦掉吧"。教师作弊的动机是好的考试成绩好意味着可以拿到奖金,坏的考试成绩差可能被炒鱿鱼。李炒了几十个校长,还解雇了至少 600 名教师。

解雇不良教师,是提高教师质量的一个潜在途径。教育经济学家埃里克·哈努谢克长期以来一直在记录教学能力方面的差异。正如哈努谢克在一篇论文中指出的那样,最差教师与一般教师之间的教学质量有着天壤之别,其程度可以说,"用普通教师取代 5%—8% 的垫底教师,就可以使美国接近国际数学和科学教育排名前列的国家"。据他计算,由此产生的额外收益可以折合成现在的 100 万亿美元。

可这条路却道阻且长。通常工会合同会让这种激进的人事变动成为不可能完成的任务。然而,作为"普遍大幅提高教师薪金"的替代方案,李说服教师工会成员接受了这样一个合同,即解雇那些按照她的"激活创造性教学的思路、方法和程序"系统的标准被评为"表现差"的教师。2010 年夏天,根据该评估系统得出的分数公布于世,"李便准备好宣布她要解雇由该评估制度打分不及格的 165 名教师。同时,她还要宣布让 76 名不符合教师资格的教师卷铺盖走人"。

即使在此之前,行政和政治上的问题一直在困扰着李,使其在解雇那些不受合同保护的新教师的道路上举步维艰。"2009 年 2 月,一个独立的仲裁机构推翻了她 2008 年解雇 75 名教师的决定。仲裁的决定承认李有权解雇两年试用期内的教师,但又裁定她只能解雇校长反映负面的那些人"。仲裁机构说:"李的决定有个明显和致命的缺陷,即她没有按照合同的要求向那些教师提供解雇他们的理由"。李的辩解让事态变得更加糟糕，她说："我开除的教师，有的打过孩子，有的与学生发生过性关系，还有的缺课长达 78 天"。她的回答引起人们对她的质疑，她为什么只解雇这些教师而不是因为他们的犯罪行为去起诉他们呢？教师工会组织了一场反对李的集会。

在李登上《时代》杂志封面两年后，华盛顿特区的民主党选民赶走了她的老板：市长阿德里安·芬蒂。《华盛顿邮报》写道，他的"教育总监米歇尔·李以表现不佳的理由解雇了数百名教师和数十名校长"，她的行为"疏远"了这些选民。在公共部门工作的领导人面临一个基本的政治问题，那就是那些部门里的公务员同时也是选民。即使不当教师的市政府工作人员，也会担心教师失去工作保障的今天会产生外溢效应，让他们明天也饭碗不保。因此，他们给芬蒂投了反对票。李一个月后遂宣布辞职。

最终，华盛顿特区的市民即使没有把李视为毒药，也没把她看作英雄。李才华过人，能让工会放弃高薪而接受问责。然而，她却无法伸展拳脚来取得更大的成就，这表明改革学校的困难大大超出了她的能力。课堂是错综复杂的。一个教师要是规规矩矩地按照统一计划的教案去教学就无法激发学生的学习主动性。学生是很难管理的，那些只通过 Zoom 进入课堂的学生就更加如此。

新冠肺炎时代的教师与学生

在新冠疫情期间，课堂里内部人和外部人之间的斗争变得尤为痛苦。佛罗里达州和佐治亚州的教师工会诉诸法律来阻止学校

城市之困

重新开学，声称开学计划无法保障教师的安全。工会关心工作场所的安全是其本分，但在线学习并不能很好地替代实体课堂，对于年幼的孩子而言更是如此。家里没有良好的无线网络的小学生们变成了外人，一旦不能到校去上课，遭受的损失会更大。工会的担忧虽然可以理解，但他们为之而战的还是内部人，外部人则成了他们下手的对象。

在这两起案子中上诉法院均驳回了原告的诉讼。佛罗里达州的法院没有发现任何证据表明"有哪一个教师被迫返回课堂，也没有任何一位教师向雇用他们的学区提出合理要求被拒绝而遭受伤害"。于是学校重新开学，事实上看上去还比较安全。由布朗大学的艾蜜莉·奥斯特共同开发的"新冠肺炎学校应对决策面板"表明，1/100 的小学教师中不到 1/4 的人新冠病毒检测呈阳性。1/100 的小学生中不到 1/8 检测结果呈阳性。

通过教师工会进行学校改革挑战极大，加州教师协会在 2020 年夏季采取的立场说明了这一点。它的立场是"学区无权强制教师进行在线直播教学或录制课程以供日后使用"。如加州教师协会的克劳迪娅·布里格斯所言，"我们的立场是，教师不会被要求在他们反对的情况下进行视频直播"。

与此相关的法律是加州教育法典第 51512 条，这是一项于 1976 年制定的隐私规则。该法律规定，"立法机关裁定，任何人（包括学生）未经教师和学校校长事先同意，在中小学的任何教室使用任何电子收听或录音设备，以促进完成某个教学目标而扰乱和损害中小学的教学秩序和课堂纪律。因此严禁这样的设备在这种情况下使用"。在正常情况下，该规则赋予教师拒绝任何人通过视频来监控他们教学的权利。新冠疫情后，加州教师协会把这一规定解释为教师也不必使用 Zoom 给他们的学生上课。

幸运的是，这种荒谬的立场最终通过法律得到解决。2020年9月，加利福尼亚州通过法律规定："尽管有第51512条或任何其他法律的规定，采用或实施同步或异步视频用于提供根据本节所规定的远程教学时，无须教师或校长的事先同意"。如果教师为了自身的安全而不想上课，至少他们会被要求提供远程教学。

教师的健康问题是真实存在的。作为一项保健措施，我们自己的大学在整个 2020—2021 学年停止了线下教学。我们还尽量避免接触新冠肺炎病毒。这场具有超现实主义色彩的辩论不应分散我们对这样一个事实的注意力，即绝大多数加州教师比以往任何时候都更加努力地通过 Zoom 进行教学。许多教师的作为可歌可泣，他们在网上加时教学以弥补缺失的线下教学学时。师资队伍中绝大多数都是好样的，然而，教师工会由于不惜一切代价地保护其成员的利益，让教育改革举步维艰。

工会谈判中，教师薪酬是袒护内部人的另一个例子。年长些的退休人员中，有公共事业单位合同的就比在私营部门工作过的人收入更加丰厚。年轻些的挣得就少了。康奈尔大学玛丽亚·菲茨帕特里克的研究表明，年轻教师宁愿少领取养老金，也愿意多拿能够即时到手的钱。有一次，伊利诺伊州给教师们一个机会，州里想用极小一部分退休金预算尽可能地提高他们的退休金。年轻教师们却拒绝了州政府的好意。他们宁愿得到更多的现钱也不愿等到40年后去领取丰厚的退休金。公立学校要想吸引更多年轻和有理想的教师，就得支付他们更多的薪水。

公立学校的薪酬方案有利于退休和健康福利，这与警察合同中消除不当行为证据殊途同归。选民很难理解对未来养老金作出承诺要付出的成本。事实上，对养老金的预设的合理程度远比分析师认为的乐观得多，使得养老金成本看起来远低于实际水平。至于未来纳税人将会面临的大问题就留待其他人去考虑吧。

私营企业的员工薪酬更高，同时获得可随工作单位转移且数额确定的养老金。如果教师也可以像他们那样，就会更频繁地从一个学区跳到另一个学区，或干脆从师资队伍跳槽到另外一个职业。从多角度来看，这是一种更合理的状况。但这也意味着每位教师与其工会之间的联系要脆弱得多。公共部门养老金制度有助于解释为什么政府工作人员离职的频率远低于私营部门的工作人员。

让人不喜欢公共部门养老金制度还有最后一个理由，在提供加班机会的那些工作中尤其如此。我们前边讨论远程工作时提到过哈佛大学学生娜塔莉亚·伊曼纽尔。她和瓦伦丁·博洛特尼的一项研究表明，尽管合同里没有区分性别，波士顿的男性运输工人比女性同行挣得更多。原因是年长的男性工人获得更多额外加班的机会。相比之下，年长女性由于被家庭责任压得喘不过气来，周末更难外出工作。加班费的不同会反映在终生养老金的显著差异上。性别不平等在这样一个制度里已经根深蒂固，这个制度奖励的是那些自以为没有义务照顾生病的父母或孩子的男人们。

我们城市的职业培训

就城市公立学校而言，我们没有灵丹妙药用以突破过去30年来阻碍变革的政治障碍。然而，我们确实有个更加温和的职业

第九章　城市化带来的冲突

培训改进建议，这将使联邦政府能够直接建立办事能力强的机构来创造更多的机会。

根据可预测的规律，美国人重新发现了德国的学徒制度，并了解到它似乎为那些不是学术巨星的孩子提供了就业技能。超过一半德国中学生参加学徒制，一半时间在课堂上职业课，另一半时间参加在职培训。于是，有人就呼吁学习德国人的做法，从14岁开始跟踪孩子，让他们学习高度实用的知识并脱离任何上大学的机会。热衷学徒制使我们认识到为劳动市场提供有价值技能的重要性。然而，如果认为一个在德国发展了几个世纪的制度可以嫁接到一个没有任何根基的美国环境，那就愚蠢至极了。让一个人告诉一个14岁的孩子适合不适合上大学的想法在美国是行不通的。

一个合乎常情的替代方案是在放学后、周末和夏季对学生提供综合性的职业培训。这些培训工作可以在现有的实体学校里进行，但要由学校系统外的机构提供资金。为了避免让教师工会感觉束手束脚，也为了避免和工会产生棘手的冲突，职业培训由始至终都应该是现行教学的补充，而绝不是威胁工会教师工作的替代品。

与特许学校一样，额外的职业培训可以利用任何大都市地区存在的竞争活力。城市规模大会产生种族隔离的现象，这不利于学校和社区。但城市规模造成的竞争环境倒可能是件好事。如果职业培训计划对任何人和机构（无论是公共的还是私营的、营利的还是非营利的）一律开放的话的，那么能够推动社会更加平等的创业能量就可以释放出来。

营利性学校的缺点之一是他们会注重骗取学生的钱财而不

是为他们提供技能培训。职业培训的妙处在于我们可以按绩效付费，因为培训的质量如何在课后或课后不久就应该一清二楚了。通过独立的评估机制对学生们的学习表现进行评估，无论是编程还是水暖，只有学生能够胜任他们受训过的工作，训练机构才能拿到酬劳。

把职业教育外包也可以更灵活地应对不断变化的经济形势。我们不知道哪一个技能到了 2035 年是最有价值的。可以说没人知道。在传统教学环境之外提供培训可以更轻松地适应不断变化的环境。

我们无意提倡建立新的国家教育计划。相反，我们提议进行实验和评估。本书的主题是 21 世纪的伟大斗争，无论是和新冠肺炎疫情斗还是和城市不平等斗，都必须始于谦逊。我们不知道什么方法会行得通，而且今天行得通的将来未必也行得通。我们必须使用最好的科学方法开展创新、测试和不间断的修正。

外来人的城市

治安、学校、商业和住房监管，是美国城市乃至整个国家以牺牲外来者为代价来保护局内人的 4 个不同领域。大多数富裕国家都为建立和形成新企业设置了障碍。这都保护了城市现有居民的利益。

外来人的自然反应是要求公平分享利益。如果富人有住房规定，那么穷人就应该得到补贴住房。如果成立新的企业遇到障碍，那就应该给予来自代表性不足群体的新企业主免除政府贷款的政策。如果老年人能够获得数十亿美元的医疗保险，那么，年轻人就应该免交他们的学生贷款。

对政府政策采取针锋相对的做法，会导致每一个人为从固定资源中得到其份额而争斗；而不是为了扩大可用资源的总量而努力。要打造一个既公平又充满活力的城市环境，我们更需利用我们的聪明才智：我们必须减少限制住宅建设和创业的法规，鼓励建立更多的企业。我们必须进行变革，以加强警察部门和学校。

新冠疫情，把我们城市、医疗保健和公共服务的弱点暴露无遗。我们工作的失败不仅因为公平的缺失，还因为能力的不足。如果我们想要在新冠肺炎疫情之后把城市和国家重建得更好，我们就必须制定更公平和更有效的政策。最重要的是，如果我们的社会要赋予个人重塑世界的能力，我们就需要更强有能力的公共部门。

| 第十章 |

充满希望的未来

2020年，新冠疫情暴发造成超过30万个美国人死亡，在全球可能导致多达300万人丧生。数十亿人经历过某种形式的社会疏离，不得不远离朋友、家人以及生活中不可或缺的其他社会关系。2021年1月14日的《华尔街日报》报道说，"还有超过82.1万例死亡未计入政府的新冠肺炎死亡人数"。这些额外的死亡人数可能包括那些死于新冠肺炎而无法计算的人、自杀的人，或者是因没有得到足够医疗照顾而死于其他疾病的人。像许多人一样，我们今年也失去了几个好友，无法与他们道别或亲自去安慰他们的家人。

人类不该独自生活。作为孤立的个体，我们身单力薄，心理脆弱。我们这个物种有着十分重要的特征，比如可以使用语言进行交流。这让我们能够一起生存并共谋大业。我们的祖先栖息在非洲，彼时那里没有今天的Zoom。我们是在物理空间而不是虚拟空间里集体进化的。

我们在疫苗推出后才敢外出，此时，我们必须首先认识到，真实而活生生的人际互动才是至关重要的。每一个灿烂的微笑都

城市之困

是天赐的礼物；每一次相互的开怀大笑都是一场庆祝。我们与这样的欢乐久违了。我们必须竭尽全力，尽量减少再次经历这一切的机会。我们在重建世界的过程中，必须确保未来不再那么容易受到流行病的影响。我们必须对健康和教育进行投资，必须改革我们的规则，为外来者腾出更多的空间。

停止长时间以来的忽视，尽每个人的全力改进以防止再次受到疫情冲击。当我们重建家园时，我们需要对卫生和教育进行更多投入。我们必须为"局外人"腾出更多空间。我们需要更多的企业家和更少的囚犯。人类塑造了城市，接近是有价值的，面对面的互动可以帮助我们提升创造力，让我们有了古雅典和阿姆斯特丹黄金时代的菲凡艺术。城市间使商业、创业和享受成为可能。不幸的是，病毒与细菌也因此而四处传播。当我们享受城市的利益时也需要面对犯罪、交通拥堵、高住房成本以及病毒的威胁。

新冠疫情给我们的教训是，在我们这个互联的地球上，疫情大流行的可能性越来越大。我们了解到即使是死亡率相对较低的疾病也会造成可怕的经济和社会后果。想象一下，当我们再次面对新的疫情威胁的时候，如致命的鼠疫和霍乱，以及恣意传播的新冠疫情等，我们该怎么办？同时，我们也看到我们的医学研究人员是可以创造奇迹的，例如仅在一年内就生产出大量有效的疫苗。我们了解的这一切给了我们希望，即公私双方共同努力，只要走对了路，我们就可以预防未来的瘟疫。

在这最后一章中，我们提出一些建议，想为我们的世界、我们的国家、我们的城市以及像我们自己这样的普通人，指出一个方向。我们的一些建议侧重于美国的制度和问题，还有一些建议

第十章 充满希望的未来

则更着眼于全球。我们先来讨论与健康和流行病直接相关的政策问题，因为这必须是我们优先考虑的。接下来，我们讨论一下如何加强我们的社会基础建设。2020年期间，数千人冒着感染新冠肺炎的风险出来抗议警察的暴行。随着我们命运的共同体意识不断增强，未来再发生流行病的时候，我们的世界将会更加安全。

这些建议包含了本书的3个中心议题。世界需要足够强大的公共行政能力来保护我们免受未来流行病的侵害，但又要有足够的责任心而不至于滥用手中的权力，也就是一种可以发挥作用的共同力量。公权力最终必须赋予而不是限制个人自主权，也就是给人们能够蓬勃发展的自由。我们必须认识到，我们并没有解决一切问题的答案，我们必须积极行动起来去把能够解决问题的答案找出来，这就需要我们谦虚和孜孜不倦地学习。

我们首先建议成立一个全球性的组织——一个更团结的卫生组织——来监督疫情的暴发，管理一个全球互换机制，即富裕国家为贫穷国家提供与卫生相关的基础设施援助，而贫穷国家要同意一系列规则，这些规则牵涉到饮水安全、污水处理以及把人类与新的流行病源头隔离开来。然后，我们再把注意力转向美国，尽管我们的建议差不多也适用于任何富裕国家。当务之急是优先在公共卫生设备方面进行投资以抗击下一轮疫情的暴发，这些设备包括呼吸机、个人防护装备，还有经过测试后证明安全的疫苗生产设备等。

但是，我们讨论问题时不能仅囿于健康问题，因为每一个薄弱的环节都会让社会面临风险。国家政府在带领国家前行的时候，必须减少薄弱环节。美国在疫情面前极其脆弱，同时又失去了很多机会，因此需要大的变革。美国50年前发挥科研神力，

- 345 -

制造出火箭并登上了月球。我们必须投入更多资源，让今天的孩子有能力去赢得明天的战斗，我们必须学习什么是有效的，并尽可能快地将其拓展。美国的州和城市无法阻止全球瘟疫，但它们可以帮助遏制疫情并让公民社会更加强大。各州控制着社区学院，这有助于为资源较少或在高中迷失方向的学生提供机会。各州可以改写地方法规，以促进形成新的企业，建造新的住房。城市必须消除助长抗议和骚乱的不满情绪。必须在抑制侵害公民权利案件增长的情况下，让警方对社区福祉承担更多的责任。

私人也能行动起来，慈善家可以资助医学和教育领域的研究。普通公民可以更多地关注那些人人需要的政府服务，而不是分裂我们的诸多问题。通过这样的关注，他们可以互教互学并让我们的领导人承担更多责任。

城市将在这场新冠肺炎疫情大流行中幸存下来，许多城市还将蓬勃发展，但这次疫情只是人类生存威胁的冰山一角。这种疾病造成的死亡和人际疏离固然可怕，但情况可能会更糟。我们绝不能再让我们的公共部门如此脆弱，也不能让我们的城市在疫情来袭时毫无设防。

为了世界：一个北约版的卫生组织

疫情大流行的本质是一种疾病从一个地方开始，然后给所有国家带来风险。除非所有国家完全地、永久地关闭它们的边界，而这种可能性是难以想象的。监测中亚阿塞拜疆的疫情将与监测美国亚特兰大的疫情一样重要。迈向不受疫情影响未来的第一步，是建立一个能够有效地追踪并迅速遏制大流行性疾病的全球

第十章 充满希望的未来

组织。

降低未来疫情大流行的风险是一个全球性的问题。与防止核战争、应对气候变化一样，预防传染病大流行是任何一个国家无法单独解决的大问题。每一个领域都需要多边行动，因为核辐射、碳排放和新冠肺炎疫情牵涉所有国家。事实上，与控制核技术或减少温室气体排放相比，预防疫情全球大流行在本质上需要一个由更多国家集合起来的团体。

世界上最贫穷的国家既不花钱制造核武器也不过多地排碳。但它们却不成比例地促进了新疾病的潜在传播。

在技术层面上，我们知道如何降低传染病大流行的风险。全球必须防止有风险的互动，及早发现疫情，并赶在大流行前将其抵背扼喉。预防措施包括避免人与动物亲密接触以防止潜在的传染病广为传播。要想遏制疾病的传播就要进行广泛的检测、追踪阳性病例的接触者、隔离感染者以及安全地救治患病者。所有这些都是常识性的科学知识。

这个世界所面临的问题，不是我们不懂减少流行病的科学，尽管每种传染病都有细微的差别。相反，问题在于我们的机构没有采取相应的措施。2014年埃博拉疫情暴发后，世界卫生组织成立了全球应急准备监测委员会，由世卫组织前总干事、挪威首相格罗·哈莱姆·布伦特兰和红十字会与红新月会国际联合会前秘书长埃尔哈吉·阿斯·斯伊领导。2019年9月，新冠肺炎疫情暴发前夕，该董事会在其发布的一份题为《世界处于危险之中》的报告中指出："在流行病面前，我们长期以来一直处于恐慌和忽视的恶性循环之中：威胁严重了我们才奋起迎战；威胁一旦退去我们便迅速将其忘记。我们早该采取行动了"。

城市之困

应对大流行性疾病的准备工作需要花钱。一个叫麦肯锡的咨询公司估计，前期成本可能为1 000亿美元，随后每年的支出为20亿到400亿美元。这项准备工作的重要组成部分包括疫苗开发和扩大低收入国家的卫生系统，这些国家的卫生保健工作者和设备都太少了。

尽管如此，无论以何种标准衡量，这样的成本都只是潜在收益的一小部分。新冠疫情可能使美国损失了16万亿美元。未来可能发生的病死率更高的疾病将让美国花更多的钱。即使美国把整个投资的资金全都包下来，也只不过占联邦政府总支出中的0.1%，而收益将是巨大的。

我们缺少的不是钱，而是领导力。没有任何东西可以迫使各国政府采取行动。世界卫生组织在其《风险中的世界》报告中得出结论："我们需要的是领导力和采取有力有效行动的意愿"。可惜呀，新冠疫情暴发后，世界并没有及时采取行动，这让我们付出了代价。

将来，我们不仅要舍得花钱，还要把钱花在刀刃上。我们不能遵循只会写支票的美国联邦医疗保险的模式。我们需要建立一个有效的机构来保护全球的健康。世界卫生组织的模式不适合我们。它可以讨论问题并提出建议，但不能强制执行。而且世卫组织让政治掺杂到科学里面，这令人十分不适。科学意味着既要对有些政府习惯性地低估传染病的严重程度持怀疑态度，又要在发现诸如埃博拉等新疫情暴发时及时向全世界通报。政治会让情势朝着相反的方向发展。政治打压科学会害死人。

我们需要一个更强大的国际组织，该组织应肩负明确的科学使命，而不是政治使命。其目的是预防流行病，而不是设法避免得罪其成员国。如果一个国家想要加入该组织，它将会获得组织的援助，这些援助不仅用于应对未来的流行病，而且用来支持其医疗培训和卫生基础设施的建设。但要留在组织系统中，各国就必须遵守其有关降低大流行性疾病风险的指导方针。他们必须限制人类与蝙蝠等跨物种感染源之间的接触。他们必须确保贫困家庭的住房名副其实地连接到通过外援建造的下水道系统。有了新的疫情，他们必须如实地报告。

不想参加该组织的国家不应得到该组织的援助，而且还要面临其他方面的限制。各成员国出入境的旅客要接受体检，费用自付。运输的货物要经过额外检查。如果一个国家不按防止疾病传播的规则办事，那么它的人员和货物进出另外一个国家的时候自然会带来更多的风险。

第二次世界大战后出现了两个全球性组织，以确保欧洲不会在20世纪被第三次战火涂炭。联合国是一个跨越全球的广泛联盟，有权支持防御和制裁性的战争，但几乎没有直接行动的能力。北大西洋公约组织（北约）是一个最初由12个国家组成的联盟，这些国家意识到，一个无定形的国家议会不足以对抗约瑟夫·斯大林和苏联的威胁。"冷战"期间，北约在限制西方与苏联之间发生武装冲突方面发挥了重要作用，至少在欧洲是这样。自"冷战"结束以来，它已扩展到威胁其成员国的其他领域，包括恐怖主义和网络安全等。欧盟可能在维护西方大国之间的和平方面发挥了更大的作用，但北约拥有抵消来自东方的军事威胁。

让第二次世界大战成为巴尔干半岛以外欧洲大陆上最后一场大战，北约是有功的，但不能贪天功为己用，因为欧盟也厥功至伟。更多国家希望加入北约便是衡量它成功的标准之一。北约的成员国已从 1949 年的 12 个国家增加到 2020 年的 30 个国家。乔治·沃克·布什总统说："北约是世界历史上最成功的联盟。因为有了北约，欧洲才保持着完整和团结，享受着和平"。奥巴马前总统指出，"正是由于北约的力量和跨大西洋伙伴关系，即这个跨大西洋联盟，我相信，尽管波涛汹涌，我们仍可以强调和维持和平、安全与繁荣。几十年来，和平、安全与繁荣是这个跨大西洋关系的标志"。

建立新的世界卫生组织的时候，这个北约模式要做一些修改。一个既有富国也有穷国参与的组织，其运作方式自然与只有富国组成的联盟有所不同。再说，军事问题与健康问题迥然不同，但原则依旧：备战大流行性疾病与防备军事热战具有同样的紧迫性。一个有效的抗疫组织必须提出可以强制执行的要求。富裕国家可以买单，但富裕国家和贫穷国家必须都同意将传染疾病的风险降至最低，并尽其所能防止其传播。

为这个国家着想，预防大流行性疾病

美国还需要在国内采取行动，加强对大流行性疾病的防范。美国医疗保健领域最根本的挑战是将一个以私人健康为导向的系统转变为一个更加关注公共卫生的系统，并推动提高针对慢性病的医学研究，以便在防范传染性疾病方面作出更大贡献。

当新冠病毒首次出现在西方时，一场关于是封城还是让疾病在人群中传播的合理辩论随之而来。大多数富裕国家很快就决定，他们不能容忍在实现群体免疫的过程中出现大量死亡，因此他们关闭了国门，要么等待疾病变异得，要么希望疫苗尽快

第十章 充满希望的未来

出现。

如果未来有比新冠肺炎更致命的传染病出现，就不会再有围绕着群体免疫的辩论了。如果这种疾病能够杀死了一半的感染者，那么很少有人会主张让酒吧继续开门。这种疫情一旦暴发，我们将不得不避免外出，耐心等待。痛苦的程度将取决于分发安全有效疫苗所需的时间。

可喜的是，中国科学家于2020年1月11日将新冠病毒基因序列分享出来两天之后，莫德纳和美国国立卫生研究院就把疫苗研究出来了。不幸的是，等疫苗测试结束并得到批准时，已经过去11个月了。莫德纳在25天内生产出疫苗，然后用42天进行了第一阶段的实验。当新冠肺炎的病例在美国开始攀升的时候，我们已经有了疫苗。在8个月的测试中大约有24万名美国人因新冠肺炎而死亡。在全球范围内分发疫苗将需要数月甚至数年时间。如果在测试期间生产出更多的疫苗，批准后疫苗的交付可能会更加迅速。

未来降低大流行性疾病的风险关键之一是缩短疫苗从概念到分发的时间。一种做法可以是利用直接付款或税收抵免的方式，让制药公司建立起可以在紧急情况下增加额外生产的能力。或者先在动物身上对一批有潜力的疫苗进行安全性测试。既然经营良好的工业公司可以对生产过程的每个阶段进行分析以便找出浪费和低效的环节，我们也必须仔细检查美国食品药品监督管理局的试验和批准过程，以便找出如何加速疫苗推出的途径。任何可以提前进行的投资都应该提前进行。

美国还需要减少人与人和动物与人之间的高风险接触，建立更好的疾病监测系统，并加强在发现疫情时加强遏制的措施。和

城市之困

许多国家，尤其是那些在预防人类免疫缺陷病毒传播方面经验丰富的国家不同，美国不擅长追踪传染病的接触者。这就意味着要多破费一些，但比起疫情和健保带来的成本，花这点儿钱就是小巫见大巫了。

目前的公共卫生支出仅占医疗总支出的2%，占政府总支出的比例更小。美国各地的政府可以将公共卫生支出增加很多倍，而对其总体预算的影响相对较小。在2001年9月恐怖袭击之后，公共卫生预算的确飙升了几年，可后来又降了下来。

除增加公共卫生资源外，美国还应改善其卫生系统的其他方面。由于看病个人费用高企，人们一般都会推迟就医的时间。在一个充满潜在疾病流行的世界里，我们最不愿意看到的，是高额的共同支付让人们无法得到适当的诊治。美国的专家过多，而初级保健医生却极度缺乏。因此，当人们需要在大流行性疾病中获得初级保健时，系统会迅速不堪重负。美国的医疗机构之间，以及医疗保健组织和其他相关单位之间，通常不会共享病人的医疗记录。因此，如果一个人在家庭医生诊室被诊断出患有传染病的时候，假如正赶上周末，有人凑巧扭伤了脚踝在急诊室就医，那么那个急诊室的临床医生就无法知道那个被诊断为患有传染病病人的情况。公共卫生官员也无法通过医疗记录实时监测传染病的发病趋势。

医疗保健需要改革的想法并不新鲜。事实上，我们中的一个人，就是卡特勒，已经写了两本有关医疗改革的书和很多相关的文章。新冠肺炎无疑增加了解决医疗保健系统问题的必要性，并让我们看到需要优先解决的几个方面。各个机构之间无法共享医疗信息，这对慢性病患者来说是件十分烦恼的事，可传染病一旦肆虐起来，这种情况可能是致命的。为可能发生的大流行性疾病的时代到来重组医疗保健系统，将改变我们关注的焦点。

此外，美国需要更认真地解决导致患病者过多的不健康行为。作为虔诚的自由主义者，我们认为人们应该享受选择做自己事情的自由，但前提是，他们应该知道做什么并且避免让个人的选择对他人造成伤害。新冠肺炎给我们的教训是，这些外在因素的危害性比我们想象的大得多：肥胖、吸烟、不安全的性行为和使用非法药物等都助长了传染病的传播。假如美国多年来做好减少肥胖症方面的工作，新冠肺炎杀死的人就会少一些。每个推销成瘾产品的烟草公司、食品饮料生产商或制药公司都把所有人的健康置于险境。可惜，我们旨在保护公众健康的监管和惩罚体系过于薄弱。教育也是公共保健系统的一个关键组成部分。受教育年限更长的人行为普遍更加健康。因此，学校不仅是提供经济和社会流动性的地方，也是提高公民预防疾病意识的地方。

为这个国家着想：预防流行病

在前两节中，我们重点讨论了与健康直接相关的政策改革问题。现在，我们来讨论一下能够改善我们健康并壮大我们城市的那些非医疗保健的政策问题。

新冠疫情对存有积弊的地方损害最大，就拿城市学校来说吧，许多学生被送回家之前，就已经勉强对付课堂学习了。多年来，美国的考试成绩进一步落后。如果像一些报告所暗示的那样，到2020年洛杉矶和波士顿有1/10或更多的儿童从虚拟教育辍学，那么我们又将面临出现一个迷失的一代的风险。这些干扰

城市之困

使改善世界学校教育变得更加紧迫。

我们主张投资人力资本要从生到死，并以各种方式从幼儿园到被投资的人拿到分子物理学研究生学位。但最重要的与健康相关的教育投资，针对的应该是人口中最贫困的那一部分。太多的美国人，当然还有英国人和西班牙人，在经济和社会方面都被抛弃在后边。世界把他们切割出去，也就意味着失去他们的聪明和才智。个人缺乏经济生产能力会给整个社会造成损失。我们不仅失去他们的收入和纳税，还要经常给他们提供援助以帮助他们生存。他们成为卫生系统的负担，同时他们本身的健康也会更加糟糕。他们甚至会成为潜在的疾病传染源。

教育在大多数富裕国家里是国家的承诺，在美国，学校教育的担子却落在地方的肩上。美国家长让孩子在地方管控的学区学习觉得更有把握。问题是，地方管控的教育副作用是显而易见的：表现不佳的学区往往无法帮助低收入儿童摆脱贫困。每个教育工作者都知道，在弱势社区学校里教书会遇到更多困难，因为那里的父母可能不在孩子身边，而孩子们可能也摸不清学习的理由何在。结果是，目前的系统变得无法容忍地脆弱。城市的孩子急需帮助！

为什么国家有责任培养每个孩子，让他们成长为能够把握自己命运的人？首先，只有中央政府才有能力借来大量资金，对美国年轻人作必要的投资。其次，我们需要一个赋予机会的计划，该计划类似于当年举全国之力搞起来的阿波罗工程。这取决于我们是否有能力发现新的解决方案，也需要一个全国性的网络把各方面的实验相互连接起来。最后，不能让地方负责保障社会公正的政策，因为它们要是劫富济贫，富人就会逃之夭夭。对贫困儿童掌握技能投资，是能够在不破坏经济活力的情况下打造更加公正的社会的最可行方式。而这需要举全国之力才能办到。

我们面临的挑战是不能像马歇尔计划和联邦医疗保险那样开张大支票了事。学校财务的记录给我们一个明确无误的教训，即金钱本身解决不了问题。"不让一个孩子掉队"是过去20年来最重要的联邦教育干预计划，伴随该计划的是温和增长的教育支出和更强有力的措施以激励达成良好效果的教学活动。"不让一个孩子掉队"的计划本着一个经济原则，即给予恰当的激励和资源，学区会自行解决问题。简言之，通过适度注入现金并采取一定的激励措施，这项努力对改善美国学校教育有一定的帮助。然而，它在消除美国不平等现象方面却一事无成。

前奥巴马政府"冲上顶端"的计划也不过如此。它巧妙地为制订创新教育计划提供现金奖励。该计划好在能够利用联邦政府的钱获得一时的成就。它的锦标赛结构为奖励教育创新提供了一个很好的模式，但无法支持长期的制度改革。

2020年，美国通过薪资保护计划，向小企业提供了6 490亿美元的贷款，却几乎没有采取任何措施来确保其中大部分没有被浪费掉。我们当然可以想象，每年再花费1 000亿美元来增加训练有素的成年人数量。美国宇航局1966年在登月发射上的支出最高达到近60亿美元，折合成2020年的450亿美元，几乎占当时美国政府预算的5%。如果我们今天把联邦预算的5%投入到我们阿波罗式的机会赋予计划上，所需金额将超过2 500亿美元。

正如我们的同事纳撒尼尔·亨德伦和本杰明·斯普朗·凯瑟的研究所记录的那样，投资于儿童的好处在于从长远来看能够收回成本。他们表明，教育投资的成本可以通过税收的增加和社会项目支出的减少来得到弥补。没有理由不对未来抱有期待。投资于教育还有一个附加的好处，即可以降低传染病大流行的风险。

联邦教育支出增加 1 000 亿美元将使教育部的预算增加两倍，这对华盛顿将是革命性的，但对课堂教育来讲却并非如此。2017 年，各州和地方在学校上的支出为 6 600 亿美元。只有把钱花在刀刃上，给学校增加 15% 总支出才能改变游戏规则。

如何将 1 000 亿美元的投资转化为学校教育的巨变，到目前为止还没有任何经济学家和教育工作者知道答案在哪里。田纳西州一项具有里程碑意义的实验表明，较小的班级可以提高考试成绩。但预估的效果远小于巨大的财务成本。一些特许学校在提高考试成绩方面做得较好，尤其是在问题重重的城市社区。但他们的做法对长期收入产生什么样的影响，人们目前依然莫衷一是。师资质量好会对教学产生巨大的影响，即使没有花哨的统计数据，校长们也知道如何辨识优秀教师。可这些对制订一个完整的计划无济于事。所以我们才呼吁实行一项阿波罗式而不是马歇尔式的计划。阿波罗太空计划伊始，我们并不知道如何将人送上月球。事实上，我们连如何让一个人安全进入太空轨道都一无所知。我们不得不从头学起。搞教育也要从虚心学习起步。

我们当然可以先从一些领域入手。一些特许学校就做得很好。一对一式的方法相对一般的课堂教学更加有效。新的教学模式可以将电子作业本与个性化教学相结合。在前面一章里，我们极力推荐一种围绕现有的教学模式，利用竞争机制来调动各种资源而进行的职业培训。

这些想法本身就足以让我们开始把钱花在教育实验上。理想情况下，每个有需要的孩子都应该或在学校或在家里得到某种形式的额外教育支持。这样的支持从本质上来讲可能会牵涉进行很多实验。然后我们可以了解哪些新项目对测试分数和其他结果的影响最大。

随着我们渐渐地了解到什么是有效的，我们就可以扩大规模。我们会步步为营，一直评估下去。当某件事不再成功时就把它缩减下来。一旦学会了如何明智地花钱，我们就去花。

我们刚描述了一个政府需要作出努力的模式，而这一努力美国政府几十年来好像都没有尝试过。但不断测试新产品正是私营企业运作的方式。硅谷的科技公司，早上设想出一个实验，下午就可以实施，第二天就可以开花结果。发现产品很受欢迎的时候，公司就会扩大该产品的市场并大作广告。产品出现问题了，马上就会关停生产线。私营公司招募大量工人，利用大量的设备来开发、生产和销售新产品，然后再开发更新的产品。

政府也可以这样做。他们过去曾开展过类似的活动，尤其是在第二次世界大战期间。盟军的行动涉及巨大的资源和个别战地指挥官充分的自主指挥权。当时科学研究蓬勃开展，包括释放原子能量的研究；在1944年6月6日从诺曼底进行大规模抢滩入侵之前，盟军的军队进行了长时间的训练和准备。乔治·马歇尔是其中的核心人物，后来他又主导向战后的欧洲注入资金。我们讨论的说不定还真是马歇尔式的计划呢。

为州和城市着想：降低脆弱性与增加机会并举

州和地方政府无须等待联邦政府的援助可以让更多人获得机会并减少脆弱性。一个更为分散的机会赋予计划可以更好地让人们掌握技能,特别是那些弱势群体。这是对阿波罗式人力资本投资计划的必要补充。州和城市可以通过逐步消除商业监管和职业许可法规的障碍来鼓励中小企业创业。州政府可以撤回对建房和土地使用的过度监管,这种过度监管导致穷人难以搬到较富裕的地区。州和地方政府可以不花一分钱就能创造出更多繁荣发展的自由空间。

在美国,各州和地方政府负责美国儿童的教育。他们负责学校和社区学院的运营。如果我们要获得改善教育成果所需的知识,那么州和城市就必须一马当先。美国在对抗新冠肺炎疫情的时候犯了弥天大错,究其原因,就是制定政策的时候罔顾事实。新西兰做得非常好,因为他们投入资源来追踪无症状人群中的疾病传播途径。

每个州都应该在联邦州府的协调下,利用数据交换的优势认真努力地开展教育创新,并跟踪评估创新产生的效果。学校和教师每天都在尝试新鲜事物,但是,他们的新思维如果得不到评估,就无法惠及更多的人和机构。只顾创新而忽视评估就会让我们失去学习的能力,而创新收益的99%来自学习。探索新冠肺炎疫苗的努力是认真的,从而取得成果,那么,在探索脱贫办法的道路上,我们也应同样认真。

社区学院既有挑战也有机遇:整个系统面临严重的资金短缺,教师勠力教授数百万在高中时没有习得基本技能的学生。虽然没有一蹴而就的神丹妙药,但社区学院总比高中有着更多改变的回旋余地。课程可以增减。超过一半的学生由兼职教师而非终身教授授课,他们可以被提升,也可以被解雇。选择到社区学院上学的学生年龄普遍较大,因此,不同形式的教学实验会遇到比较小的政治挑战。

成功的社区学院常常与当地企业合作培养学生，毕业后能够让他们找到工作。例如，西门子与北卡罗来纳州夏洛特的中央皮埃蒙特社区学院合作，为那些参加过该校机电一体化课程的学生提供学徒培训。让西门子提供学徒岗位是轻而易举的事情，因为该学院的课程计划"基于学生的能力与西门子机电一体化系统认证计划的第三方行业认可的认证接轨"。

年轻工人的职业培训也可以更好地融入当地的经济。前面我们已经强调了实验性职业培训的价值。一个特别有吸引力的模式是与需要熟练工人的公司合作，一起开发所需的课程。在某些情况下，有的公司也许会亲自出马教授他们所需的技能。在某些情况下，把教学外包可能更顺理成章。

有一种模式是在推出职业培训计划的同时大力推动当地创造就业的机会。21世纪10年代上半叶，我们中的格莱泽和别人共同主持了一个委员会，在波士顿较贫穷的地区设计了一个创业区，这个创业区比在波士顿海滨崛起的那个豪华创业区更加包容。一个专门用于联合办公和创新的空间是该模式的一个组成部分，该空间是根据那个滨水区极为成功、名叫"地区大厅"的公民空间建立起来的。在波士顿市中心建立的罗克斯伯里创新中心为市民提供了类似的体验。

这个愿景的第二部分是与当地机构合作增加职业培训机会。麦迪逊公园职业技术学校靠近罗克斯伯里创新中心。罗克斯伯里社区学院也在其附近。就连东北大学也在步行距离之内。东北大学经历了从基督教青年会到教育强校的华丽转身，其成功部分归功于"学徒加培训的计划"。城市贫困家庭儿童面临的部分挑战是，他们可能与整个城市隔绝。与这些机构建立联系可以把他们融入波士顿的创意经济。

但创业区还有第三个要素，即一站式发放许可证服务。正如一个企业委员会只手简化了在德文斯开创新事物一样，利物浦和芝加哥南区以及里约热内卢的贫民窟也可以提供一站式许可服务。当一个机构负责所有业务许可时，更容易让该机构对延误许可发放担责。

随着美国经济从新冠肺炎疫情的阴影下复苏，更快发放新企业的许可证显得尤为重要。大量企业已经关闭；需要新的企业取而代之。这个过程需要许可证。我们不应让错综复杂的监管体系阻止经济重启。如果我们能在几个主要城市开启新企业或公司许可证发放的紧急快速通道，将会为未来各地开启快速通道程序提供样板。

新住房的监管程序也需要我们重新考虑。房屋价格过于昂贵是因为我们限制了美国最理想地区的房屋供应，这种情况在加利福尼亚等沿海地区尤其严重。在一些大城市，地方的改革意愿还是比较强烈的。大城市的市长通常喜欢大型建筑项目带来的就业、税收和经济活动。他们有时甚至不顾社区的反对，勇于推动新建项目的实施。然而，郊区的房主永远不会自动地支持房地产开发。对业主来说，房屋越好买，他们最重要的资产就越会缩水。

要改变这些社区，各州就必须采取行动。在美国，通常由地方政府来直接监管房屋的建造过程。然而，州政府决定着地方政府的监管能力。在过去的几年里，加利福尼亚州立法机构好几次几乎剥夺了地方政府要自主办事的权力。马萨诸塞州有全面许可法第 40B 章，为建筑商在建造经济适用房时如何绕过当地政府的限制提供了一种方法。在工资高的地区建筑更多的房屋可以让更多的人赚取更高的工资，从而提高他们的社会流动性。为消除地方政府加在建筑商身上的负担，州立法机构必须出面进行干预。

为州和城市着想：更有效与更公正的刑事司法制度

刑事司法改革本身就是一件利民的大事，也和大流行性疾病疫情紧密相关。这是因为拥挤的监狱会让病毒肆虐，而针对警察的示威活动，会造成更多的传染机会。各州必须重新考虑关押太多人的法律。各个城市必须改革警察部门不尊重公民生命和尊严的行为。

在这两种情况下，都必须对这些改革进行微调和校准，以避免 20 世纪 70 年代和 80 年代犯罪浪潮重新汹涌。维持治安不是一项便宜行事的公共服务。有效的执法对城市的运行至关重要。因秩序大乱而遭殃的必然是穷人和弱势群体。1991 年，每 10 万个白人中有 5.5 人死于凶杀案，而在非裔美国人中，每 10 万人居然有 39.3 人死于凶杀案。

警务改革需要数年的时间、艰苦的努力和高昂的费用；而改变刑期的长短只需要州政府选择改变对特定犯罪的处罚。要进行明智的量刑，就要衡量长期监禁犯人的好处会不会超过把他们关起来所造成的人力成本。监禁可以威慑犯罪并使罪犯丧失犯罪的能力。然而，几乎没有证据表明超长时间的监禁，如判处毒贩无期徒刑，能起到额外的震慑作用。一个 19 岁的少年罪犯会在乎 45 年还是 50 年服刑的差别吗？然而，这额外的 5 年监禁时间，

城市之困

对监狱系统和年长的囚犯来说,后果都不可小觑。人会改变。很少有六七十岁的囚犯放出去还能像他们在20岁那样,给社会或他们自己造成同样的伤害。

用超长刑期来剥夺罪犯的犯罪能力,只对极端刑事案件有意义,如杀害黛安·巴拉西特斯的罪行。我们应该足够聪明,惩罚真正威胁社会的罪犯,让其他人恢复正常生活。我们的法律体系应该能够把十分暴力的性侵惯犯与经常贩卖大麻的人区别开来。

当然,我们需要用惩罚的措施来阻止违法行为。对于暴力罪犯来说,将永远意味着被关进监狱。对于非暴力犯罪,现金罚款远比监禁更有效,因为罚款可以产生收入。我们应该更加认真地考虑各种形式的非监狱惩罚措施,包括社区矫正。

警察改革至关重要,但难度更大。我们提出了一些简单的评估工具,譬如,请非警方的人士或机构来评审社区对警察的感受、评价警察局的时候既要看打击犯罪的表现又要看普通市民的口风,以及放手让警长实行较大的变革等。我们提出的一个基本模式是聘请一位能干的管理人员并提供合理的衡量基准,把有礼貌、有尊严地对待社区成员作为衡量警方成功与否的标准。

问题是,又要管理人员完成更高的目标,又不给他们额外的资源,这种既要马儿跑,又不给马吃草的做法是行不通的。实现一个更加包容的公共安全愿景需要更多而不是更少的支出。在这个框架内,让市政府或警察局的领导将一些现有的警察服务转移给非武装的应急人员是比较合乎情理的。这样做可能会也可能不会让社区有更好的体验。只有让实践去检验了。

我们也完全有理由鼓励建立更加强大的社区组织与警方合作来预防犯罪。城市当然应该尝试为有效的社区联盟提供资金,只要它们有评估该资金的可靠机制。好的社区会像受到警察保护一样保护自己。

为我们其他人着想：学习、教育和关怀

新冠肺炎疫情肆虐的一年是可怕的，对失去亲友的悲伤我们也能感同身受。我们绝不能让这样的悲剧重演。为了这一共同的目标，普通人也可以通过虚心学习和共同努力来为保护我们的星球免受未来疫情大流行的威胁这一共同目标作出贡献。

有钱的出钱，有力的出力。有钱的可以帮助改善保健、教育和政府治理系统；既没钱又没有技术专长的可以理智地投票或为改革保健或教育系统奔走呼号。我们可以投票给那些专注于改善公共服务和致力于疾病防控的政治家们。

不幸的是，美国和许多国家都被政治部落主义所分裂，在这种以社会属性、种族差异和政治歧见为标志的所谓部落主义掣肘下，这些国家无暇探索建立更有效的公共部门。在要大政府还是小政府的问题上美国争论了四十载。人们的注意力应该放在如何建立一个更好的政府这个实质问题上来。在应对新冠疫情方面，新西兰、韩国和德国政府都比美国政府的效率高。这些国家尽管物资并不缺乏，但绝没有美国富裕。美国没有一个世界上最强大的公共部门是不合乎情理的，因为第二次世界大战后，我们可是在军事和太空等领域都取得了巨大成就的。

我们在本书中尽可能避免攻击个人，因为责备个人会模糊整个体系失败的事实。有些领导人的确做得很精，但世界的安全不仅是靠最高层更换一个名字。再说，我们这个世界不仅需要放下

城市之困

愤怒和仇恨，还需要认识到人类相互依存的重要性。

数月的社会疏离告诉我们独居有多么困难，保持联系又有多么重要。我们应该加倍履行我们对朋友和周围的陌生人的承诺。我们应该不要忘记，我们都是相互关联的一家人。每一个新来的人都可能是新冠肺炎病毒的传染源，这样的日子我们已经共度了数月。当危险渐去的时候，让我们不要忘记：每一个新来的人也是欢乐的源泉，而且每一个城市都应该是一个充满希望的地方，是一个发挥人类共同力量的地方。

致　谢

本书是我们历经 8 个月写作的结果，也是我们三十载协作的结晶。因此，写作过程中，不仅有一部分人与我们直接互动，更有大批的朋友、同事和学生几十年来帮助我们更好地理解城市和卫生健康问题。

我们首先特别感谢斯科特·莫耶斯，他是一位出色的编辑，对大局胸有成竹，对细节运筹帷幄。他鼓励我们不要囿于大流行性疾病，要放眼世界去关注城市生活面临的更大挑战。他不断仔细地询问我们并给予我们热情的支持。我们也感谢安·戈多芙对本书写作的监督以及在此过程中展现出来的洞察力和幽默感。

我们同样感谢我们的英国编辑莎拉·卡罗，她提供了睿智的建议和敏锐的提示，并促使我们把本书写得更加国际化。通过敦促我们更好地了解约瑟夫·巴扎尔盖特，她还帮助我们更好地认识到美国本地化的公共卫生措施与英国更集中的措施之间的差异。我们在奋笔疾书的时候，满怀羡慕地注视着英国更快地推出了它们的疫苗。没有苏赞·格拉克的策划就没有本书的出版。她是我们的代理人，也是我们在专业出版领域的向导。我们对她万分感激!

本书出版过程中得到四位了不起的研究助理的帮助。他们是玛德琳·凯奇、斯拉维亚·库奇博特拉、吉米·林和杰西卡·吴。他们准备了脚注并帮我们发现笔误。也感激他们给了我们享受寒假的机会。苏珊·凡海克是一位出色的文案编辑,对她的帮助我们也抱有感激之情。

贾科莫·庞泽托、扎奇·拉兹、安德烈·施莱费尔和拉里·萨默斯的评论让我们受益匪浅。我们对黑死病的讨论尤其受益于扎奇。贾科莫的建议帮助我们扩大了欧洲的视角。安德烈三十年如一日,在抓住主题和话题重点上给我们指明了方向。拉里帮助整理我们的思绪,对我们帮助颇多。

幸运的是,在过去几十年里,有许多同事教会了我们很多东西。我们特别感谢克劳迪娅·戈尔丁和拉里·卡茨,他们智慧的痕迹在本书到处可循。我们也感谢哈佛大学应用微观经济学组的同事们:拉吉·切蒂、罗兰·佛莱尔、纳撒尼尔·亨德伦、杰佛里·迈龙、阿曼达·帕莱斯和斯蒂芬妮·斯坦切娃等。切蒂和亨德伦有关代际流动的研究对本书的走向十分有益。佛莱尔有关种族和警务方面的研究的影响与前者等量齐观。虽然这些同事都不是医疗保健或城市经济学领域的专家,但他们都是才华横溢的优秀学者。

哈佛大学拥有庞大而又出色的卫生政策师资,对他们每一个人我们都抱有感恩之心。和这些经济学同人多年来的交谈让我们受益匪浅,特此鸣谢!他们是阿米塔布·钱德拉、利莫尔·达夫妮、理查德·富兰克林、罗伯·哈克曼、汤姆·麦圭尔和乔·纽豪斯。我们对重新加入我们这个师资队伍的马塞拉·阿尔桑致以

致 谢

特别的谢意！

在教授与大流行性疾病有关的经济学这门课程中，我们的知识和研究伙伴们给了我们很大的帮助，尤其是亚历克斯·巴蒂克、佐伊·库伦、凯特琳·戈尔贝克、迈克·卢卡、斯蒂芬·雷丁和克里斯·斯坦顿等。他们的研究成果都体现在书中的字里行间。约瑟夫·朱尔科给我们提供了有关商业地产领域的见解，不但深思熟虑而且凝聚着他多年的经济学洞察力。他的友谊也让我们感到温暖。马塞拉·阿尔桑与其在实际生活中一样，在本书中扮演着一种英雄的角色。我们很感激她纠正了我们书中的一些谬误。

对于我们系以及整个世界来说，这是一个损失惨重的季节。从2019年6月—2021年1月的18个月里，我们失去了六位同事：马蒂·费尔德斯坦、马蒂·韦茨曼、加里·张伯伦、阿尔贝托·阿莱西那、伊曼纽尔·法希和理查德·库珀。马蒂·费尔德斯坦是我们两人中卡特勒的本科论文导师，也是我们俩的良师益友。阿尔贝托·阿莱西那与我们中的格莱泽合著过一本书，并且还是我俩的好友。加里·张伯伦在研讨会上总是给人才华横溢、和蔼可亲的印象。马蒂·韦茨曼思想活跃、好奇心强，充满智慧的活力。理查德·库珀长期以来对经济学矢志不渝，是我们学习的榜样。伊曼纽尔·法希的去世尤为令人痛心，因为他正值青春年华，不仅才华横溢而且魅力四射。爱德华·拉泽尔也于2020年离开了我们。他是我们中格莱泽的硕士论文导师，他始终如一地把乐观的心情传递给各地的经济学家，他的洞察力也是这些经济学家取之不尽的智慧源泉。我们也感谢吉姆·波特曼与荷西·沙因克曼，几十年来，他们指导着我们，并用他们的友谊温

城市之困

暖着我们。

我们还要感谢为本书做出贡献的在校的和毕业了的学生。我们在写作本书中大量借鉴了这些学生的研究成果，特别是瓦伦丁·博洛特尼、娜塔莉亚·伊曼纽尔、爱玛·哈灵顿、何塞·拉蒙·莫拉莱斯－阿里拉、格雷戈尔·舒伯特、凯伦·沈、布兰顿·谭和约翰·底比斯等。卡洛斯·达布因其提供的燃玻科技公司的数据对我们帮助很大。为我们提供帮助的人还有很多，需要再写一本书才能将他们的名字全部列出来。

最后，我们要感谢我们的家人。格莱泽感谢他的孩子们：西奥多、伊丽莎和尼古拉斯。他们耐心地忍受了他在写作时对他们的忽视以及疫情带给他们的寂寞。孩子是他在笔耕时力量和欢乐的源泉。南希·施瓦茨·格莱泽不仅是他敬爱的夫人而且还是他著述的主要合伙人。她一遍又一遍地阅读本书的每一页，不仅纠正语法错误，还改正了不该犯的错误。和丈夫的每次讨论都体现着她的善良和睿智。卡特勒感谢他的孩子凯特和艾莉，他们一直鼓励着父亲，让他的书为建设一个更美好的世界增砖添瓦。卡特勒也把他的谢意献给其夫人玛丽·贝斯·兰德拉姆，她在丈夫写作过程中给了他很多支持，在这个疯狂的世界中为他创造了稳定的写作氛围。

我们无惧与我们相左的观点。我们为一切遗留的谬误负责。这个世界并非完美。不幸的是，我们亦非完人。

原文索引及参考文献等内容
请扫描以下二维码进行阅读